十字架と桜

キリスト教と日本の接点に生きる

丸山忠孝
Maruyama, Tadataka

いのちのことば社

丸山軍司・茂子牧師夫妻に
この小品を献げる

『十字架と桜』出版に寄せて

東京基督教大学学長　山口陽一

テオドール・ド・ベザの研究でプリンストン神学校から博士号を取得した著者は、一九七三年に帰国すると日本基督神学校の教会史教授として神学教育を担い、後進の育成に心血を注ぎました。東京基督神学校校長、東京基督教短期大学学長、東京基督教大学学長を歴任し、この間に三神学校合同による東京キリスト教学園設立、東京基督教大学開学を成し遂げ、退任後はシアトルに居を移しました。学校行政と教育にかかわる大仕事の中で継続された研究は『カルヴァンの宗教改革教会論――教理史研究』（教文館、二〇一五年）にまとめられ、英語版も出版されようとしています。これと並行して準備されたのが本書です。前者が世界のキリスト教界に問う研究書であるのに対し、本書は神学教育に従事する中での長年の思索を日本の教会に問いかける講演集です。

「十字架と桜」は「キリスト教と日本」を象徴しています。主客を逆にした「日本とキリスト教」では日本を主体としてキリスト教の「受容」に焦点があてられると考える著者は、「キリスト教と日本」にこだわり、キリスト教を主体とした日本への「派遣」を提唱します。一九七六年から二〇一八年にかけて生み出された十の論考には、それぞれ著者自身の解説が付されており、各論考の理解の助けとなっています。十の論考の構成について言えば、第一論考「十字架と桜　I」（一九九五年）が第十論考「十字架と桜　II」（二〇一八年）として深められ、これが本書の核心となっています。

「十字架と桜　I」では、「キリスト教と日本」を「呪われた死と潔い死」の対比とした後で、キリストの復活に裏打ちされた十字架はこれを「滅びゆくものを美化する世界（日本）と滅びを賛美に換える世界（キリスト教）」に「転換」するとし、この「転換」の追求が本書を貫くテーマとなります。「キリスト教と日本」を「歴史と伝統」、「論理と感性」、「父性と母性」などの観点から対比させ、キリストを中心とする一回限りの歴史が繰り返しの伝統に挑戦し、「光のち闇」の日本に「闇のち光」の救いがもたらされる。キリスト教が日本化していると見える現状の中で、「死にそうでも、見よ、生きており」（IIコリント六・九、新改訳第三版）との希望が示唆されたのでした。こうして「キリスト教と日本」を「十字架と桜」として素描した試みは、二十三年の時を経て、他の八論考をもふまえて

「十字架と桜　Ⅱ」に深化します。

「十字架と桜　Ⅱ」では、近代日本を「十字架と桜」の対比の実相とし、アジア太平洋戦争を挟む近代日本の前後半における天皇制の連続と非連続に踏み込み、福田恒存、大貫恵美子、武田清子を引きつつ、「キリスト教と日本」の対比の根本的要因として絶対者の有無を論じます。戦後の天皇制における戦前との非連続、調和、連続の説を村上重良、山折哲雄、島薗進によって紹介し、キリスト教は小さくとも、日本と向き合うべき存在であることを指摘します。そして第十論考の後半では、キリスト教と日本の接点に生きる「キリスト者の歴史認識と自己認識」へと議論を進めます。ここでは第四論考「キリスト者日本人と世紀末日本」（一九九五年）において提起された課題、「佐伯彰一を説得し、遠藤周作を論破し、内村鑑三を乗り越える」試みが、戦前と戦後のキリスト教をめぐって繰り広げられます。たとえば、丸山眞男は日本民族の抱擁性や変わり身の早さを「日本」の特異性と考えて天皇制を論じ、「日本」と内村鑑三の「弁証法的緊張」あるいは「対決」に注目しました。著者は丸山眞男の問いかけに応えて、「平成」のキリスト教のあり方を模索します。「平成」は、ヘレン・ハーデカー『神道――その歴史』（*SHINTO: A History*, 二〇一七年）が指摘する「象徴体系」に基礎づけられる新たな神道の時代とされます。著者は、宗教の「公共性」が問われる中で、キリストの派遣により「三陸で隣人となる」ような実践に希望があるとします。そして、ディアスポラのキリスト者日本人として派遣された生き方を貫くことで「内なる日本人性」と対決するあり方が指し示されています。

第三論考「歴史の中で福音に生きる」は、一九八五年にKGK（キリスト者学生会）の全国集会で語られたもので「歴史は暴力です」と始まります。これは東日本大震災後に東京基督教大学創立記念講演として歴史の節目をとらえて語られた第六論考「歴史の中で、歴史を越えて福音に生きる」において終末論的に語り直され、その内容は「十字架と桜Ⅱ」にも反映されています。第八論考「ルターとカルヴァン」は、ルターの神のことば「楽観主義」とカルヴァンの神のことば「現実主義」を、現代にも通用する原理として語る重厚な講演で、宗教改革の神学と精神をもって「十字架と桜 Ⅱ」を下支えしています。対照的に第七論考「推薦のことば」は小さな文章ですが、キリスト者日本人の日本への「派遣」というモチーフを印象的に示すものです。この他に第二論考「受肉の瞑想・原点への私たちの旅」（一九七六年）、第五論考「人間の宗教性と『神のかたち』――ポストモダンの今日における聖書・神学的考察」（一九九六年）、第九論考「からだのよみがえりを信ず」（二〇一七年）があり、それぞれ「十字架と桜」の論考の出発点となり、また「日本」に対峙するキリスト教の福音のユニークさを確認するものです。

出村彰氏は、『カルヴァンの宗教改革教会論』を「半世紀を越える学的蓄積を一挙に吐き出したごとき」と評しました（『本のひろば』二〇一六年三月）。これに対し、講演集である本書は過去の講演をほぼそのまま掲載し、思索の過程を示しながら「十字架と桜　Ⅱ」に至ります。著者の半世紀におよぶ「キリスト教と日本」についての論考の到達点は、そのまま今日の教会への問いかけとなっています。

まえがき

西暦二〇一八年は明治元年から百五十年の節目にあたります。この間、日本は近代国家としての歴史を二つのかたちを採って歩んできました。一つは明治維新以降の天皇制国家、もう一つは太平洋戦争敗戦後の民主制国家です。一世紀半のこの歴史のほぼ中央にあたる敗戦とそれにともなう連合国による占領があまりにも大きな断絶であったため、それ以前と以後において、何が変わらない「連続」であり、何が新しい「非連続」であるかをめぐる問いが戦後日本の大きな課題となりました。とりわけ、「連続」の主な要因である天皇制が、占領政策と日本・天皇側の意向間での紆余曲折を経て、民主国家体制における象徴天皇とあいまいに位置づけられたことがあります。近年、一方で民主主義の原理と実践両面が形だけのものになる「空洞化」現象の進行が危惧され、他方で天皇制を含めた古代からの伝統的で「日本的なもの」の復権が声高に叫ばれています。

また、「平和で豊かな大国」という日本観が七年前の東日本大震災を契機として大きく揺らぎ始めたと言われます。現在と近い将来において、日本はどのような国の「あり方」を採り、そして「いずこへ」向かうのでしょうか。日本人の多くがこの問いと向き合う中で、キリスト者もまた日本の「あり方」と「いずこへ」を問います。しかし、それに加えてキリスト者にはもう一つの大切な問いがあります。それは、日本における戦前と戦後のキリスト教の歩みと照らし合わせて、今キリスト教はどのような「あり方」を採っており、またこれから「いずこへ」向かおうとしているか、という問いです。

日本におけるキリスト者の一人として、キリスト教の「あり方」と「いずこへ」は私にとっても大切な問いです。ある意味において、本書はこの問いに対する私の応答の試みといえます。ただし私の場合は、欧米でキリスト教史（より厳密には教会史・教理史）を専攻し、約三十年間日本の神学教育機関で歴史神学を担当したこともあり、特異なアプローチからこの問いと向き合うことになります。このアプローチは、キリスト教のいのちともいえるイエス・キリストの福音を起点として、その福音が時代と地域を異にする国々に伝えられ、浸透し、社会を変えていくという、キリスト教の「いのち」の発展を歴史的にたどることになります。キリスト教を中心として世界や国々を見る、このような特異な観点から私の授業が行われ、また、日本での最初の著作『キリスト教会二〇〇〇年――世紀別に見る教会史』（いのちのことば社、一九八五年）が書かれました。日本におけるキリスト教のような特殊事例では、この観点は「キリスト教と日本」という表現を採ることになります。しかし、講義担当の当初から、この観点が日本では通用しないことに気づきます。むしろ、日本人に一般的に通用する観点は、日本なり日本人がキリスト教にどのように対応し、それを受容するかを起点とする、日本中心の観点です。当然、キリスト教との関係をめぐっては「日本とキリスト教」という表現を採ることになります。また、この観点は同じく外来宗教・思想である仏教や儒教に対しても基本的に適用されます。さらに、私にとっての驚きの発見は、「日本とキリスト教」と表現される観点がキリスト教界においても一般的であるということです。

ここから、将来日本のキリスト教界で働くことになる神学生に特異な観点、「キリスト教と日本」に基づく講義が役に立つのか、としばしば悩むことにもなります。しかし同時に、近代日本のキリスト教について学ぶにつれて、はたして「日本とキリスト教」の観点で日本におけるキリスト教の実相・リアリティ、あるいは福音のいのちをトータルに捉えることができないのでは、との疑問もつのることになります。そしてこの疑問は、私の内に次第に一つの確信へとつながります。それは、「キリスト教と日本」の観点こそキリスト教にとって必要なものではないかとの確信、あるいはこの観点を日本の歴史・思想・宗教の脈絡において深めていくことが、むしろキリスト教の「あり方」と「いずこへ」の問いに新しい光、方向を示すことになるのでは、との期待です。

とはいえ、この観点を深めることは日本の歴史・思想・宗教の専門学分野では門外漢である私の手の届くことでもありません。幸いにして、私にはこの分野で専門的に研修した先導研究者がありました。個人的には、私の「生涯の牧師」、同じ神学教育機関に勤務する先輩神学教授で、「伝統的キリスト教と日本の伝統文化との相克という原点に肉迫した」ユニークな思想家、小畑進氏です。ちなみに、『小畑進著作集』（没後出版、全十巻、いのちのことば社、二〇一〇－一四年）の三巻にはキリスト教と仏教、神道、儒教との接点をめぐる論稿多数が収録されています。こうして同氏の後塵を拝するかたちで、「キリスト教と日本」のテーマとはじめて取り組んだのが、本書の主題ともなる論考「十字架と桜」（一九九五年）です。古都京都での東京基督教大学・共立基督教研究所主催のエクステンション・セミナーにちなんで、キリスト教を象徴する十字架と日本を象徴する桜とのコントラストを捉える試みです。

十論考編成の本書では、この論考が「十字架と桜　I」として巻頭に、本書刊行にあたり、新たに書きおこされた同題の第十論考が「十字架と桜　II」として巻末に置かれます。これらの論考の間に、折々の講演などのために起草され、本書の主題と直接間接に関連するものとして選ばれた八論考が起草年順に配置されています。また、個々の論考にはその来歴や「十字架と桜」の主題との関連に触れた短い解説文を付しています。とりわけ、第十論考「十字架と桜　Ⅱ」は第一論考の問題提起を受けて一歩踏み込んだ取り組みで、両者間にほぼ四半世紀の時が経過しています。本書中最長で、一世紀半の日本近代史を意識して書かれた第十論考ではありますが、第一論考が指摘した問題の「解明」にはほど遠い、ほんの「糸口」を探ったものにすぎません。また、日本におけるキリスト教の「あり方」や「いずこへ」の問いに対しても、一つの方向性を示唆するのみとなりました。専門外分野に踏み込んだ論考でもありますので、他の論考ともども読者諸氏の批判・高評があれば幸いと思っています。

日本における「十字架」と「桜」の受け止め方は明暗を分けるものとなります。一方のキリストの「十字架」は、日本近代のこの一世紀半、内村鑑三の表現を借りれば「恥辱の十字架」であり続け、またキリスト教も「外国の宗教」とみなされ続けてきました。もちろん、キリスト者にとっては「十字架」と表裏一体の関係にあるキリストの「復活」を受けてのハレルヤ・コーラスはそこに響き続けてはいるのですが……。他方、日本を象徴する「桜」は、その精神風土を反映して、時代ごとにみごとに「転生」を遂げてきました。たとえば、日本の「桜」は、古代農耕文化においては「自然の生産・再生能力」を意味して神聖視され、大和朝廷時代には美意識の代表的表現として「皇室の花」となり、江戸時代では歌舞伎にもしばしば登場する「大衆の花」となります。また明治維新後の天皇制国家確立期では、「桜」は戊辰戦争での皇軍戦死者を限定的に祀った靖国神社および天皇支配の徹底のため全国津々浦々に造営された神社に植樹されたこともあり、「国家神道の花」となり、昭和期の軍国主義台頭期においては、天皇・国のためにいさぎよく散る「軍国の花」へと転生します。さらに敗戦後には、「日本国憲法」とともに「桜」は「平和の花」へと大きく変わり、高度成長期では「繁栄の花」、復古主義の台頭が顕著な近年においては村おこし、町おこし関連の桜まつりなどに見る「伝統の花」への「転生」がありま す。いずれにしろ、「十字架と桜」のこのアンバランスは今後も続くことでしょう。

ここで最後に、僭越とは思いますが、「軍国の花」から戦後「十字架」への大転進を遂げた私の実兄、丸山軍司に言及することにします。この兄は海軍十官への「予備校」と言われたある旧制中学在籍中に太平洋戦争開戦の報に接し、その後海軍飛行予科訓練生、さらに特別攻撃隊要員として志願選別され、九州の特攻隊基地に配属、そこで終戦を迎えます。当時、特攻隊飛行士はしばしば特攻機体に桜花をしるし、桜の季節であれば桜の枝をかざして帰還なき出撃をしたと言われます。特攻の死を覚悟した兄の場合は、特攻機はあっても、ガソリン待ちでの終戦でした。戦後間もなく東京の実家に復員兵として戻った兄は、新宿駅付近での日系二世の米国宣教師による路傍伝道に遭遇し、そこで回心・入信し、後に牧師となります。高校二年生の私がキリスト教信仰に導かれたのも、愛知県で教会の働きをしていた兄の「道そなえ」のおかげでした。その後結婚した兄夫妻は、いわゆる教会の「代父母」のようにいろいろなかたちで私の面倒を見てくれました。「十字架と桜」の主題にちなんで、九十歳を迎えた兄夫妻に本書を献呈させてもらいます。

本書刊行にあたり、何か一言との私の依頼を快く引き受け、多忙の中にありながら専門家としての懇切な一文を寄せていただいた東京基督教大学学長・山口陽一氏に心から謝意を表します。あわせて、その時宜を得た執筆要請が本書刊行へと結びつくことになった、いのちのことば社の編集局出版部顧問・長沢俊夫氏および忍耐をもって刊行実務の担当にあたった米本円香氏に感謝いたします。

なお、本書の聖書引用は『聖書・新改訳第三版』（日本聖書刊行会）に基づき、第十論考だけは『聖書・新改訳２０１７』（新日本聖書刊行会）によります。また、講演原稿などの一部に例外はありますが、本書は基本的に敬語用法を用いていません。

二〇一八年　クリスマス

丸山忠孝

目次◉十字架と桜

第一論考　十字架と桜　I

はじめに

日本とキリスト教との関係を論じる場合、「日本とキリスト教」、「日本におけるキリスト教」の例に見るように、主客の関係において日本を主体とし、キリスト教を客体とする論述は多くあります。そこでは「受容」が焦点であり、日本がキリスト教をどのように受け入れ、キリスト教がどのように日本に受け入れられたかが問われます。たしかに、他宗教に比べてキリスト教は新参者であり、その影響力も信者数も弱小であるならば、このような論述に妥当性はありましょう。

しかし、世界宗教としてのキリスト教には、宣教活動を通してある国に導入される場合、その国もキリスト教の神の摂理の下にあるという前提に立ってではありますが、キリスト教を主体とする観点が歴史的にはあります。主客を転倒した「キリスト教と日本」、「キリスト教にとっての日本」はその例ですが、そこでは「派遣」が焦点であり、神から遣わされた先の日本を客観視し、主体的かつ対峙的に日本との関わりを問うことになります。このような観点は、和と謙譲を美徳とする日本人には居丈高で独善と映ることも否定できません。

とはいえ、キリスト教と近代日本との関係史に限定すれば、両者にとって「受容」が主要テーマであり続け、また、キリスト教側でも神の「派遣」のテーマを強く打ち出すことができなかったことも現実でありましょう。その結果として、キリスト教と日本との関係もあいまいとなり、キリスト教の影響力も伸び悩んでいるのであれば、もう一度原点に戻り、「キリスト教と日本」の観点と「派遣」のテーマを復興することは、日本のキリスト教にとって有意義であると考えます。

この視点から、以下に三点を取り上げますが、第一点としてキリスト教と日本人の死生観の相克を際立たせる好例としての「十字架と桜」、第二点としてこの相克の背景にある思想的対比、第三点として「キリスト教と日本」の観点からキリスト教のあるべき姿について考えます。

I　十字架と桜

(1)キリスト教を代表する最も重要なシンボルである十字架と、日本の精神を代表するとされる桜ほど対照的なものはありません。同じ「木」であるとはいえ、一方の十字架は断ち切られた木で組み立てられた処刑の道具であり、そこに架けられる者にとっては苦痛の中での生命からの断絶、死そのものを意味します。他方の桜は生命の謳歌そのものであり、一気に惜しげもなく散るとはいえ、自然のめぐり合わせの法則に従い、来春を期待する楽観もそこにはあります。このような表層的な対照もさることながら、それぞれが代表する死生観あるいは理想とする人生観においては、この対照はさらに際立ちます。

(2)まず、桜は日本人共通の愛花と言われます。初春を告げる梅やこぶしに遅れて咲き、芳香では劣る桜ではありますが、桜は咲き急ぐこともなく、咲いては一気に野山を彩って惜しげもなく散ります。その咲き様と散り様が日本人の死生観にふさわしいがために愛でられるのでしょう。小川和佑『桜と日本人』(新潮選書、一九九三年)によれば、日本には現在自生種（山桜）と園芸品種（里桜）あわせて二百数十種ありますが、その代表といえば江戸時代に府下豊島郡染井村で発見された、大島桜と江戸彼岸の自然交配種ソメイヨシノ（染井吉野）となります。この里桜は明治時代に全国に植樹されて大流行となりますが、その花つきが多いこと、花期が短いこと、落花がおびただしいことから、いわゆる「パッと咲いて、パッと散る」ところの「潔い人生」あるいは「死の無常」の花となります。ちょうど、幕末維新の志士たちが桜を好んで、散るわが生命と歌ったように、明治期の日清、日露戦争ではソメイヨシノは武人の死を鼓舞するための軍国の花、靖国の花、戦没碑を飾る花となります。また、日本の近代文学初期の樋口一葉の『闇桜』がソメイヨシノの落花に薄命の美少女の死を重ね、昭和初期の梶井基次郎が「桜の樹の下には死体が埋まっている」と叫んだように、桜には死花の観が強くなります。しかし、伝統的な日本文化の中では桜は生命の花、再生の花とされてきました。

(3)仏教では、死を穢れた濁世からの救いと見ることから、いさぎよく散る桜花に人の死と救いを重ねるのでありましょう。

「願はくは　花の下にて春死なん
　そのきさらぎの望月の頃」

この詩を詠んだ西行は、願いどおりに桜の盛りに入寂したと伝えられます。ちょうど、春の嵐に散らされ、無情の雨に打たれて地に落ちた無言の花びらに、人生の風情も余韻も、また救いすら覚えるかのように。

また、神道の世界では桜の清楚で清らかな美しさを理想とするからでしょうが、本居宣長などは日本人の精神、大和心を理想化し、日本土着の山桜の清楚をもって表現しようとします。

「敷島の大和心を人問はば
　朝日に匂う山桜花」

ちなみに、キリスト者として日本と欧米との橋渡しに努めた新渡戸稲造は一八九九年の英文著作『武士道』において、この本居の詩を日本魂である武士道の理想を詠ったものとして高く評価します。「大和魂は柔軟なる培養植物ではなくして、自然的という意味において野生の産である。それは我が国の土地に固有である。その偶然的な性質については他の国土の花とこれを等しくするかも知れぬが、その本質においてはあくまで我が風土に固有なる自然的発生である。……我が桜花はその美の下に刃をも毒をも潜《ひそ》めず、自然の召しのままに何時なりとも生を棄て、その色は華麗ならず、その香りは淡くして人を飽かしめない」と。[1]

(4)しかし、キリスト教の十字架には風情、余韻、救いの一片もありません。ちょうど、その上でキリストが「わが神、わが神。どうしてわたしをお見捨てになったのですか」（マルコ一五・三四）と叫んだように、そこにあるのは絶望だけです。キリスト教を、イエスの教えを全く転倒させたものと激しく攻撃したニーチェも「結局、キリスト教徒は一人しかいなかった。そしてその一人が十字架で死んだのだ」と言ったように、十字架そのものには希望がないでしょう。さらに、十字架には清楚な美しさもありません。ユダヤ人にとっては十字架にかけられることは神に呪われたことを意味したのですから、キリストは「のろわれた者」となったのです（ガラテヤ三・一三）。処刑の道具としてその上で血が流されるところの十字架こそ、神の呪い、穢れと恥、生命からの断絶の象徴でしかなかったのです。

東京杉並に本部をもつ仏教系の新興宗教を、米国のキリスト教宣教師一団が参観のため訪れたエピソードは今でも語り継がれています。参観の後、丁重に茶菓が供された席で案内役の幹部の方が宣教師たちに言いました。「日本人は血を穢れとして嫌います。キリスト教も十字架の教えを棄てれば日本で流行ることでしょう」と。

(5)実を言えば、十字架と桜との対比は以上のような論述をもってしては十分語ったとは言えません。その理由は、キリスト教の場合、十字架はそれと表裏一体の関係にある復活抜きにしては語れないからです。十字架が呪い、穢れ、恥、絶望の象徴であることには変わりないとしても、キリスト教は「キリストが復活されなかったのなら、私たちの宣教は実質のないものになり、あなたがたの信仰も実質のないものになるのです」（Ｉコリント一五・一四）を付け加えます。ちょうど、使徒パウロが復活抜きにした十字架が「ユダヤ人にとってはつまずき、異邦人にとっては愚か」であったとしても、復活に裏打ちされた十字架が「神の力、神の知恵」であるとしたように（同一・二三、二四）。ここに「十字架と桜」のテーマに新たな、奥義的な局面が加えられます。

まず、静寂に滅びゆく桜の花びらと、復活のハレルヤ・コーラスを待望する十字架との対比があります。滅びゆくものを美化する世界と滅びを賛美に換える世界との対比です。さらに、桜においては散る花は自然の死であり、その後に来るものは余韻をこめた静寂でしょうが、十字架においては不自然な死の後には絶望の沈黙があります。ちょうど、十字架を目前にしての最後の晩餐（過越の食事）の席上、キリストと弟子たちが「死人は主をほめたたえることがない。沈黙へ下る者〔死者〕たちもそうだ」（詩一一五・一七）と歌ったように。しかし、十字架が待ち望むところの復活では、「最後の敵」（Ｉコリント一五・二六）である死そのものが滅ぼされると聖書は言います。ここに至り、十字架の暗黒が復活の光に、絶望が希望に、死が生命に換わります。そして、この転換こそ十字架が桜との対比において奥義的に象徴するものではないでしょうか。

Ⅱ　キリスト教と日本

「十字架と桜」をより広いテーマ「キリスト教と日本」に当てはめる場合、どのような思想的、文化的コントラストが見えてくるのでしょうか。キリスト教を主体とし、日本を客体とする観点、神の「派遣」の視点は何を明らかにするのでしょうか。断片的な試論にすぎませんが、「十字架と桜」を連想しつつ、以下に四つのポイントを検証したいと思います。

(1)　歴史と伝統

(a)キリスト教は歴史宗教といわれます。神による天地創造を原初《アルケー》とし、神の審判をともなう終末《エスカトン》を世界の終焉とみなし、その間を神が摂理により支配する歴史、厳密には救いの歴史・救済史とするのが聖書の観方です。この歴史観は創造と終末を結ぶ直線で表現されるため、個々の歴史上の出来事は一回限りで固有であり、どんな小さい出来事でもそれなりの意味をもち、厳密な意味で繰り返しはありません。一例ですが、新約聖書ヨハネの福音書には、生まれつき目の不自由な人を見て、弟子たちが「盲目に生まれついたのは、だれが罪を犯したからですか。この人ですか。その両親ですか」（九・二）と問う光景が記されています。イエスは「この人が罪を犯したのでもなく、両親でもありません。神のわざがこの人に現れるためです」（同三節）と答えて、目の不自由な人を見えるようにしました。すなわち、神との関係においてこの人の目の不自由は意味があったというのです。そして、聖書はこのような直線的な歴史の中心がイエス・キリストの十字架と復活であるとします。

これに対し、仏教の輪廻思想、因果応報の教えや儒教の自然主義の影響もあって、日本人の歴史観は一般に循環史観と言われます。超越的な神に代わって神を内在化した自然が歴史を動かし、春夏秋冬に見るように自然の営みを歴史として繰り返すとされます。そこでは歴史の永続性は強調されても歴史には中心点はなく、個々の歴史上の意味は希薄となります。そして、ちょうど散った桜がまた来年も咲くことが期待されるように、すべてが歴史の繰り返しの中に呑み込まれていきます。

(b)「十字架と桜」のテーマに関して言えば、キリストの十字架と復活は神による歴史への介入という一回性を基本としますが、咲いては散る桜花には繰り返しはあるものの超越者の介入も一回性の強調もありません。キリストは十字架において世界を支配する罪の力と対決し、復活において罪の総決算ともいえる死の力に打ち勝ったと聖書は伝えます。

このように歴史と対決するキリスト教と比べて、日本人は歴史を自然にゆだねる、成り行きに任せるものと理解し、歴史の変化を受容する傾向をもつと言われます。この点は、第二次世界大戦時の日本人捕虜の特別な心理を分析し、戦後の日本が民主主義へと一八〇度の転換をし得たことに驚いたルース・ベネディクトの『菊と刀――日本文化の型』が明らかにします。「日本人は決して革命家にならない」という命題をめぐり、ベネディクトは明治維新を「制度そのものには少しも批判を浴びせずに、最も徹底した変革を実現」した、すなわち「維新」を「復古」と理解したものとみなし、このような理解の好例として、敗戦直後に組閣した幣原首相の演説を引用します。ただし、「新日本の政府は、国民の総意を尊重する民主主義的な形態を取る。(中略) わが国においては古来、天皇は国民の意志をそのみ心としてこられた。これが明治天皇の憲法の御精神であって、私がここで言うところの民主的政治は、まさしくこの精神の顕現として考えることができる」という幣原の民主主義観に対してベネディクトは、「アメリカ人読者には全く無意味、いな無意味以下のものと思われるのであるが、日本が西欧的なイデオロギーの上に立つよりは、そのような過去との同一視の基礎の上に立つ方が、いっそう容易に市民的自由の範囲を拡張し、国民の福祉を築き上げることができる」のであろうと好意的に評価します。[2] このベネディクトの研究から、伊勢神宮が古代日本の建築様式として誇る神殿を二十年ごとに全く同じように建て替えることまでを例証し、知日派経済学者ピーター・タスカ（『揺れ動く大国ニッポン』一九九三年）が、日本においては変化自体が伝統であると結論したことも例証されましょう。

(c) 一回限りのキリストの十字架と復活は、キリストにあって罪に死に、神に生きるキリスト者の悔い改め、義認、新生において継承され、繰り返されます。このプロセスにおいてキリスト者はそれぞれ神・世界・罪・死との対決や自己否定を迫られ、その決断には責任が問われます。当然、キリスト者はその歴史的存在の場として日本に神により派遣されており、神にも人にも日本にも責任を負うことになります。

しかし、桜が指し示すところには、歴史的存在としての日本人に「甘え」や「あいまいさ」があるとは言えないでしょうか。日本の戦後の精神状態を「敗戦によって天皇制と家族制度の思想的しめつけが撤去されたことが直接には個人の確立には導かず、むしろ甘えの氾濫を来たした」と指摘した精神科医の土居健郎の『「甘え」の構造』は、近代日本の道徳観から天皇制までの広範囲にわたり、甘えの心理が根底にあるとしました。「日本人の道徳観を形造ってきた義理人情」を例証して、土居は「明治政府によって行なわれた天皇制の確立が、階級・階層を超越する国家が国家の精神的中心を据えたという意味で、伝統的な義理人情を踏まえた上での近代化への試みであった」と指摘します。[3] また、一九九四年のノーベル文学賞を受けた大江健三郎の記念講演が「あいまいな日本の私」と題されたことも記憶に新しいところです。桜の開花を喜び、散る花に風情を感じ、地に落ちた花びらの静寂に無常を覚える日本人の精神風土が生み出したものが、あいまいな歴史意識と歴史的存在としての責任における甘えなのでしょうか。この点と関連して興味深いのは、最近話題となっている日韓関係における歴史認識の差について東亜日報の権五琦《クオンオギ》社長が日本人の歴史を忘れようとする傾向を指摘して言った次のことばです。

「日本の皆さんは概して過去より現実重視であるように見受けます。サクラのように、ぱっと咲いて散る美学でしょうか。一方、韓国では過去を大切にし、名分を重んじる。……国花のムクゲ（無窮花）も、ひとつの花が枯れても、また別の花が咲きます。こうした基本的な違いが、双方の歴史認識の底にあるのかもしれません。」

（「朝日新聞」朝刊、一九九五年十一月八日）

(2) 論理と感性

(a) キリスト教は理屈っぽい宗教と言われてきました。それが、しっかりとした世界観や人生観をもつので良いと評価される場合もあり、また、美的感性にすぐれた日本人には合わないとされる場合もあります。十字架に関して言えば、「なぜ、罪がないとされるイエス・キリストが十字架で神の怒りを受けて死ななければならなかったのか」を問う救済論の名著に、キリスト教中世を代表する神学者アンセルムスの『クール・デウス・ホモ――神は何故に人間となりたまひしか』があります。アンセルムスは絶対者である神の二つの、相対する性質である義と愛との緊張関係、「罪を犯した者を裁かずにはおけない」義と「罪人を一人でも多く救いたい」愛との葛藤から説き起こして、神の御子キリストの受肉（最初のクリスマス）と十字架をもって解決を説きます。そこには、絶対者の神と被造者人間、神の超越性（義）と内在性（愛）、罪と罰などのテーマが論理的に展開される世界があります。

(b)他方、桜に象徴される日本の精神風土はすぐれて感性中心です。そこでの主役は桜の背後にある自然でしょうが、その自然も科学的・論理的分析の対象ではなく、人間の感性と一体となるところの自然です。この点でキリスト教と日本との溝は深いと思われます。シェイクスピアの翻訳者として知られる福田恒存は『日本を思ふ』と題する作品で、「日本人は美的に潔癖であるかはりに、思想的には、あるいは論理的には潔癖ではないのです。もつと厳密にいへば、形式的美感に潔癖でありすぎたため、思想的に潔癖でないことを、さほど気にしなかつたのです」と言っています。著者によれば、美的潔癖さは日本人の家族意識、倫理、さらに天皇制に至るまで影響し、天皇制に関しては西洋キリスト教的絶対者の代用概念としてその非論理性を露呈し、絶対者不在の思想や倫理は結局のところエゴイズムに堕せざるを得ないとします。[4]

「花は桜木、人は武士」の名セリフで知られる歌舞伎の「仮名手本忠臣蔵」は判官切腹の場で散る桜を用いていますが、また、桜を精神性へと高めた作品としても知られます。そして、日本のこのような精神風土の頂点に位置するのはやはり天皇制といえましょうか。その天皇制を戦後厳しく批判した憲法学者戒能道孝は、「天皇制は……理性にではなく国民の感情にその根底を張っている。天皇制に対する国民の感情はある場合には畏敬であり……恐怖であり……憎悪であった。ともかくも天皇制に対する国民の純粋感情の課題として把握せられている限り、天皇制の検討は不能である。……天皇制は感情の壁に包まれている限り、天皇制は結局マーギッシュな非合理的権威の基礎である」（『戒能道孝著作集Ⅰ　天皇制・ファシズム』日本評論社、一九七七年）と分析します。また、敗戦前後の天皇制存廃をめぐる議論を検証した武田清子の『天皇観の相克――一九四五年前後』（岩波書店、一九九三年）は、マッカーサーの政治顧問アチソンの所感として、「最も単純な表現でいえば、日本人は父の家族に対する関係のような意味で天皇のことを考えています。それはセンティメンタルな深くエモーショナルな感情です」を紹介しています。

さらに、天皇制への批判としての「不敬事件」（一八九一年）で知られるキリスト者内村鑑三には「思想の軽蔑」と題する一九〇三年の所感文があります。「純潔なる思想は書を読んだのみで得られるものではない」で始まるこの文章は、「かかる思想は血と涙の凝結体《かたまり》である、心臓の肉の断片である。……文は文字ではない、思想である。そうして思想は血である、生命である。これを軽く見る者は生命そのものを軽蔑する者である」と結んでいます。[5] 内村がこのように訴えたものは、思想としてのキリスト教であるのみならず、思想軽視の日本の精神風土に対する挑戦であったのではないでしょうか。

(c)近代日本において、キリスト教の影響が教育と倫理の分野で認められることがしばしば指摘されます。駐日米国大使を務めたはライシャワーは『ザ・ジャパニーズ——日本人』において、「近代日本におけるキリスト教の影響力は、信者数から想像される度合いをはるかに上まわっている」とし、「現代日本の倫理的価値へのキリスト教の影響は、実態はさておくとしても、少なくとも外見的には、仏教や神道のそれを上まわっている」と楽観視します。[6] たしかに、日本はキリスト教を教学また思想体系としてではなく、倫理宗教と捉え、キリスト教側も同様に倫理宗教としての立場と信者の品行方正を強調した傾向は否めません。しかしながら、司馬遼太郎とD・キーンの対談の一例に見るように、その日本人の倫理観の根底には神道的な共通基盤があり、その上に仏教、儒教、そしてキリスト教の倫理観が乗っているにすぎないという指摘があることも事実です。キーンが日本人の生活において、「〔子が〕生まれたことをまず神道の神々に告げ、そして結婚式も神道ですが、ふだんの生活は儒教で、死ぬときは仏教的な法事が」とし、「日本人はその三つの宗教を同時に信じられるので、たいしたものだと思います」と驚いたことに対する司馬の答えは核心をついていると言えます。桜に代表される日本の感性を「神道的な清め」とみなす司馬は、「私の結論から言いますと、日本人というのはやっぱり神道ですわ。……一つの神道的空間というものが日本にあって、その上に仏教がやってきたり、儒教がやってきたりするけれども、神道的な空間だけは揺るがない」とします。[7] 要するに、どの外来宗教であっても日本的であらざるを得ないという観方です。さらに、日本思想家湯浅泰雄の『日本人の宗教意識』（名著刊行会、一九八一年）によれば、日本人が教義や思想を判断する際、論理よりかはそれを実行する信者の行動で判断し、宗教においても教義や理念ではなく教祖や指導者の人間的魅力で信者を集めると言われます。教義や思想を生命・血とするのがキリスト教であるならば、ここにはすべてを人間論に還元し、感じや思いやりで宗教を推し測る宗教意識との対比があるというべきでしょうか。

(3) 父性と母性

(a) キリスト教は裁く神を信じる父性の宗教であるのに対し、日本の宗教は母性的であると言われます。神道では母なる自然や死者との連帯を信条とする自然宗教であることが基本ですし、仏教では観音菩薩に見るおふくろのように、だれをも包み込む仏を説きます。たしかに、十字架は父なる神、御子、人類間のドラマを想定します。父なる神は堕罪した人類を愛し、その救済のため愛する御子を十字架に遣わすのです。このドラマの出発点に神の愛があるとはいえ、その展開は論理的に原初の罪、堕罪、贖罪、犠牲、充足、罪の赦し、回復と展開する救いをめぐる法廷ドラマです。日本を代表する神学者北森嘉蔵が

『神の痛みの神学』（新教出版社、一九五八年）で「痛みにおける神は、御自身の痛みをもって我々人間の痛みを解決し給う神である。イエス・キリストは、御自身の傷をもって我々人間の傷を癒し給う主である」として、母性を連想させる愛や痛みの神を強調するのですが、十字架の愛となればやはり罪人を愛するがために、愛する御子を犠牲として差し出す神の父性の世界と言わざるを得ません。

これに対し、桜の世界は女性的また母性の世界です。先に引用した小川の『桜と日本人』によれば、『古事記』や『日本書紀』に見る古代の日本において桜は女性美、乙女の生命とみなされました。また、西行の「願わくは　花の下にて春死なん」の世界においても、桜の原動力は自然にあり、桜を愛でる人間自身も、死に直面してすべてを包み込む母なる自然と同化するのでしょう。この詩を解説して、高橋英夫の『西行』（岩波新書、一九九三年）は、「存在を消滅させ、おのれを『無』に化する死がある。しかも死は咲き匂う桜花、散りゆく桜花の一片として、その中に紛れこんでいる『無』と『美』とは一致しているのである」と言います。

(b)ところが、日本の宗教や文化に見る母性原理に問題がないわけではありません。たとえば、先述の土居の『「甘え」の構造』はこの母性原理と日本人の「甘え」とを結びつけ、

「甘えの世界を批判的否定的に見れば、非論理的・閉鎖的・私的ということになるが、肯定的に評価すれば、無差別平等を尊び、極めて寛容である」とします。また、土居は甘えの肯定的評価として鈴木大拙が説く神を例証します。しかし、鈴木が欧米人の考え方、感じ方の根本には父があるのに対し、東洋的心情の根底には母があるとして「母は無条件の愛でなにもかも包容する。善いとか悪いとかいわぬ。いずれも併呑して『改めず、あやからず』である。西洋の愛には力の残りかすがある。東洋のは八方開きである。どこからでも入って来られる」とする主張を土居は甘えの賛美にほかならないと批判します。

さらに、ユングの深層心理学を用いて日本人論を展開したユニークな例としては、河合隼雄の『母性社会日本の病理』があります。著者は母性原理を「包含する」機能とし、「すべてのものを良きにつけ悪しきにつけ包みこんでしまい、そこではすべてのものが絶対的な平等性をもつ。『わが子であるかぎり』すべて平等で可愛いのであり、それは子どもの個性や能力とは関係のないことである。……母性原理はその肯定的な面においては、生み育てるものであり、否定的には、呑み込み、しがみつき、死に至らしめる面を持っている」と分析します。このような母性原理が日本人の倫理観や人格形成に影響し、自我の確立を遅らせて「永遠の青年」たちを生み出すという主張も注目されます。興味深いのは、著者が父性を「切断する」機能とし、マタイの福音書でキリストが肉親としての母を否定し、「天におられるわたしの父のみこころを行う者はだれでも、わたしの兄弟、姉妹、また母なのです」（一二・五〇）と言ったことを引用し、「強烈な母の否定の上に、西洋の文化は成り立っている。このキリスト像は、先ほどの菩薩像とは著しい対象を見せる」とします。[8]

(c)「父性」と「母性」の原理を人と人との関係、倫理の世界に広げると、どのような対照が見えてくるのでしょうか。十字架においては他者の認識と他者への働きかけに基礎を置いて愛が成立します。桜においては自然との合一という点での他者の認識はありますが、他者への働きかけが薄いため、愛は自らに向かう自己愛となり孤立する傾向があります。戦後のすぐれた文学評論家である伊藤整の『近代日本人の発想の諸形式』は、キリスト教と日本の儒教・仏教に見る他者への働きかけ・愛をキリスト教の黄金律である「己れにせられんと思うことを人にも為せ」という肯定形と、儒教の「己れの欲せざるところを人に施すことなかれ」という否定形との対比において理解します。キリスト教の根本には他者に対する強い認識と働きかけとしての愛があり、儒教・仏教では他者への働きかけを断ち、他者の影響を断つことにより安定を得ようとする傾向があるとします。ただし、伊藤が孔子の否定形の戒めを「他者に対する東洋人の最も賢い触れ方」であると肯定評価する点も見逃せません。「他者を自己のように愛することはできない。我らの為し得る最善のことは、他者に対する冷酷さを抑制することである」と。[9]

(4) 救い・いのち

(a) 十字架が差し示す方向は「闇のち光」ですが、桜では逆の「光のち闇」とその繰り返しが方向であるといえます。キリスト教の救済論は創造論に基づいているので、神が無から有を創造し、混沌の闇の中から「光があれ」(創世一・三)と命じた創世の原初のように、「闇のち光」すなわち十字架の死・沈黙の闇のち復活の光が基本です。この救いの構図においては、いのち(復活)を導くためにはその否定であるいのちの死(十字架)を経なければなりません。救いにはこの否定のプロセスが不可欠なのです。また、十字架と復活の追体験によるキリスト者の救いにおいても、自己の赤裸々な姿と対峙し、謝罪と告白という否定を通って、神との和解と神のいのちに生きるという救いの肯定が成立します。これに対し、桜が象徴する日本の死生観においては、否定と肯定のプロセスがあいまいとなります。咲き誇る桜を光とすれば、その後に来るものは、闇というよりは薄暮のイメージである静寂でしょうか。無情に散る花びらも、生と死を等しく包み込む自然のいのちの中に転生するのです。それゆえ、このような救済論では堕罪という否定も、復活という肯定もラディカルに際立つことはなく、すべてが自然なのです。

(b)一九四五年の敗戦は、近代日本が体験した最大規模の挫折また過去の否定でありました。一方で戦争責任が追及される中で、国民の多くはいまわしい過去を忘れ、生活に追われながら新生日本に向けての復興に明け暮れしました。翌一九四六年、坂口安吾は『堕落論』、『続堕落論』を発表します。まず、敗戦時の天皇の「玉音放送」をめぐり、坂口は「たえがたきを忍び、忍びがたきを忍んで、朕の命令に服してくれという。すると国民は泣いて、ほかならぬ陛下の命令だから、忍びがたいけれども忍んで負けよう、という。嘘をつけ！　嘘をつけ！　嘘をつけ！」と叫びます。その上で、坂口は日本の過去をラディカルに否定することを「堕落」とみなし、「日本国民諸君、私は諸君に、日本人および日本自体の堕落を叫ぶ。日本および日本人は堕落しなければならぬと叫ぶ」と悲痛でした。坂口が逆説的に言う「堕落」は天皇制も、国のために生命を捧げることを桜花にたとえて奨励した軍国主義も、武士道などの日本的美徳や伝統をも否定することを意味しました。「まず地獄の門をくぐって天国へよじ登らなければならない」という坂口の堕落論には、伝統的、日本的な考え方よりも「闇のち光」の救済論の反映すら見ることができると思います。[10]

戦後五十年の今日、この半世紀に日本が戦前の日本を清算して新生を成し得たかが問い続けられている現実は何を語るのでしょうか。『阿Q正伝』の著者で近代中国への新生を夢見た魯迅は『両地書』の中で「もっともたいせつなのは国民性の改革です。そうでなければ専制であろうと、共和であろうと、看板を換えるだけで、品物はもとのまま、まったくだめです」と言ったとされます。日本においては「国民性の改革」に匹敵するものが起きたとする提題が極めて少ないことは何を意味するのでしょうか。さらに、十字架を標榜するキリスト教においても、ナショナリズム・軍国主義と妥協した過去の清算は、一部に真摯な取り組みが見られるものの十分とは言えず、ラディカルな新生の代わりに駐留軍の肩入れで躍進したキリスト教ブームに乗った事実も忘れることはできません。「キリスト教と日本」という観点からすれば、日本のキリスト教が本質的に戦前も戦後も変わっていないとする提題は、今日も深刻な問題を投げかけているといえましょう。

(c)キリスト教における十字架と復活の追体験は、教会の聖餐式や信仰者個人の宗教体験を通して内なるキリストのいのちに転化されます。しかし、唯一神教のキリスト教では、このような転化はキリスト者を神化することではなく、むしろ、まず十字架と復活を「記念」することから始まり、次にキリスト者の生を十字架と復活とに「同一化」することへと進みます。十字架はそれを信じるキリスト者が苦しみや死を体験しなくてもすむようにするためではなく、苦しみや死をキリストのそれのように意味あるものとするのです。キリスト者はこのような追体験を繰り返して死を迎えるのですが、キリスト教最古の信仰告白の一つ、「使徒信条」が告白するように死後には「からだのよみがえり、とこしえのいのち」を期待します。天国では神ご自身が信仰者の「目の涙をすっかりぬぐい取ってくださる。もはや死もなく、悲しみ、叫び、苦しみもない」（黙示録二一・四）のです。

ところで、桜が象徴する死生観においては、キリスト教がいう現生における「記念」に対しては「忘却」、「追体験」に対しては「あきらめ」が大切な要素かと思います。明治期の日本で西洋医学の導入に功のあったベルツは、医学生が過去（江戸時代など）を忘れ、恥じるようにして「われわれに歴史はありません。われわれの歴史は今からやっと始まるのです」と言うことに驚きを禁じ得ませんでした。[11] また、先述の土居の『「甘え」の構造』は、著者自身が両親の死を通して、「死んで神または仏になる」という民衆の信仰が甘えの心理に関係することを知ったとします。祖先崇拝を死者の在世中にはその人間関係や日常生活の中で見えなくなっている「人間性があらためて見直され、尊敬される」ことと理解する著者は、「このことは、甘えが充足される立場にある天皇御一人を現人神《あらひとがみ》と呼んだ古来の信仰と決して矛盾はしない。それどころかむしろ、祖先崇拝は天皇信仰と相互補足的な関係にあるということができる。なぜなら両者いずれも、甘えの葛藤の彼岸にある者を神と呼んでいるのであり、そこにこそ日本人の神観念の本質がある」と結論します。[12]さらに、日本の仏教的背景においては、輪廻転生・霊魂不滅の教えにより、死にあたっては、肉体は消滅しても霊魂は転生しつつ永遠に続くとすることは、「あきらめ」に基づく肉体軽視と霊魂に関する楽観を生み出すと言えないでしょうか。そこにも、キリスト教における「からだのよみがえり、とこしえのいのち」との対照がありましょう。

Ⅲ「キリスト教と日本」から見た日本のキリスト教

歴史宗教であるキリスト教は、日本という個別の脈絡に導入されました。近代日本に限定すれば、この事実は一方で、欧米のキリスト教史におけるある時代的烙印を押されたキリスト教が導入されたことを意味し、他方で導入先の日本の歴史の中で導入され、発展したことを意味します。このように、時代の制約を二重に受けた日本におけるキリスト教を、「キリスト教と日本」および「派遣」という観点から批評的に分析することは可能なのでありましょうか。先進者の研究を参考にしつつ、日本キリスト教史の門外漢の筆になる、私的な一試論を以下に試みることにします。

⑴ 日本のキリスト教についての危惧

(a)戦後の日本を代表する教会史家の石原謙は、その晩年の『キリスト教と日本――回顧と展望』(一九七六年)において、「日本人のキリスト教理解の危惧」をめぐる対談を載せています。「キリスト教の本質」は日本に受容されたのかとの対談者の問いに対し、その前年に出版された、後述する加藤周一の『日本文学史序説』(筑摩書房、一九七五年)が言う、外来思想の土着はそのものの導入であるよりは「日本化」されたものとする主張に触れ、石原は「キリスト教に対しても同じことが言えるのではないか」とします。また、この「日本化」の代表例とみなされる内村鑑三をめぐり、「日本的などと言っても、いつになったら本当にキリスト教を理解することができるようになるか疑わしいので、その点、いささか危惧を感ずる」としています。[13] さらに、石原は同年出版された『日本キリスト教史論』(新教出版社、一九七六年)において、日本のキリスト教の特殊性を以下の四点に要約していることも注目されます。

＊教派性に対する消極的態度のゆえに、外的な存在を維持し、表面的な発展は成し得たものの、内的な本来的力を十分持つことができない。

＊法的精神の欠乏ゆえ、社会的に法律的根拠をもち得なかった。

＊福音主義的ないし聖書主義的態度のいちじるしい事実。
＊教会観念の不明確さ。

この要約自体、石原が抱いた根本的な危惧を裏打ちしているように思われます。

(b)古くより日本におけるキリスト教の日本的偏向については多く語られてきました。戦前、戦中のナショナリズムとキリスト教が妥協した時代においては、具体例として「日本的キリスト教」なるものも存在したことは記憶に新しいところです。戦後の例を挙げれば、この日本的偏向に関して大胆な提題をしたのは、イザヤ・ベンダサン（山本七平）の『日本人とユダヤ人』です。聖書学ではしばしば使われる「ユダヤ人キリスト者」という表現の実質は「ユダヤ教徒キリスト派」とみなす著者は、日本のキリスト教徒がよく使う「日本人キリスト者」の実質も、「日本教徒仏教派」や「日本教徒儒教派」と同様に「日本教徒キリスト派」を意味するにすぎないとします。また、日本人すべて日本教徒とする著者は日本教なるものが「世界で最も強固な宗教……。というのは、その信徒自身すら自覚しえないまでに完全に浸透しきっているから」とします。さらに、著者は「日本教徒を他宗教に改宗さすことが可能だなどと考える人間がいたら、まさに正気の沙汰ではない。この正気と思われぬことを実行して悲喜劇を演じているのが宣教師であり、日本教の特質なるものを逆に浮彫りにしてくれるのが『日本人キリスト者』すなわち『日本教徒キリスト派』である」とし、日本にてキリスト教の独自性を確立し得る可能性を否定します。[14]

また、日本におけるキリスト教異質論の代表例には、日本人とキリスト教間の「矛盾」を問い続けたカトリック作家遠藤周作がありましょうか。キリスト教の中世日本への導入を主題とした小説『沈黙』（新潮社、一九六六年）では、遠藤が転びキリシタン神父フェレイラに言わせた「キリシタンが滅びたのはな、おまえが考えているような禁制のせいでも、迫害のせいでもない。この国にはな、どうしてもキリスト教を受け入れぬ何かがあるのだ」ということばは印象的です。

日本におけるキリスト教の独自性をめぐるこれらの否定論や悲観論に対して、キリスト教はどのように対応したらよいのでしょうか。伝統的な宣教活動や教派・教会形成、教育、福祉、福音の土着化、コンテキスチュアリゼーションなど多様な反応がなされてきたことは事実です。しかし、それらが「キリスト教と日本」や「派遣」の観点から試みられる場合には、キリスト教の独自性をめぐる否定論や悲観論がより強固な壁として立ちはだかるということも事実とは言えないでしょうか。

(c)キリスト教の歴史に一つの例を求めれば、一六世紀の宗教改革はキリスト教の本質・独自性を問うた歴史の大実験であったといえます。ローマ・カトリック教であれ、プロテスタント福音主義であれキリスト教の本質をめぐり伝統的な教会の改革を目指しました。プロテスタントに限定すれば、伝統的カトリック教会の在り方を否定し、「ただ聖書のみ」を形式原理、「ただ恩恵・信仰のみ」を実質原理としてキリスト教の真の在り方を追求したことになります。その宗教改革を一つの歴史的運動とみなせば、そこには宗教改革の精神としての「復興」、「改革」、「変革」という三つの側面が認められます。

第一の「復興」とは、宗教改革がルネッサンス・フマニスムの伝統を最も強く受け継いだ要素であり、キリスト教の古典である聖書に立ち戻り、そこに発見されるキリスト教の使徒や古代教会時代を黄金期とみなして復興を目指すものです。第二の「改革」とは、プロテスタント宗教改革を実質的な運動とさせたところの最大の要素で、聖書の光に照らして伝統的キリスト教会と社会に認められる誤った教理や悪弊を正して、あるべき姿の実現を目指します。ルターやツヴィングリの改革として知られる運動の実質がこの要素といえましょう。第三の「変革」は改革的要素をさらに積極的に推し進めるもので、改革されつつある教会や社会を、聖書が理想として描くところに急進的に変えていこうとする要素で、今日のことばでは「革命」に近いものと思われます。

中世末期から近世初期にかけてのヨーロッパ史において、キリスト教社会を舞台として一世紀以上の年月をかけて展開された運動がプロテスタント宗教改革です。これを時代も状況をも異にする明治以降の近世日本におけるキリスト教と対比することには無理があります。しかし、宗教改革を一つの指標とすれば、そこに近世日本におけるキリスト教の特徴的な姿が見えてくるかとも思われます。すなわち、聖書的教理や実践の「復興」（導入）という要素が際立って認められるものの、日本の宗教の世界や社会への浸透という面では、キリスト教がもつ「改革」や「変革」という要素の展開はまだ不十分ではないか、との特徴です。

(2) 思想・神学・愛の実践

(a) 古来より日本は外来の思想や宗教を筆頭として、科学技術、文学、芸術、文化一般を広範囲に受け入れ、それらの影響を受けてきたと言われます。また、それらの日本での「土着化」に関しては多くの理論が提起されてきました。先に引用した石原の対談でも触れた加藤周一の『日本文学史序説』は、一方で日本文化が持つ排他性・閉鎖性を指摘し、他方で外来思想・宗教・文化の導入に当たり、それらを「日本化」する傾向を指摘します。また、外来の思想・宗教・文化の形態およびそれらの受け入れ時代とは関係なく、「日本化」は一定方向を示すとします。とりわけ、外来思想・宗教が儒教、仏教、キリスト教、マルクス主義のように高度に体系的、観念的なものである場合には「日本化」は次のような一定方向を示すと指摘します。

＊抽象的・理念的な面の切り捨て。
＊包括的な体系の解体とその実際的な特殊領域への還元。
＊超越的な原理の排除。
＊彼岸的な体系の此岸的な再解釈。
＊体系の排他性の緩和。

このような「日本化」の方向をキリスト教に当てはめるとすると、日本はキリスト教を思想や神学としてではなく、また、世界観や組織的神学体系としてであるよりは倫理や教育において役立つ宗教として受容したことになります。また、神学に関しては創造論や終末論抜きの救済宗教あるいは現生的な処世訓、さらに排他的であるよりは愛を説く寛容な宗教とみなすことを意味します。

(b)明治期以降に導入されたキリスト教を論じる場合、先に、導入されたのが一九世紀以降の欧米のキリスト教であり、導入先が近世の日本であるという二つの制約を受けるとしましたが、日本における神学にも時代的制約が反映されることになります。拙論ですが「日本の神学の可能性」と題して発表された小論を参考として、考えることにします。

まず、一九世紀以降の欧米のキリスト教は、一六世紀の宗教改革と一八世紀の啓蒙主義の挑戦という熾烈な相克を歴史的に体験してきたキリスト教です。旧教カトリックがその伝統的神学をトリエント公会議において再確認する中で、新教プロテスタント諸派はそれぞれの聖書的神学を確立しました。また、「理性の時代」の到来を告げた啓蒙主義は伝統的キリスト教信仰に全般的に挑戦し、神学は近代的思惟・懐疑との相克を余儀なくされることになります。

しかし、一九世紀以降に導入され、土着化を見た日本におけるキリスト教はこれらの「相克」を過去の歴史的出来事としては知り得ても、それらの実存的体験はしていないことです。また、その神学も啓蒙主義以降の欧米のキリスト教神学がもつ特徴を反映せざるを得ないことです。たとえば、神学が社会・文化の統合要因であることを放棄し、その焦点を神のことばからそれを聞く聴衆、しかも懐疑的で、耳を貸さなくなった聴衆に移し、その位置づけも近代世界の周辺に追いやられるなどの特徴です。その上、先に石原が日本のキリスト教の特殊性の一つを「福音主義的、聖書主義的」と表現したように、初期の日本宣教に当たった欧米の宣教団体・宣教師の多くが敬虔主義、ウェスレーなどの福音主義、信仰覚醒運動などの流れから、一九世紀後半に世界宣教を旗印として結集した保守的福音主義に属していたこともあります。この福音主義は不信仰な啓蒙主義との全面的対決より は超自然的に聖書の権威に訴えることを特徴とするものです。

たしかに、日本における神学には一方で教派神学の導入があり、他方で啓蒙主義の挑戦との対決姿勢を保持した正統主義神学、キリスト教の独自性を理性の攻撃の手の届かない「宗教的感性」に見出したロマン主義や「歴史意識」に求めた自由主義の神学の影響が認められることも事実です。また、「日本的福音主義」の立場とされる植村神学や高倉神学、さらに厳密には神学的所為とは呼ばれない、内村の聖書主義・人格主義を挙げることもできましょう。しかし、「キリスト教と日本」という観点からすれば、これらの神学的所為は日本のキリスト教のみならず日本社会に十分インパクトを与えることがなかったと思われます。[15]

(c)上述のように、日本はキリスト教をすぐれて実践的な宗教、愛の教えに基づく倫理宗教として受容したことが事実であるとすれば、神の「派遣」としてのキリスト教の真価がこの分野においてさらに発揮され、日本との取り組みの突破口となることが期待されることは言うまでもありません。とはいえ、愛の実践の分野においても現状は必ずしも楽観視できないことも留意されるべきでしょうか。日本人がキリスト教の愛の実践に対して抱く一見矛盾ともいえる感情を先に引用した伊藤整の『近代日本人の発想の諸形式』が明らかにします。伊藤は東洋の倫理と比較してのキリスト教倫理の積極性を高く評価し、キリスト教の愛の精神が日本の市民社会形成の一原則であることを認め、その倫理的影響のゆえに「相当の程度まで我々は、クリスチャンでないにもかかわらず、キリスト教化され、それと同質化している」とまで断言します。

その反面、伊藤は日本人のクリスチャンの愛の実践における「虚偽」を厳しく糾弾することも忘れません。「我ら一般の日本人知識階級は、不可能な愛というものを信じていないのである。不可能なことを目指して努力し、実現に到達し得ないことを感じて祈り、完成し得ないことを待ち望むことのソラゾラしさが、我々の目にクリスチャンを偽善者のように見させるのだ」と言い、さらに、「仏教的に言えば、そのような愛を抱くことのできぬことが我々の罪深い本性であり、その本性を持ったままで我々を救うのは仏なのである」と結論します。[16] 伊藤の証言は、このように二律背反的でないにしろ、日本人が一般的に抱いている感情を言い当てているとは言えないでしょうか。これを「甘え」と切り捨てることも可能でしょうが、そこに日本人の感情の深淵を見るべきではないでしょうか。

以上、「十字架と桜」の主題をキリスト教と日本との一つの接点とみなして考えてみました。そこにはこの主題が内包する多様で、複雑な側面が見え隠れしていること、また、安易な解答や突破口は見出し得ないことも気づかされます。「キリスト教と日本」という観点がキリスト教に固有で正当な構えであったとしても、桜に象徴される、取り組むべき日本の姿は大きな壁、迷路のように立ちはだかっています。ちょうど、一世紀のローマ世界に使徒パウロが、ローマ帝国の権威により十字架で処刑されたユダヤ人イエスの福音をもって宣教したように、日本におけるキリスト教にとっても、最終的には「十字架」の福音のみがよりどころとなりましょう。また、パウロはローマ世界に大胆に挑戦するかのような、キリスト者のダイナミックな姿を次のように描きました。

「私たちは人をだます者のように見えても、真実であり、人に知られないようでも、よく知られ、死にそうでも、見よ、生きており、罰せられているようであっても、殺されず、悲しんでいるようでも、いつも喜んでおり、貧しいようでも、多くの人を富ませ、何も持たないようでも、すべてのものを持っています。」

（IIコリント六・八―一〇）

ここに、「十字架と桜」の接点に生きるキリスト者日本人の姿を重ねることもできましょう。

〔一九九五年九月〕

注

1 新渡戸稲造『武士道』矢内原忠雄訳、岩波文庫、一九三八年、一三〇―一三一頁。
2 ルース・ベネディクト『菊と刀――日本文化の壁』長谷川松治訳、社会思想社、一九六七年、三五〇―三五一頁。
3 土居健郎『「甘え」の構造』第三版、弘文堂、一九九四年、一七―二〇頁。
4 福田恒存『日本を思ふ』文春文庫、一九九五年、五九―六〇頁。
5 鈴木俊郎編『内村鑑三所感集』岩波文庫、一九七三年、八三頁。
6 E・D・ライシャワー『ザ・ジャパニーズ――日本人』国弘雅夫訳、文藝春秋、一九七九年、二二六―二二七頁。
7　司馬遼太郎／ドナルド・キーン『日本人と日本文化』中公新書、一九七二年、一五九―一六一頁。
8　河合隼雄『母性社会日本の病理』中央公論社、一九七六年、八―一二頁。
9　伊藤整『近代日本人の発想の諸形式』岩波文庫、一九八一年、三一、一四〇頁。
10　坂口安吾『堕落論』集英社文庫、一九九〇年、二八―三一頁。
11　E・ベルツ『ベルツの日記』上巻、菅沼竜太郎訳、岩波文庫、一九五一年、二七頁。
12　土居健郎、前掲書、七〇―七一頁。
13　石原謙『キリスト教と日本――回顧と展望』日本基督教団出版局、一九七六年、四六―四七頁。
14　イザヤ・ベンダサン『日本人とユダヤ人』山本書店、一九七〇年、八九―九一頁。
15　丸山忠孝「日本の神学の可能性」『日本の神学の方向と課題――神学は何をなしうるか二十五人の提言』（新教コイノニア12）新教出版社、一九九三年、九八―一〇〇頁。
16　伊藤整、前掲書、一三九―一四〇、一四三―一四五頁。

＊　＊

〔解説文〕

この未発表の小論は、著者が「十字架と桜」の主題と取り組んだ最初の試みです。それまで約二十年ほど、日本の神学教育機関で歴史神学を講義する中で次第に焦点が絞られてきた大きな課題、「キリスト教と日本」の象徴的な表現として「十字架と桜」が選ばれました。素描的な作品ですが、この主題の基調としてこれを「十字架と桜　Ｉ」とし、最新の第十論考「十字架と桜　Ⅱ」とペアをなすものと位置付けて、第一論考として本書の冒頭に置くことにします。オリジナルは東京キリスト教学園・共立基督教研究所主催の京都エクステンション・セミナー（一九九五年九月三十日）での発題です。発題本文には十六の参照資料が添付されていましたが、ここでは資料の一部を本文に加えた以外はすべて割愛し、出典のみを注として残すことにしました。なお、本書への収録にあたり、セミナー発題の一部を用いた名古屋メンズサパー（一九九八年三月二十九日）における講演「十字架と桜」を参照しました。

第二論考　受肉の瞑想・原点への私たちの旅

序　原点への私たちの旅

最初のクリスマスは救いの歴史の中心点です。旧約の神の民は、この目標点に向かうことにより不滅の希望に満たされました。新約の教会は、いつもこの原点に立ち帰ることにより新たな力を得てきました。不滅の希望も新たな力も、「神が人となられた」というイエス・キリストの受肉の一点から泉のように湧き上がるのです。主歴一九七六年、私たちも新約の教会として、教会史上の先輩の証言を追い眺めながら、原点に立ち帰りたいものです。

I　不思議な神秘

ひとりのみどりごが、私たちのために生まれる。……その名は「不思議な助言者……」。

(イザヤ九・六)

原点への私たちの旅は、まず、神がこの世界で成された最もユニークな出来事に対する単純かつ新鮮な驚きの声から始まります。受肉の不思議さ、神秘さは、霊的居眠りから私たちを目覚めさせ、マンネリズムからくる不感症の心を生きたものとせずにはおきません。

「マリアの処女性と初子の出産とは、主イエスの死と同様に、この世の君の気づくところではなかった。これらの叫ばれてしかるべき神秘は神の静けさの中で成し遂げられた。」

(使徒教父・イグナティウス、『エペソ人への手紙』)

「神の子に関し驚嘆に値すべきことごとのあまたある中でも、人間の驚きの限界をまったく突き破り、死すべき人間の思考能力をはるかに凌駕することが一つあります。

それは、神の威光を身に帯びた力ある者、父なる神のことばであり、見えるものと、見えないものすべてを創造した神の知恵そのものである者が、どうして……女の胎内に降り、みどりごとして生まれ、しかも、乳児のように泣き声をあげることができたかということであります。」

（オリゲネス『原理論』）

Ⅱ　恩恵

「神は、実に、そのひとり子をお与えになったほどに、世を愛された。」

（ヨハネ三・一六）

単純かつ新鮮な驚きは、受肉が占める神の恵み深さの発見へと私たちを導きます。ベツレヘムの出来事が、「私たちのためであった」という大発見こそは、私たちの心中に巣食う無関心や優柔不断を一掃せずにはおきません。

「不朽にして、非肉体的・非物質的な神のことばが私たちの世界にきました。しかも、父なる神の愛を私たちに示そうとして訪問するため、自分を低くしてきたのです。……この世界で、彼は私たち人間の度を越えた悪を見、すべての人間がいかに死の宣告の下に置かれるに至ったかを見ました。彼は人類を憐れみ、その弱さを慈しみ、父なる神の手の業である人間が滅びないため、私たちの腐敗した状態に身を低め、私たちのものと異ならない肉体を自分に取られたのです。」

（アタナシオス『神のことばの受肉』）

「ああ、もしあなたがイエス・キリストにおいて示された神の恩恵を認めるなら、あなたはそこに恩恵の最高の輝きを発見するでしょう。……神の恩恵がまったく代価なしに私たちに提供されるのは神のみ子以外においてはありません。神的本質において不変であるみ子は、可変的な人間性を取ることと神の愛の希望を私たちに与えることをよしとしました。この人間性の仲立ちがあってこそ、それまでは不死なる者が死ぬべき者から、不変なる者が可変なるものから、義なる者が不義なる者からかけ離れていると思われたみ子に私たちは近づくことができるのです。」

（アウグスティヌス『神国論』）

Ⅲ　信仰

「このキリストのうちに、知恵と知識との宝がすべて隠されているのです。」
（コロサイ二・三）

クリスマスの神秘のすばらしさと恵みの温かさは私たちの信仰の目を開き、神のことばの受肉がいかに神の知恵にかなったことであったかを教えます。さらに、受肉は神のみこころを親しく知るようになった私たちに信仰の決断を迫ります。

「不信者は私たち信仰者の単純さを笑います。神の子が女の胎に降り、女から生まれ、乳や食物により育てられたとする私たちを彼らは神に汚名をそそぎ、冒瀆する者と言います。しかし、私たちは神に汚名も冒瀆をも帰しておりません。……この受肉という方法により、いかに人類の神への復帰が的確に遂行されたかを彼らが理解するならば、私たちの単純さを笑うどころか、私たちと共に神の賢明な愛を賛美せずにはおれないでしょう。……私たちの呪いの原因が一人の女〔エバ〕に起因しているのであれば、私たちの義と救いの完成者〔キリスト〕が一人の女〔マリア〕から生まれることは神の知恵にかなったことでした。」

（アンセルムス『クール・デウス・ホモ』）

「もし、人が真剣かつ敬虔に受肉の神秘を熟慮するならば、人知をはるかに凌駕した知恵の深みをそこに発見するでしょう。……神の受肉ほど人間の至上の祝福の探求にとって有効なものはありません。……神が人間性をご自身に結びつけたことは、人間が知性において神と結ばれ、神を直接見うることを意味します。信仰の真理性について完全な確信を得たいならば、神が人となられた者から学ばなければなりません。なぜなら、人は神の教えを人間的な仕方で把握しなければならないからです。……それゆえ、キリストの受肉以来、人はより明確かつ確実な神知識を得ることができるのです。」

（トマス・アクイナス『異教徒反駁大全』）

〔一九七六年十二月〕

＊　＊

〔解説文〕

「十字架と桜」の観点からすれば、十字架とそれと表裏一体をなす、三日後の復活は繰り返しのない一回限りの歴史的出来事です。しかし、聖書は十字架・復活を偶然に起きた出来事、なるべくしてなった歴史の必然としては観ていません。むしろ、天地を創造し、その歴史を支配する創造神の計画に従った、神による歴史への決定的介入、また歴史の中心に位置する出来事として観ます。そして、聖書は十字架・復活の物語の出発点を神の子イエス・キリストの受肉、最初のクリスマス、福音の原点とします。

第二論考のオリジナルは、『クリスチャン新聞』のクリスマス特集号（一九七六年十二月十九日）掲載の「キリスト教歴史に見る受肉の瞑想」と題された小論です。その内容は受肉をめぐるキリスト教資料からの証言に解説を加えたものです。編集者の配慮により、掲載文にはイタリヤ・ルネッサンス期の画家フラ・アンジェリコの代表作「受胎告知」（フィレンツェ、サン・マルコ修道院）が挿絵として添えられました。受肉という「神がこの世界で成された最もユニークな出来事」を天使がひざまずいて乙女マリアに告げる印象的な構図です。なお、新聞掲載文ということから、証言資料はかなり自由な訳出文となっています。「十字架と桜」を考える上での一つの原点としてここに収録します。

第三論考　歴史の中で福音に生きる

I　歴史と暴力

歴史は暴力です。人間を支配する乱暴な力、無法な力です。多くの人間にとって、歴史は彼らを時間と空間という枠に閉じ込め、遠慮会釈も情け容赦もなく、土足で踏みにじるようにして彼らの生涯に介入してくる暴力と映ります。そして、神の摂理を信じているキリスト者といえども、歴史の中に神の意志を見ることは容易ではなく、またそれゆえ歴史を暴力的と考えてしまいがちです。

(1) 歴史からの暴力――「生老病死」から国家的暴力まで

さて、歴史を暴力的とすることは、歴史が、ある時は人間に暴力的に、他の時は非暴力的に、勝手気ままに、無差別的に働きかけることをいうのではありません。むしろ、一つの例外もなしに、人間の生命の始まりから死に至るまでの人生の全局面において、人間を歴史的存在という制約、枠の中に押し込める暴力のことです。この意味において、人間は歴史の暴力的支配から一瞬たりとも自由になれないというのです。

今から二千数百年の昔、釈迦は人間という歴史的存在すべてに共通する四つの苦しみ、すなわち「生老病死」を目の当たりにして悟りを開いたと言われます。そして、生きることの苦しみ、老いることの悩み、病むことの痛み、死への恐れ、これらはまさに「歴史からの暴力」のシンボルです。

ここで、世界の大多数の人間が意識的にしろ、無意識的にしろ、抱いている歴史観に注目する必要があります。この歴史観は、釈迦の教えからギリシャ・ローマの哲学、儒教などの東洋思想、自然崇拝や汎神論宗教、さらに下っては一八世紀の啓蒙主義時代以降の科学思想を始めとする近代の諸思想までに共通するもので、これを自然主義的歴史観と呼ぶことができます。なぜなら、この歴史観は歴史を「自然が動かすもの」、「自然の中だけのこと」、あるいは人間の歴史を「宇宙の歴史の一コマ」、「生物学という大きな本の一章にすぎない」とする観方であるからです。さらに、今日では進化論のような科学的装い、エコロジー（生態学）や自然保護の名目と結びついて流行っている観方とも関係する歴史観です。そして、この自然主義的歴史観は「歴史は暴力的」とする観方を助長することが問われるのです。

もちろん、自然主義的歴史観は聖書の歴史観でないのみならず、それに対立します。聖書は創造者である神と被造世界である自然と人間との関係から歴史を観ます。そこでは超越的神と有限である被造世界とは明確に区別されています。これに対し、自然主義的歴史観は自然であれ人間であれ、また神々ですら一つの大きな世界、自然の中にすべて押し込み、その中で歴史を観ます。そこでは、自然の力が人格化された神々から、しばしば非人格的で暴力的な力とみなされる運、不運、偶然までが結局、人間と同一の世界の中で生きるとされます。

しかし問題は、この自然主義的歴史観が「歴史からの暴力」、とりわけ歴史的存在である人間が抱える問題に「説明」を加えることができても、真実にその「解決」を与えることができるかという点にあります。たとえば、「生老病死」を自然なこと、だれでもが経験すること、避けることができないことと説明できたとしても、その後にどのような「解決」を提供できるかにあります。真実の「解決」の代用物として、私たちを「歴史からの暴力」に慣れさせ、またあきらめさせることはないでしょうか。

むしろ、自然主義的歴史観が「歴史からの暴力」をさらに際立たせ、歴史の暴力性を是認することに一役買っている、とは言えないでしょうか。一例として人工的な妊娠中絶を挙げることができましょう。今日、どれほどの数の胎児の生命が人工的に闇に葬られているのでしょうか。近代のキリスト教弁証家フランシス・シェーファーと世界的に著名な小児科医エベレット・クープの共著『人類に何が起きているのか』(*Whatever Happened to the Human Race?*)は、「人類の中絶」と題されたその第一章において、恐るべき勢いで胎児、新生児、子ども、老人など弱者の生命軽視が世界的に進んでいるとして、自然主義と弱肉強食の原理に立つ考えのもたらす危険を警告しています。ちなみに、人工中絶王国日本では、正確な数は明らかにされていないものの、この三十年間に中絶された胎児数は五千万を超えると推測されています。しかも、自然主義的歴史観が支配的な日本では、人工中絶も自然世界の出来事とみなされやすく、深刻な道徳的、社会的問題とはなりにくいのです。

さらに、二〇世紀は個人レベルを越えた国家的暴力の恐ろしさを経験してきました。たとえば、自然主義的歴史観を病的、悪魔的にまで発展させた著作にアドルフ・ヒトラーの『我が闘争』(一九二五―二六年)があります。そこでヒトラーは弱肉強食、適者生存、種の保存という自然の法則を人間の歴史、国家の在り方に当てはめます。優れた種族の保存のためには、劣った種族とその構成員は犠牲となり得るとします。その結果、ナチス・ドイツ全体主義国家は、ドイツ民族の繁栄のため六百万のユダヤ人を虐殺することになります。

より身近な例を挙げれば、ここ数年、アフリカ大陸を中心として飢え、病気、戦乱などのため、多い時には一日約三万人、その多くが子どもたちが死んでいった事実があります。たしかに、干ばつや飢餓という自然原因はマスコミでも取り上げられました。しかし、これらの自然原因の背景には、先進工業国の行う自然破壊、その結果としての天候異変、軍事超大国の覇権争い、国際機関の致命的な対応の遅れ、飢えに苦しむ地域の国家体制や社会制度の問題などの人為的要因があったことも事実です。そして、テレビの映像から悲惨な光景を見せつけられ、「これも自然のいたずら、仕方がないこと」と説明を聞くうちに、この富める日本に住む私たちはいつしか良心の痛みすら感じなくなってしまっているのではないでしょうか。

歴史は暴力です。そして、自然主義的歴史観は「歴史からの暴力」の悲惨さは際立たせますが、その解決は十分には与えてくれません。

(2) 歴史に対する悲観主義——キェルケゴールからオーウェルまで

二〇世紀の人間がほとんど忘れかけた言葉の一つに「ユートピア」があります。一九世紀では現実味を帯びた言葉でした。というのも、「ユートピア」は歴史に対する楽観主義の産物だからです。人間は過去の歴史を正確に認識することができ、現在の出来事を完全に支配することができ、その上、未来に起きるであろうことを確実に決定することができるという自信が産み出した言葉だったのです。実に、一九世紀は楽観主義の時代でした。

しかし、その世紀の中期、キェルケゴールはすでに歴史認識の不確実性、歴史の偶然性を指摘して歴史に対する悲観主義を打ち出していました。「歴史的認識の上に永遠の福祉を築くことは果たして可能であろうか」と副題が付けられた『哲学的断片』（一八四四年）において彼は言います。

「現在のものについての知識は現在のものになんの必然性を与えない。未来のものの予知は未来のものになんの必然性を与えない。同様に過去のものの知識も過去のものになんの必然性を与えもしないのである。……過去のものの確実性の根底には未来のものにあると同様な不確実性がある。」

すなわち、哲学という真理探究の観点からすれば、人間は歴史からなんら確かなものを得られないというのです。

キェルケゴールの悲観主義は二〇世紀に現実となりました。ユートピアの夢から一夜にして世界を冷たい現実に覚ましたのは、一九一四年に勃発した第一次世界大戦です。さらに、大戦に引き続いた社会不安、経済恐慌、革命とファシズムの嵐、民族主義の台頭、そして第二次世界大戦。恐るべき破壊力を持つ近代兵器が次から次へと実戦に投入され、戦死者推定は第一次大戦が八百五十万、第二次大戦が二千二百万以上。そして、広島・長崎への原爆投下、ベトナム戦争、アフガニスタン……。人類の悲惨さ、歴史の暴力性に人々が恐れおののく時代となります。

第二次世界大戦終結直後の一九四九年、歴史に対する悲観主義の募る中でジョージ・オーウェルは二〇世紀末を予見して『一九八四年』と題する作品を世に送ります（一九四九年）。彼が描く一九八四年の世界はオセアニア、ユーラシア、イースタシアと呼ばれる三つの全体主義政権が互いに対立し、恒久的に戦い合っています。主人公ウィンストンが住むオセアニアでは平和、自由、真理が抑圧され、人間の思想と行動のすべてが思想警察に統制されているという恐怖政治が布かれています。そこでは、「戦争」は「平和」、「無知」は「力」、「憎しみ」は「愛」、二＋二＝五、「白」は「黒」と教えられています。その独裁社会のピラミッド型構造についてオーウェルはこのように描写します。

「ピラミッドの頂点には偉大な兄弟が立つ。偉大な兄弟は絶対に過ちを犯さず、且つ全能である。あらゆる成功、あらゆる幸福、あらゆる勝利、あらゆる科学発見、全知識、全叡智、全幸福、全美徳は彼のリーダーシップとインスピレーションから直接出たものと解される。」

つまるところ、この社会では「歴史に生きる」ことの意味は一切認められません。ここに反ユートピア、反歴史の悲観主義の世界があります。

さて、オーウェルが描く極端な世界ほどではないにしろ、今日歴史に対する悲観主義は旺盛です。全般的に過去に対する反省、現在に対する責任感、未来に対する期待感は薄らいでいると思われます。一九世紀の世界が歴史を支配しようとしたことなどは「夢のまた夢」であって、むしろ、今日では歴史の大きな流れに身をゆだねようとする無気力感、さらに歴史からの逃避現象が広まっています。

(3) 歴史からの逃避――「私の生まれた日は滅びうせよ」

歴史からの逃避といってもいろいろな表現、形態を取ることができます。比較的軽い逃避現象なら、だれでもが経験するところです。最近の調査では、日本の中学・高校生の半数以上が学校を中退することを真剣に考えたことがあるとされます。もっと深刻になりますと、実現不可能な夢や現実離れした想像の世界に逃れ、あるいは、一瞬一瞬が提供する快楽や満足を求める刹那主義に没頭することになります。そして、最もラディカルな逃避行為は自分という歴史的存在そのものを破壊すること、自殺行為でありましょう。

聖書が記す人物の中でもヨブほど「歴史の暴力性」の辛酸をなめた人物はまれです。富んでいた彼は、財産であった牛、ろばを使用人ともどもシェバ人の略奪により、羊と使用人をカルデヤ人の襲撃により、さらに息子や娘たちすべてを荒野からの大風により残らず失いました。そんな折でも、災難を「自然」のせいとはせず、神の御心と結び付けて「主は与え、主は取られる。主の御名はほむべきかな」と叫んだ義人ヨブではありました。しかし、さしもの彼でも、慰めにやって来た三人の友人に対して、ついに口を開き、うめき声をあげます。

私の生まれた日は滅びうせよ。
「男の子が胎に宿った」と言ったその夜も。
その日はやみになれ。
神もその日を顧みるな。……

（ヨブ三・三―四）

こうして、ヨブは激しい口調で歴史の意味を神に問いかけましたが、その生命を自ら断つことはしませんでした。むしろ、悪性の腫物で全身を覆われ、灰の中でのたうちまわるヨブを見て、「神をのろって死になさい」と勧めたのは彼の妻だったのです。

今日、悲観的時代の反映でしょうが、世界中で自殺は増加の一途をたどっています。日本でも従来では考えられなかった中学生や小学生の自殺が多発しています。キリスト者といえども例外ではありません。私のさほど長くない信仰生活においても、親しい友人の娘、ある教会の会員、神学生、著名な神学校の前学長などの悲しい事例を数えることができます。これらの兄弟姉妹を裁く権限は人にはありません。死を目前にした彼らの心中に、どのような悲観や絶望が去来したのでしょうか。

しかし、一つのことは確かです。それは、前代未聞と言えるほどに世紀末の人間が「歴史からの暴力」にさいなまれていること、そして、この時代に生きるということは「歴史的存在の痛み」抜きにしては語ることができないことです。

(4) 歴史的存在の痛み――「生きることはキリスト、死ぬことも益です」

ここで、いよいよキリスト者が「歴史の中で生きる」ことに言及する段階となりました。今日、キリスト者には少なくとも二つのことが要求されていると思います。一つは「歴史的存在の痛み」との自己同一で、もう一つはキリスト教的歴史観の確立です。

第一は、まず「歴史的存在の痛み」を自己の中で自覚し、次に隣人の「歴史的存在の痛み」を知り、そのために祈り、解決に向け努力するなどしてその痛みと自己同一することです。

マタイの福音書が描く最後の審判の光景は、キリスト者の生き方にこの点でチャレンジします。永遠の生命と滅びに定められた者を、ちょうど羊飼いが羊と山羊を分けるようにして分ける審判者キリストの姿がそこにあります。そこには二重の自己同一があります。まず、キリストは「わたしの兄弟たち、しかも最も小さい者たち」の「歴史的存在の痛み」を自分の痛みとしていることです。次に、そのような者の痛みをキリストに従う信仰者が自分のものとしているかをキリストが問うという光景です。そして、審判者は祝福された信仰者に向けて言います。

「あなたがたは、わたしが空腹であったとき、わたしに食べる物を与え、わたしが渇いていたとき、わたしに飲ませ、わたしが旅人であったとき、わたしに宿を貸し、わたしが裸のとき、わたしに着る物を与え、わたしが病気をしたとき、わたしを見舞い、わたしが牢にいたとき、わたしをたずねてくれたからです。」

「まことに、あなたがたに告げます。あなたがたが、これらのわたしの兄弟たち、しかも最も小さい者たちのひとりにしたことは、わたしにしたのです。」（同四〇節）

（マタイ二五・三五－三六）

最後の審判に臨み、キリストが審判の基準として要求することは「歴史的存在の痛み」を分かち合い、自己同一することができるかにある、というのです。

ピリピ人への手紙一章二一節は、「生きることはキリスト」と「死ぬことも益です」と対になっている二つのことばで構成されています。その前節も「生きるにも死ぬにも」と対になっており、「私の身によって、キリストがあがめられること」と続き、使徒パウロとキリストとの自己同一が主題です。すなわち、この聖句は生と死の間に生きる歴史的存在としての人間の痛みの脈絡で理解されるということです。

キリスト者に要求される第二は、先述の自然主義的歴史観とその影響力から解放され、真にキリスト教的歴史観を確立することです。すなわち、歴史を単に自然の中で観る、あるいは、暴力的であると恐れ、あきらめるだけではなく、自然を超越する神との関係において歴史を観ることです。

一九四九年、ケンブリッジ大学の歴史学者H・バターフィールド（Herbert Butterfield, 一九〇〇－一九七九年）は、有名な『キリスト教と歴史』（*Christianity and History*）と題する著作を発表しました。第二次世界大戦の悲惨さを歴史学者としてつぶさに観察した著者は、「歴史は人類の普遍的罪をあばく」と題する章でこのように言います。

「歴史家はある特定の人々の人格に対し道徳上の審判を下すという意味では彼らを裁くことはできない。しかし、『すべての人は罪人である』という意味でおいてならば彼らを裁くことができる。」

「私たちの間で今日流行してはいるが、歴史学の研究成果からは支持されない、いいかげんで未検証の人間論のおかげで、私たちは悲惨に悲惨を重ねてきてしまった。」

ここで言う「未検証の人間論」とは自然主義的人間論のことです。バターフィールドは、宗教家とか神学者としてではなく歴史学者として、近代社会が内包する普遍的罪を指摘し、自然主義の歴史・人間観を批判しました。「歴史の暴力」を自然のこととするのではなく、神に敵対する世界の、また罪に染まった人間が織りなす歴史の暴力を理解する必要を訴えたのです。

以上の二つの観点からすれば、「歴史的存在の痛み」を生きるキリスト者の出発点は、イエス・キリストの受肉であるといえます。なぜなら、罪が支配する世界から人間を救い出すために、神が愛する御子をこの世に遣わした受肉、最初のクリスマスこそが、「歴史の暴力」に対する神の解答であったからです。古代教会の神学者アタナシオスはその『神のことばの受肉』においてこのように言います。

「不朽の神のことばは私たちの世界に来ました。しかも、父なる神の愛を私たち示そうとして訪問するため、自分を低くして来たのです。……キリストはこの世の人間の度を越えた悪を見、すべての人間が死の宣告の下に置かれているのを見ました。彼は人間を哀れみ、その弱さを慈しみ、父なる神のみ手の業である人間が滅びないために、私たちの腐敗した状態に身を低め、私たちと違わない肉体を進んで取ったのです。」

ちょうど、御子の受肉において神が人類の痛みと自己同一を行ったように、キリスト者も生きることとです。「二〇世紀の殉教者」とも呼ばれるボンヘッファーはヒトラーにアンチ・キリスト的、サタン的な悪を認め、獄中からヒトラー暗殺計画に加わり、その発覚をもって処刑されました。獄中からの彼の手紙の一節です。

「キリスト者であるということは、この世の生活において、神の苦難にあずかることである。」

Ⅱ　歴史と意味

「国籍は天にある」と信じているとはいえ、キリスト者も歴史に生きることの痛みを生身で経験し、「歴史の暴力」にもてあそばれることのある存在です。そのキリスト者にユニークなことがあるとすれば、少なくとも神との関わりにおいて歴史の意味を知ることができることです。

(1) 歴史の意味——「我は天地の創り主、……からだのよみがえりを信ず」（「使徒信条」）

キリスト者は神の摂理を信じます。すなわち、天地の創造者、唯一の神が被造物とその歴史の支配者であり、神の意志によってこの罪の世界とその歴史も支配されているとの確信です。

グノーシス主義はキリスト教がその歴史の最初の百年間に直面した最大の異端で、使徒パウロの書簡もこの教えを反駁していると言われます。この異端は霊と肉、魂と体、霊的なものと物質的なものとを極端に対立させる二元論に立っていました。人間に関しては、魂は神から生まれたものであるのに対し、肉体は物質を造った悪しき神（旧約聖書の創造神）の作品で、歴史と暴力の世界に捨て置かれる存在とされます。人間の救いは魂が肉体の牢獄から解放され、霊的な神に立ち帰ることを意味しました。また、霊的キリストと人間イエスは峻別され、救い主キリストのからだ性は否定され、救い主キリストの使命は、人間の魂を義である創造神の支配から、霊的で愛なる神に向かわせることにあるとされます。当然、グノーシス主義によれば、「歴史の中に生きる」ことの意味は、そこから解放されるという否定的意味しかありません。

古代キリスト教はグノーシス主義を「使徒信条」をもって退けました。この特異な信条は、その冒頭で「天地の創り主、全能の父なる神を信ず」と摂理信仰を告白し、主要部分のキリスト条項では「主は聖霊によりてやどり、処女マリアより生まれ、ポンテオ・ピラトのもとに苦しみを受け、十字架につけられ、死にて葬られ、陰府《よみ》にくだり、三日目に死人のうちよりよみがえり」とキリストのからだ性、歴史性を強調します。そして信条の結語部では「聖霊を信ず、聖なる公同の教会、聖徒の交わり、罪の赦し、からだのよみがえり、永遠の生命を信ず」として、信仰者が「歴史の中に生きる」ことの意義を告白します。

さて、ここでキリスト教が摂理を「父なる神」による人格的な歴史支配とみなす点に注目します。摂理は神が機械的に世界を支配することでもなく、ある場合には好意的に、他の場合には悪意的にと気ままに支配することでもなく、ちょうど猫が捕らえたネズミをなぶり殺しにするような冷酷な支配でもなく、自らが創造した世界と人間を「父なる神」として慈しみをもってする支配のことです。先にも触れたバターフィールドは「歴史における神」と題する別の論文で、キリスト教が直面する今日的課題が摂理に対する意識の回復にあるとしました。

「摂理とは、リモートコントロールの類ではなく生きた事実なのです。それは、生活のこまごましたことの中に一瞬一瞬絶え間なく、出来事の中に明らかに働いているものです。摂理を意識することなくしては、宗教を真剣に問うことも、神と共に歩むことも、心からの祈りも、熱心な信仰も成り立たないのです」と。

しかし、人はここで問うでしょう。「歴史には神の摂理は認められない」、「摂理があるなら、なぜこの世に悪、苦難、罪があるのか」、「神の摂理があるにしても、それが見えてこない」、「神も歴史も敵対しているように見える逆境の場合は?」、「この世では悪いものが栄え、正しいものがしいたげられるのは摂理と言えるか?」などと。

これらの問いに対する答えが簡単にあるとは思えません。気休め程度の答えならあることでしょう。
「愛である神は私たちに苦難を与えるはずがない。それは私たちの罪のせいだ」、「今栄えている悪人もいつか苦しむことがある。今苦しんでいる正しい者はいつか栄える」、「神は悪や罪がはびこることを一時的に見逃がしているにすぎない」などと。
しかし、歴史における苦難の意義や不公平さの問題への解答があるとすれば、それは私たちが歴史と歴史における暴力をどう見るかではなく、摂理の神がそれをどう見るかを知ることではないでしょうか。ここに一つの新しい視点が登場します。C・K・バレットは『歴史と信仰』(*History and Faith: Story of the passion*)と題する書の中で言います。

「イエスの十字架での死と三日目の復活とは、神が私たちに人生の意味を示したものである。また、神が歴史を理解するその仕方で、歴史のパターンを私たちに明らかにしてくれるものである。」

すなわち、キリストの十字架と復活を通してでしか「歴史の中で福音に生きる」キリスト者の生き方や歴史理解は成り立たないというのです。

(2) 十字架と回心――「私はキリストとともに十字架につけられました」

死は歴史が人間に加えることのできる最強の、そして最後の暴力です。自分の体重を支え切れずに、心臓が破裂して死ぬケースが多かったといわれる磔の刑、十字架での死ならなおさらです。父なる神は御子イエスの十字架により歴史の問題を解決しようとし、イエスも進んで十字架への道を選んだのです。ここに、「歴史の意味」を解明する鍵が隠されているはずです。

日本を代表する神学者北森嘉蔵は、その『神の痛みの神学』において言います。

「痛みにおける神は、御自身の痛みをもって我々人間の痛みを解決し給う神である。イエス・キリストは、御自身の傷をもって我々人間の傷を癒し給う主である。」

十字架は、人間の救いのため愛する御子を犠牲としなければならなかった神の痛みのシンボルです。

「目には目を。歯には歯を」とは律法の原則です。同時にそれは、「力」対「力」という暴力の原則ともなります。この原則に対してイエスは「汝の敵を愛せよ」、「右の頬を打たれたら左の頬を向けよ」と愛の原則を打ち立て、歴史の暴力性を無力なものとしました。

それは、味方だから愛し、敵だから憎むという愛憎関係と打たれたら打ち返すという暴力関係の際限なく広がる因果の鎖の最初の環を、敵を愛することにより断ち切ってしまったからです。パウロも、キリストは十字架により「ご自分の肉において、敵意を廃棄された」（エペソ二・一五）と言います。神と神に敵対する人間との間の敵意を廃棄し、両者の和解の道を示したというのです。

たしかに、イエスは十字架で苦難を受けましたが、それは私たちに苦難が降りかかることがなくなるためではありません。むしろ、十字架は私たちが苦しまなくなるためではなく、私たちの苦難がキリストの苦難に似るものとなるためでした。イエスの十字架のように、私たちの苦難が意味のあるものになるためでした。その上、十字架は苦難の廃止よりもっと偉大な影響を私たちに与えます。それは、今、私たちを罪の力から解放し、将来、私たちを死の力から解き放すことです。こうして、十字架はキリスト者の苦難がそのままで勝利となりうることを実証しました。十字架こそ、人間の歴史を惨めなものとする暴力を、神の摂理の枠の中で、私たちにとって理解されうるもの、受け入れうるもの、有意義なものにすることができるのです。ここに鍵があります。

パウロは「私はキリストとともに十字架につけられました」（ガラテヤ二・二〇）と言います。キリスト者は自分の十字架を背負うこと、すなわち回心により、キリストの十字架の追体験をします。十字架において歴史とその暴力を理解し、十字架を通して歴史に生き、その暴力の解決を志すことになります。

(3) 復活と新生――「だれでもキリストにあるなら、その人は新しく造られた者です」

もし死は歴史が人間に加えることができる最終的暴力であるのなら、イエス・キリストの復活は歴史に対する最終的勝利を約束するものです。ちょうど歴史が私たちを時間と空間の中に閉じ込めるように、死の力はイエスを暗い墓の中に閉じ込めました。しかし、イエス・キリストは三日目に墓を破って復活したのです。「死よ。おまえの勝利はどこにあるのか。死よ。おまえのとげはどこにあるのか」（Ⅰコリント一五・五五）です。

キリスト者によるキリストの復活の追体験が新生です。「だれでもキリストのうちにあるなら、その人は新しく造られた者です」（Ⅱコリント五・一七）。キリストの復活がそうであったように、キリストにある新しい生命も歴史の暴力に対する勝利を意味します。「我は身体のよみがえり、永遠の生命を信ず」と「使徒信条」にあるように、歴史の暴力に対する最終的勝利はキリスト者に約束されています。とは言え、そのキリスト者も歴史の暴力を経験し、また、死にもします。そしてこの世にある限り、歴史の暴力に対する完全な勝利はないどころか、しばしばキリスト者は打ちのめされます。しかし、一つだけ確かなことがあるとすれば、それは、もはや歴史の暴力はキリスト者を最終的に、完全には打ち負かすことはないという事実です。

H・ベルコフが『キリストと諸権力』（藤本治祥訳、日本基督教団出版局、一九六九年）で指摘するように、キリストの復活は歴史の中に働く力という力を有限で、最終的には抑え得るものにしてしまったのです。パウロが言うように、神は「すべての支配と権威の武装を解除してさらしものとし、彼らを捕虜として凱旋の行列に加えられ」たからです（コロサイ二・一五）。それゆえキリスト者は確信します。「死も、いのちも、御使いも、権威ある者も、今あるものも、後に来るものも、力ある者も、高さも、深さも、そのほかのどんな被造物も、私たちの主キリスト・イエスにある神の愛から、私たちを引き離すことはできません」（ローマ八・三八、三九）と。

(4) 存在と時間――「今は恵みの時、今は救いの日です」

「歴史の中で福音に生きる」とは、二千年前に一度だけ起きたキリストの十字架と復活の事実をキリスト者が回心と新生を通して追体験することです。しかしここで大切なことは、この追体験が私たちがキリスト者となった過去の一時点で完了したのではなく、「ここに」、「いま」も繰り返されていなければならないことです。「今は恵みの時、今は救いの日」（Ⅱコリント六・二）と聖書は言います。神は今の時代に、今日の日に私たちがキリスト者として生きることを求めています。ここに、キリスト者が歴史に生きることの使命があり、また意味もあります。

六百万ユダヤ人の虐殺というホロコーストはユダヤ民族に対してのみならず、人類に対して行われた、二〇世紀の歴史における最大級の暴力の一つです。フランクルの有名な『夜と霧』（みすず書房、一九七一年）は、ユダヤ人の精神学者である著者がアウシュビッツ強制収容所で体験した日々の記録です。そこには、想像を絶する限界状況下での人間の赤裸々な姿が描かれています。中でも印象的なのは、ある夜の停電の際、一日の強制労働と虐待に疲れ果てた囚人仲間に著者が語りかける光景です。

「私は終わりになお、生命を意味で満たす多様な可能性について語った。私は私の仲間達に（彼等は全く静かにそこに横たわり殆んど動かなかった。せいぜい時折心を動かされた溜息が聞えるだけだった。）人間の生命は常に如何なる事情の下でも意味をもつこと、そしてこの存在の無限の意味はまた苦悩と死をも含むものであることについて語った。」

「そして最後に私はわれわれの犠牲について語った。……そしてその収容所に入れられた最初に、いわば天〔神〕と一つの契約を結んだある仲間の話をした。すなわち彼は天に、彼の苦悩と死が、その代りに彼の愛する人間から苦悩にみちた死を取り去ってくれるようにと願ったのである。この人間にとっては苦悩と死は無意味なのではなくて……犠牲として……最も強い意味にみちていたのである。意味なくして彼は苦しもうと欲しなかった。同様に意味なくしてわれわれは苦しもうとは欲しないのである。この究極の意味をこの収容所バラックの生活に与え、また今の見込みのない状況に与えることが、私の語ろうと努めたことであった。」

Ⅲ　歴史と挑戦

これまで暴力、苦難、死などのテーマを追ってきましたので、なにか消極的で暗いイメージとの印象を受けたことでしょう。しかし、歴史に生きるキリスト者の生き方は決して消極的なものではなく、むしろ積極的に歴史に挑戦し、神の歴史支配における最終的勝利である終末に向かって、「神のことばとイエスの証しのゆえに」（黙示録一・九）生きるものであることを強調して結語としたいと思います。

まず、どれほどキリスト者が世界の片隅で、小さく、弱々しく存在しようとも、その存在そのものが歴史への挑戦であり、神の支配の証しであり、宣教でもあることを覚えたいものです。藤尾正人著『胸が熱くなるような』（同信社、一九七七年）というエッセー集に「あふれる」という一文があり、感銘を受けたことがありました。

「伝道とは、溢れることです。キリストを信ずる喜びが溢れ出ることです。この喜びがなくして伝道すれば、なんとカサカサした伝道となることでしょう。それは人をも自分をも益しません。」

こう書き出された文章に続いて、喜び抜きの、義務感だけの伝道の失敗談があり、著者はこう結びます。

「伝道とは溢れることです。溢れていれば存在そのものが伝道なのです。」

さらに、一見弱々しく、従順で、温厚なキリスト者の生き方が、実は強靭で、しぶとく、したたかなものであることも忘れてはなりません。使徒パウロは紀元一世紀中ごろのキリスト者像をこのように描きました。

「私たちは人をだます者のように見えても、真実であり、人に知られていないようでも、よく知られ、死にそうでも、見よ、生きており、罰せられているようであっても、殺されず、悲しんでいるようでも、いつも喜んでおり、貧しいようでも、多くの人を富ませ、何も持たないようでも、すべてのものを持っています。」

（Ⅱコリント六・八―一〇）

ちょうど、それから百年後の二世紀中期に『ディオグネトスへの手紙』という著者不明の文書が現れます。地中海世界に広く浸透したキリスト教のしたたかな強さと、地中海のブルーにも似たキリスト者の澄んだ姿を描いた一文があります。

「キリスト者は自由に人をもてなすが、純潔はいつも保っている。……彼らはすべての人を愛するのだが、すべての人から迫害されている。……彼らは貧しいのだが、すべての人を豊かにしている。……一言でいえば、彼らがこの地にあるということは、ちょうど魂が体の中にあるようなものだ。」

キリスト教はローマ帝国と諸権力から組織的に迫害され、教会も弱小であり、キリスト者は「全人類の敵」と言われていた時代に、キリスト者はこの世界の「魂的存在」、中枢的意味をもつ見習うべき生き方と自覚していたことは驚きです。しかも、かれらは世界と没交渉であったのでも、社会から逃避したのでもなく、隣人と社会と関わりを持つ中で、世界と歴史の中枢に位置する存在、世界の魂と自分たちを理解したのです。

とは言え、歴史の暴力に対してキリスト者は弱く、とくに意図的な迫害の対象とされた場合は、彼らが無抵抗であっただけに助けがたい弱さを露呈します。しかし、そこにも「神の愚かさは人よりも賢く、神の弱さは人よりも強い」（Ⅰコリント一・二五）と確信するキリスト者の強靭さが隠されています。新約聖書・「使徒の働き」は、しばしば迫害に直面しつつ宣教するキリスト者像を描いています。そのような光景の一つに、サンヘドリンが使徒たちを鞭打ちで処罰し、宣教を禁じたことがありました。

「使徒たちは、御名のためにはずかしめられるに値する者とされたことを喜びながら、議会から出て行った。そして、毎日、宮や家々で教え、イエスがキリストであることを宣べ伝え続けた。」（使徒五・四一、四二）

「はずかしめられる者とされた」のではないのです。「はずかしめられるに値する者とされた」ことを喜んだのです。すなわち、迫害を受けなくてもよいのに受けたのではなく、受けるべきことを受けてようやくキリストの名にふさわしい者になった、というのです。そのキリストこそ、恥と愚かさのシンボルである十字架で死んだ方でした。

そして、最後にキリスト者の歴史への挑戦を可能にさせる最終的根拠が彼らの終末の信仰、「主よ、来てください」（Ⅰコリント一六・二二）という再臨待望の祈りであることを覚えたいものです。

キリスト者はこの世が神の支配に敵対する罪と悪の支配であることを知っています。歴史の暴力も知っています。これらの暴力、罪、悪の力の支配に対抗するように、「地の塩」、「世の光」として召されたキリスト者がいかに無力であるかも知っています。それゆえ、キリストの再臨と厳正な神の審判をかえって祈るのです。

もちろん、キリスト者も最後の審判の場に立たされましょう。「歴史の中で生きる」ことをキリスト者も神の臨在において清算しなければなりません。使徒ペテロの教えがこの点を指摘します。

「愛する者たち。このようなことを待ち望んでいるあなたがたですから、しみも傷もない者として、平安をもって御前に出られるように、励みなさい。」

（Ⅱペテロ三・一四）

しかし、最後の審判と新しい天と地の到来は、一方的で決定的な歴史の問題に対する神の解答です。歴史の暴力、歴史的存在の痛みに対する恵み深い神の解決です。次の黙示的光景、新しいエルサレムの光景がこの点を象徴的に示します。

「見よ。神の幕屋が人とともにある。……神ご自身が彼らとともにおられて、彼らの目の涙をすっかりぬぐい取ってくださる。もはや死はなく、悲しみ、叫び、苦しみもない。以前のものが、もはや過ぎ去ったからである。」

（黙示録二一・三、四）

〔一九八五年三月〕

＊　＊

〔解説文〕

すでに第一論考で見たように、「十字架と桜」の主題には二つの歴史観の対立が認められます。創造神による摂理の教えに基づき、歴史の一回性を強調する見方と自然の流転に基づき、歴史における繰り返し、円環を強調する見方の対立です。第三論考はキリスト教の歴史観を、「歴史の中で福音に生きる」と題して、キリスト者の生き方に焦点を合わせて論じたものです。論考では、キリスト教歴史観に立ち「歴史の暴力」と「歴史の意味」の二点に注目しています。第一の「歴史の暴力」は、キリスト教神学においては人間の堕罪との関連で取り上げられる論点ですが、ここでは時間と空間の枠に人間を普遍的に閉じ込める力と捉えています。キリスト者は歴史の暴力性問題と真摯に向き合うことになります。第二の「歴史の意味」に関するキリスト者の対応はユニークで、「キリスト者が」ではなく、「神が聖書においてどのように歴史を意味づけているか」に基づいています。すなわち、イエス・キリストの受肉、十字架、復活という一回限りでユニークな歴史事実において、神がいかに歴史の暴力性と取り組み、解決し、また歴史を意味づけたかという神の対応をキリスト者の規範とすることです。神の対応の追体験として、キリスト者は「歴史の暴力」にさいなまれる人間の苦悩との自己同一視、回心、新生をもって「歴史の意味」を学ぶことになります。

第三論考のオリジナルは、一九八五年三月開催のキリスト者学生会・全国集会での主題講演です。日本の社会とキリスト教会において将来の活躍が期待される若者に、キリスト教歴史観に基づく生き方を訴えたものです。ここでの収録文は、講演原稿から起こした『基督神学』（東京キリスト教学園、東京基督神学校誌、第三号、一九八六年十二月）所収の文章に基づいています。講演時の文体を保持し、校正は最小限にとどめています。

第四論考　キリスト者日本人と世紀末日本

序　キリスト者日本人

キリスト教は歴史宗教です。このことは、キリスト教が主張する宗教的真理が歴史的に形成され、また相対的であるということではなく、キリスト教の真理が神の創造の業、摂理、預言の成就、イエス・キリストの受肉、十字架、復活、再臨、そして最後の審判という歴史的な出来事の中に表されるということです。同様に、キリスト教信仰も歴史的です。神の真理が歴史の中で示されたことを信じる信仰だからです。使徒パウロはキリスト教信仰の歴史性を「ポンテオ・ピラトに対してすばらしい告白をもってあかしされたキリスト・イエス」（Iテモテ六・一三）ということばで表現しました。古代教会最古の「使徒信条」もイエス・キリストが「処女マリアより生まれ、ポンテオ・ピラトのもとに苦しみを受け、十字架につけられ、死にて葬られ、陰府にくだり、三日目に死人のうちよりよみがえり、……」と告白しています。それゆえ歴史宗教としてのキリスト教は、当初よりその信仰が世界に向けて公に告白され、宣言されるべきとの自覚をもっていました。パウロがヘロデ・アグリッパ王に対する弁明の中で、イエス・キリストの歴史が「片隅で起こった出来事ではありませんから」（使徒二六・二六）と言ったとおりです。このようなキリスト教とその信仰の歴史性という観点から、日本におけるキリスト者の在り方について考えてみることにします。

なお、ここでは意識的に「キリスト者日本人」という表現をより一般的に用いられている「日本人キリスト者」から区別して使うことにします。言語学的に二つの表現にどのような相違があるかは知りませんが、門外漢の「勘」で言うならば、それぞれの頭のことばに強調点があるようです。前者の「キリスト者である日本人」では、世界宗教であるキリスト教への告白が日本民族への帰属に優先し、「聖書によれば、永遠の昔からキリストにあって選ばれる者が、今、日本人として生を受けている」となります。後者の「日本人であるキリスト者」では、民族への帰属が優先し、「日本人である者が、たまたまキリスト教徒になった」とのニュアンスは拭えません。そして、イザヤ・ベンダサンの『日本人とユダヤ人』（一九七〇年）が「日本人キリスト者」の本質は「日本教徒キリスト派」にすぎないとしたことも注目されます。とりわけ、豊臣秀吉の「伴天連追放令」（一五八七年）がキリスト教を神国日本にとっての邪宗とし、井上哲次郎の『教育ト宗教ノ衝突』（一八九四年）が国家主義倫理を説く「教育勅語」を弁護して、世界宗教であるキリスト教の倫理を無国家的と断じた伝統が今日まで生きているこの国において「日本人」を問うには、「日本人キリスト者」ではなく「キリスト者日本人」を問わなければならないと思うのです。

I　ディアスポラのキリスト者日本人

ギリシャ語で「離散」あるいは「散らされている者」を意味するディアスポラは、聖書学では「離散のユダヤ人」の表現で、パレスチナ以外の地に散らされ、移り住んでいるユダヤ人およびその共同体を言い表します。ヘレニズム期の地中海世界では、主要な都市にはユダヤ民族の伝統を守るディアスポラが散在していました。たとえば、紀元前四年の記録によれば、ローマには四万人のユダヤ人がおり、十一の会堂がありました。一般に、離散のユダヤ人はユダヤ人としての宗教的同一性とヘレニズム文化、思想、宗教との間に生き、唯一神への信仰、礼拝、高い倫理性を保持することで知られていました。著名な教理学者J・ペリカンは、キリスト教が今世紀に生き残り、次の二一世紀を迎えることができるとしたら、それは世俗化の世界におけるディアスポラ的形態でしかありえない、と予見しました。これほど悲観視することの是非は別として、日本におけるキリスト教の実情を端的に表現するならば、「ディアスポラのキリスト者日本人とその共同体」とせざるを得ないのではないでしょうか。

(1) クリスチャン人口〇・八五％

日本におけるキリスト教のディアスポラ化の原因は、クリスチャン人口一％未満という現実にあります。『キリスト教年鑑』一九九三年版によれば、前年度統計に基づくクリスチャン人口は〇・八五％、一万人に八十五人となります。従来、キリスト教人口一％と言ってきたのですから下方修正で、その原因には主要教派・教会の登録会員の減少、また、「伝道型」として知られた福音派諸教会の教勢の頭打ちなどが考えられています。

さらに、問題は数の上だけのことではなく、近年ますますキリスト教が「社会の片隅」に追いやられているように見えることです。その結果、キリスト教に「ゲットー化」が生じ、キリスト者に「日本に合わない」とか「バスに乗り遅れる」という気持ちを起こさせ、内向的にさせることになります。日本通のオランダ人ジャーナリスト、カレル・ヴァン・ウォルフレンは話題作『日本／権力構造の謎』（上・下、早川書房、篠原勝訳、一九九〇年）で、キリシタン宗が封建体制下の日本の権力構造に対し、また、プロテスタント・キリスト教が明治期の近代日本に対して「脅威」となったり、「危険な信仰」とみなされたりしたことに十数ページを割きました。しかし、第二次大戦後のキリスト教への言及はたったの四行、しかも、言論の自由が認められた時代にもかかわらず、「異常な外国の思想」としての見方は変わらず、人口のわずか一%がみずからキリスト教徒と名乗るのみ、としました。

(2) 迷える一匹

女性歴史作家で古代ローマや中世イタリアを専門とする塩野七生は、新聞のインタビュー記事の中で「迷える一匹の羊を探すのは宗教、小説の問題。九九匹の安全をまず考えるのが政治、そして歴史の問題。私は後者の世界の住人です」(朝日新聞「人」、一九九三年一月三十一日号)としました。ローマ教皇が政治権力者としても大きな力を持っていた中世ヨーロッパの専門家のことばとしては意外だったのですが、今日の日本におけるディアスポラ化したキリスト教がもつ「迷える一匹」メンタリティーを見事に表現していると思います。

それでは、この「迷える一匹」メンタリティーという脈絡において、キリスト者日本人はどのように確立されるのでしょうか。二つの方向が可能かと思われます。第一は、私たちの内に向かうもので、私たちの「内なる日本人性」と対峙して、意識的にキリスト者日本人となる方向です。第二は、逆に私たちの外に向かうもので、社会、文化、国家の中でキリスト者日本人としての証しをし、その形成を目指す方向です。

第一の方向に関して、まず注目されるのは「内なる日本人性」のしたたかさです。島国日本は、世界でも有数な民族的同質性を誇る伝統を持つ国とされます。意識するにしろ、しないにしろ、その同質性は日本人の心、思考、行動を規制する大きな力です。そして、「内なる日本人性」のこのしたたかさのゆえに、それと対決し、克服しなければキリスト者日本人には本当の意味でなれないのではないか、とすら思えるのです。この点を明らかにするために、以下に三人の証言者を引用します。

一人は文芸評論家の佐伯彰一です。長年、東京大学でアメリカ文学を教え、専門との関係でキリスト教にも造詣の深い方です。「内なる神道への目覚め」（朝日新聞「こころ」、一九九二年十月二十九日号）と題する文章の中で、佐伯は専門のメルヴィルの『白鯨』との関連で、「悪の象徴としての巨鯨といった一神教的な発想には、正直ついていきかねた。ぼくらの自然観、生き物観は、これとは違うと感ぜずにはいられなかった。超越神の一神教に対して覚え始めた反撥と違和感が、おのずとぼくを内なる神道への開眼と自覚に導いていったらしい」と言います。「内なる日本人性」とは日本人が共有し、自然や死者との連帯を信条とする自然宗教的、神道的なものとの主張です。

二人目はカトリック作家の遠藤周作です。「異邦人の苦悩」と題する一九八三年の自伝風の作品の中で、遠藤は切支丹に関する著作には殉教をした強者の信仰のみが書かれており、弱者のことが欠落していることに気づいたとして、「ここに長年私を悩ましてきたキリスト教と日本、もしくは自分とキリスト教との距離をうずめる何かがあるような気がした」（『切支丹時代』小学館、一九九二年）と述べています。この所信が主著『沈黙』において、日本における宗教は、キリスト教を含めて、母の宗教、弱者のための赦しの宗教であるべきとの主張と結びつくのでしょうか。日本におけるキリスト者は異邦人的、「迷える一匹」的でよろしいという肯定なのでしょうか。

三人目は、日本の預言者とも呼ばれ、「キリスト教と日本」のテーマと直に取り組んだキリスト者の内村鑑三です。一九二六年の「二個のＪ」と題する短文中の次の文章はあまりにも有名です。


「私に愛する二個のＪがある。三番目はない。其一はイエスＪｅｓｕｓであって、もう一つは日本Ｊａｐａｎである。イエスと日本とを較べてみて私はいづれをより多く愛するか私には解らない。……私の信仰は、この二個の中心を持つ楕円である。」

しかし、日本人には説得力を持つと思われるこの文章に、先述の西洋人ウォルフレンの評価は手厳しく、「内村が求めたのは、西洋の影響によって汚されていない、純粋に日本的でありうるキリスト教だった。そんなものが可能だとしても、とてもむずかしい注文である。彼は、聖書の物語とキリスト教の倫理的教義の一部をそのまま取り入れ、教会制度を捨てればそれが可能だと考えた」（『日本／権力構造の謎』下）としました。

キリスト者日本人の内的確立にとっては、佐伯を説得し、遠藤を論駁し、内村を乗り越える試みが不可欠と言うべきでしょうか。そしてここで、この内的確立にとっての脈絡に一言触れることにします。

(3) 時代の陰

明治期のキリスト者評論家で社会主義にも共鳴した山路愛山は『基督教評論』（警醒社書店、一九〇六年）において、「精神的革命は時代の陰より出づ」と言いました。これは、キリスト教は「日本の国体に合わない異質的な信仰」、ましてキリスト教社会主義は「危険な思想」と国家からマークされていた時代の証言です。ここから、ディアスポラ的精神こそ正しく確立されて外に向けられれば、時代の精神的革命を担う力となりうる、となりましょうか。

天皇あるいは天皇制に関する最近の著作の中でも異色で面白いものに猪瀬直樹の『ミカドの肖像』（新潮文庫、一九九二年）があります。著者が「西洋人と日本人の宗教と王権についての考え方を比較するのに最もふさわしい素材」と折り紙を付けたのが映画「炎のランナー」でした。これは、英国代表の一員として一九二四年のパリ・オリンピックに参加するスコットランド人エリック・リデルを主人公とした映画です。リデル選手は出場予定の一〇〇メートル走の予選が日曜日に当たることを知り、聖日遵守という信仰上の理由から出場を拒否し、国のためと皇太子まで引き出しての説得にも節を曲げなかったのです。著者はこの映画が日本人にとって教訓的であるとしたら次の二点とし、「神権と地上の王権とは別のものであること」と「自立した宗教的良心にはたとえ国王の権威をもってさえも介入できないという事実」と言います。ここに、キリスト者日本人の内的確立に向けた脈絡の示唆がありましょう。

また、「精神的革命」には「キリスト教」と「日本」との精神的相克とそれを乗り越えるという側面もありましょう。ちょうど、キリスト教がユダヤ教の一派とみなされていた状況から、諸民族への宣教を通して世界宗教へと展開する過程において重要な働きをした人々で、「使徒の働き」が特記する殉教者ステパノ、サマリヤ宣教のピリポ、雄弁なアポロ、そして使徒パウロはいずれもディアスポラ出身のユダヤ人でした。とりわけ、パウロの「私は、ギリシヤ人にも未開人にも、知識のある人にも知識のない人にも、返さなければならない負債を負っています」（ローマ一・一四）という福音宣教における負債意識は革命的なものでした。「時代の陰」にあるとはいえ、キリスト者日本人もパウロと同じく精神的革命を担う力となり、時代にインパクトを与えることできるのではないでしょうか。

Ⅱ　時代の証人としてのキリスト者日本人

キリスト者日本人の確立への第二の方向は、時代の証人としてのキリスト者となることです。聖書は「あなたがたは、今がどのような時であるか知っているのですから」（ローマ一三・一一）と言います。いかに少数であっても、キリスト者は時代の証人として、まず時代を冷静に見、そこに神の働きを発見すると同時に、時代が神の裁きの下にある事実も明らかにします。しかも、キリスト者もその時代の一員なのですから、局外中立者としてではなく、地の塩・世の光として責任ある証言者として生かされるのです。聖書に登場する「証言」や「証人」ということばは、元来法律用語であり、転じて「受難」や「殉教」をも意味することは銘記されるべきでしょう。

(1) 大国日本

過去数十年、日本は建国以来最高の平和、自由、繁栄を味わってきました。私たちの多くは、「日本は世界で一、二を争う平和で、自由で、豊かな国」というイメージを持っています。そして、日本人としての誇りも高まります。

先に引用した塩野七生は、イタリア在住でヨーロッパの歴史を専門にしながら日本の現在を見定めている作家のようですが、彼女は「戦後日本の成功の要因は、自分のことだけを考える、という閉鎖性」とも断言しています(朝日新聞、一九九三年一月三十一日号)。この閉鎖性のゆえに驚異的なまでの経済成長を遂げると同時に、資源乱用の結果としての自然破壊や輸出超過による経済摩擦などで批判の対象ともなります。国際社会においては、この閉鎖性があっけらかんと大国意識に変貌するカラクリも見逃せません。国連安保理の常任理事国入りをめぐり国際貢献が問われれば、すぐPKFとかPKO派遣と短絡的な論議となり、逆に国内では少数者や外国人への差別となります。ディアスポラ的少数者であるキリスト教徒への有形、無形の「踏み絵」的状況は多くなってきました。

さらに、「平和で、自由で、豊かな大国」というイメージ自体が最近次第に崩れつつあります。平和憲法は危機に直面し、議会制民主主義は形骸化され、バブル崩壊により経済のひずみが露呈されました。世紀末の混乱や価値観の多様化が進めば進むほど、内部から、権力や権威を志向する日本的で、暗い力の台頭が気がかりとなります。戦前の閉鎖性が日本を「神国」とし、「大東亜共栄圏」を目指した大国意識を生み出したことを忘れてはなりません。ダーウィンが説いた適者生存、弱肉強食に基づく進化という生物学上の理論を社会学的に歴史に適応したのがヒトラーです。彼の『我が闘争』（一九二五―二六年）は、基本的人権、民主主義、議会制度などという「笑うべきヒューマニティー」を権力志向の強者により破壊されるべきものとした書として知られています。

日本の戦後において、大国日本が曲がり角を迎えている今日、キリスト者日本人は何を証言しようとするのでしょうか。

(2) 「最暗黒の日本」？

今から百年前の一八九〇年、大英帝国がその繁栄の頂点にあったころ、救世軍の創始者ブースは『最暗黒の英国とその出路』（山室武甫訳、相川書房、一九八七年）を著し、精神的、宗教的、霊的な観点からすれば、アフリカ大陸ではなく英国こそが最暗黒であるとしました。また、ダーウィンの適者生存の考えが流行る中で、「世は適者の生存を信ずる。救世軍は不適者の救いを信ずる」を標語として、繁栄の陰で取り残された人々への、救霊と社会事業を通しての救済を訴えました。このブースの観点からすれば、百年後の日本を「最暗黒」と捉え、その解決策としての「出路」と真剣に取り組むことはキリスト者日本人の務めとは言えないでしょうか。

使徒パウロはローマ人への手紙一章で、当時のローマ世界で行われていた偶像礼拝から不品行までの罪の数々を具体的に挙げて、人類の罪を告発しました。この書簡はパウロが伝道旅行中にコリントで書いたもので、第一章の描写には当時のローマ世界の経済の拠点で貿易立国でもあった大都市コリントの退廃ぶりが下敷きとなっていると言われます。パウロのような預言者的、使徒的判断に従えば、キリスト者日本人は日本の宗教的、精神的、道徳的現状をどのように告発するのでしょうか。あるいは、告発どころかその現状に埋没していることはないでしょうか。

宗教の世界に例を取れば、フランスの社会学者ジル・ケペルの最近の著書『宗教の復讐』（中島ひかる訳、晶文社、一九九二年）が明らかにするように、キリスト教やイスラム教などの伝統的宗教から新宗教と呼ばれる現代的現象に至るまで、広範囲にわたる宗教の復権が見られることです。しかも、復権といっても伝統的儀式、教理、神学の単なる復興ではなく、近代的なものや合理的なものへの反動としてのポスト・モダンの要素、あるいは、熱狂主義やオカルトに見られる霊的パワーや非日常性への願望の要素をともなった新宗教としての復権が注目されます。そして、キリスト教の世界においても例外ではなく、新ペンテコステ、ニューエイジなどと呼ばれる運動の影響やその結果としての混乱が見られます。

パウロは「彼らが神の真理を偽りと取り代え、造り主の代わりに造られた物を拝み、これに仕えた」（ローマ一・二五）としましたが、聖書の真理に立つキリスト者日本人はどのように対応しているのでしょうか。「宗教の時代」とか「宗教多元化の時代」と言われ、宗教本来絶対的真理の探究を目指すべき宗教の世界にも多元化、相対化が進む中で、また、宗教の客観性を拠り所とする神学的営みは軽視され、主観性を拠り所とする宗教的現象やフィーリングが重視される中で、時代の証人としてキリスト者日本人は何を語るのでしょうか。

(3) 天皇機軸論

日本という多神教的な土壌のゆえでしょうか、日本人は宗教には一般的に寛容であるが、宗教的真理に対しては極めて無節操かつ不寛容である、と言われます。聖書的表現を借りるなら、「狭い門から入りなさい」（マタイ七・一三）という生き方を好まないのです。この態度が、先にも述べた唯一神教であるキリスト教への生来的拒否反応にも通じることとなるのでしょう。とりわけ、この無節操や不寛容が問題とされるものに精神とか、思想とか、主義主張と呼ばれる領域があります。日本では首尾一貫で、徹底した思想、主義主張、宗教的教義は容易には受け入れられないのです。その結果、ちなみに民主主義と呼ばれるものの実態は「日本的民主主義」、政治においては「永田町の論理」、選挙では「フィーバー」や「ムード」が支配的となるとされます。一方では、このような表現のしようもない曖昧さがあり、他方では、排他的な思想や主義主張に対する執拗なまでの不寛容があることになります。

この領域との関係で、キリスト者日本人がこの国で直面する問題は個人の信仰的確立と証しから、家庭、職場、社会における責任、愛国心まで多様です。中でもキリスト者日本人にとって最大のテストとなると思われるものに天皇あるいは天皇制をめぐる問題がありましょう。そしてこれは、いわば「至聖所」に位置するような奥深い問題です。

明治憲法草案の起草者であった伊藤博文は、ヨーロッパの近代国家では国民の心をつかんで国をまとめてゆく「機軸」のような働きを宗教（キリスト教）が担っている事実に注目しましたが、日本にはこの務めを担い得る宗教がないため、皇室のみが機軸となり得るとしました。この天皇機軸論が、すべての精神、思想、主義主張を相対化してまで、それらを越えた宗教的権威を帯びた天皇制を生み出しました。そして、第二次世界大戦前においては、すべての宗教までが絶対的な天皇主権の前に相対化を強制されるにいたります。

敗戦後のいわゆる「天皇の人間宣言」を経て旧天皇制は幕を閉じました。しかしながら、敗色の濃くなった日本政府側の国体（天皇制）護持の意向と連合国側が天皇制を戦争終結を早めるため、また戦後の混乱期を乗り切るための切り札として利用しようとした意図などもあり、敗戦後天皇制は温存されてしまいます。新憲法においても、第九条の戦争放棄の条文との抱き合わせという形で、天皇制に本質的にまとわりつく曖昧さを残したまま、象徴天皇制が位置付けられることになります。戦後の「国民に愛される明るい皇室」のイメージからアイドルとして国民に受けとめられる今日の皇室まで、表面的に数々の変化がありましたが、本質的には天皇機軸論は今日でも生きていると思われます。

近年、特にヤスクニ法案問題との関連で現行天皇制が内包する、ペールに包まれた力の大きさ、広さ、深遠さが問題とされるにいたりました。キリスト教関連でも事の重大さに警鐘を発する者は多くおります。たとえば、東北大学の宮田光雄著『日本の政治宗教――天皇制とヤスクニ』（朝日選書、一九八一年）は、象徴天皇制が「政治宗教」としての実態をもつ危険を指摘しました。また、青山学院大学の小林孝輔著『天皇と憲法』（教育社、一九八九年）は、現代の日本は「世界に冠たる超近代的なハイテク工業国」という顔と「きわめて中世的な神聖国家」という顔をもつ「矛盾の国」とした上で、「日本国憲法は、政体規定を持たない」ことを指摘します。これをもって天皇を「君主」とする君主制とも、

「君主」を持たない「民主」の共和制とも解釈されうる内部矛盾を含むとします。憲法解釈においてこれほど曖昧なのですから、一般国民の間ではこの問題はほとんど論じられることもなしに、水面下で天皇機軸論の現実が着々と進行していると見るべきでしょうか。やはり、戦後の憲法学者で天皇制を厳しく批判した戒能通孝の次のことばは、今日も生きていると言えましょう。

「天皇制は——明治期以降のわずかな経験によるものであるが——これほどまで理性にではなく、国民の感情に其の根底を張っている。天皇制に対する国民の感情は、ある場合には畏敬であり、ある場合には恐怖であり、ある場合には憎悪であった。しかし、とにかくも天皇制が純粋感情の課題として把握せられている限り、天皇制の客観的検討は不能である。」

（『戒能通孝著作集第一巻　天皇制・ファシズム』日本評論社、一九七七年）

キリスト者日本人は天皇制問題に、まず信仰上の課題として、そして思想の問題として取り組むべきでありましょう。内村鑑三による、今から九十年前の短文に「思想の軽蔑」と題する一文があります。「純潔なる思想は書を読んだのみで得られるものではない」ということばで始まるこの一文は、思想が信仰の闘いを通して生命的に培われるとして、次のことばで結ばれます。

「かかる思想は血の涙の凝結体《かたまり》である。……ゆえにいまだ血をもって争ったことのない者のとうてい判分することのできるものではない。文は文字ではない、思想である。そうして思想は血である、生命である。これを軽く見る者は生命そのものを軽蔑するものである。」（『内村鑑三所感集』岩波文庫、一九七三年）

ここに「時代の証人」としてのキリスト者日本人の一つの視座があるように思われます。

Ⅲ　世紀末日本において

⑴　抵抗者としてのキリスト者日本人

キリスト者日本人が社会、文化、国家との関わりで証人として歩むとき、それらがもつ価値観や強制力をどうしても受け入れることのできない局面があります。ここに、積極的な形であれ消極的な形であれ、「抵抗」が問われる領域が生じます。「国籍は天にあり」、

「この世の中にありながら、この世のものでない」キリスト者にとっては不可避の領域ともいえましょう。とりわけ、一般に抵抗とか抵抗権という場合の政治権力への抵抗は、社会正義や信教の自由のようにキリスト者にとって重要な権利が侵される場合、キリスト者の良心に基づき、最後に検討すべき課題として登場するものです。

従来、「抵抗」ということばのもつ否定的、暴力的なニュアンスのゆえか、日本のキリスト教においては論議を避ける傾向があったように思います。たしかに、キリスト教は無抵抗か抵抗かという議論はありました。しかし、近年のキリスト教文書の中で「抵抗」ということばが広く市民権を得るようになり、たとえば、内村鑑三や賀川豊彦の無抵抗主義や戦中のホーリネス教団が受けた受難なども「抵抗」という理念に位置付けるべきとの見方が有力となっています。

また、権力への抵抗を避けて妥協したり、抵抗すべきところで抵抗せずに挫折したりした場合においても、さらに、殉教のように従来信仰的側面が強調された場合においても、広く「抵抗」という視点から論じられるようになりました。もっとも、私たちに身近な民主政治でおいては、特別な革命や維新を待つまでもなく、選挙などにより政治体制も政権も合法的に変えうるシステムを内包しているわけですから、意外と実質的には「抵抗」は身近なものといえましょう。

さて、抵抗者としてのキリスト者日本人が問われるとき、最終的に拠り所となるものは神のことばである聖書であり、神に導かれたキリスト者の良心です。長州の志士高杉晋作が長崎にて初めて聖書に接して言ったことばは、「我が国の分解は此れをもって始まらん」だったそうです。聖書の教えとそれに基づく実践が幕藩体制を分解するほどの革新的なものと映ったのでしょうか。同様に、キリスト者の「抵抗」も旧新約聖書の教えをトータルに捉え、イエス・キリストの教えと行い、パウロなどの使徒の教説と実戦を学ぶことが基本となりましょう。

そして、次にキリスト者の良心に従っての、その教えの実践への転換が求められましょう。そこでは、いつも困難がともない、決断が求められるはずです。なぜなら、キリスト者日本人にとっての「霊的な踏み絵」があり、時には受難や殉教まで視野に入れなければならないからです。ちょうどパウロなどが町々で福音を語ったに過ぎないことが、テサロニケ人には「世界中を騒がせて来た者たち」（使徒一七・六）と映ったように、キリスト者日本人として信じ、行動すること自体が「抵抗」と結びつかざるを得ないことを発見することになります。「愛には恐れがありません」（Iヨハネ四・一八）とあるように、最終的にはキリスト者が神を、教会を、隣人を、そして日本を愛することがこの信仰の決断の中で問われることになりましょう。

「キリスト者日本人と世紀末日本」の主題の下に「抵抗者」としてキリスト者の在り方を十分考えることは時間的に許されません。しかし、ここでは「抵抗」との関連で「神の武具」、聖書が言う「終末」との関連で「からだのよみがえり」の二点のみに言及します。

(2) 神の武具

キリスト者日本人の「抵抗」は基本的には霊的な闘いであり、そのために神の武具をつけることが聖書の勧めです。使徒パウロはエペソ人への手紙六章で次のように語ります。

「終わりに言います。主にあって、その大能の力によって強められなさい。悪魔の策略に対して立ち向かうことができるために、神のすべての武具を身に着けなさい。私たちの格闘は血肉に対するものではなく、支配、力、この暗やみの世界の支配者たち、また、天上にいるもろもろの悪霊に対するものです。ですから、邪悪な日に際して対抗できるように、また、いっさいを成し遂げて、堅く立つことができるように、神のすべての武具をとりなさい。」（一〇—一三節）

ここで、「格闘は血肉に対するものではなく」とされて、主権、力、やみの世界の支配者たち、悪霊と表現された闘いの相手は、当時の世界観に基づき理解された悪霊などの霊的存在と、伝統的には理解されてきました。ところが、二度にわたる悲惨な世界大戦を経験した二〇世紀に至り、とりわけ「主権」、「力」という表現をめぐっていくつかの新しい解釈が登場しました。たとえば、経済的・社会的圧政とか、人間が形成する伝統や宗教的、社会的束縛、人種差別、悪魔化した国家権力や法支配、自然の脅威など解釈は多様ですが、いずれも近代社会が直面する問題と関連することが特徴です。

オランダの神学者で、留学先のベルリンでヒトラーの台頭とナチズムという魔力的な力の結集を目のあたりにしたH・ベルコフは、戦後『キリストと諸権力』（原著・一九五三年、邦訳・日本基督教団出版局、一九六九年）を出版し、ヒトラーに代表されるような歴史的、現実的現象をパウロが霊的闘争の相手と意識したと解釈しました。また近年、英国の福音主義学者ジョン・ストットもエペソ書講解の中で、伝統的な解釈を踏まえてではありますが、近代的解釈の価値を認め、今日の歴史における現実の中に存在するもの、政治、経済、宗教などの背後にあるサタン的な力と理解しています。

近代的解釈の観点からすれば、アフリカのルワンダをめぐって起きた部族間の虐殺と結果された飢餓、最近、女性の人権をめぐり北京で開かれた国際会議で問われた諸問題、そして世界各地での戦争などもパウロが言う「権力」、「力」が意味するものといえましょう。

そして、世紀末日本を象徴するようなバブル経済の崩壊、阪神・淡路大震災を起こした自然の猛威、悪夢のような地下鉄サリン事件をはじめとするオウム教団をめぐる一連の出来事も新しい解釈の光で理解することができるでしょう。

さて、エペソ人への手紙における神の武具に関して次の二点を指摘します。第一は、真理の帯、正義の胸当て、平和の福音の足備え、信仰の大盾、救いのかぶと、みことばの剣（六・一四―一七）という武具は、いずれも攻撃用であるよりは防御用であることです。原語の上では、「剣」も当時のローマ兵が腰にしたような護身用の短剣です。ここに、キリスト者の霊的闘いの一つの姿が示唆されていましょう。第二は、これらがすべて「神の」武具であり、神の主権の下でキリスト者により用いられることです。また、神の武具との関連でパウロが真摯な「祈り」（同一八節）を挙げることも留意されるべきです。ところで、ここでの「剣」との関連で黙示録（一・一六）に興味深い対比が見られます。「七つの教会」を護るようにしてめぐり歩く栄光のキリストの「口からは鋭い両刃の剣が出ており」とある「剣」は、エペソ人への手紙における剣から原語の上で区別されるもので、当時の兵士が背にしてかついだ攻撃用の大剣でした。この対比からすれば、世紀末日本におけるキリスト者の闘いも、キリストが大剣をもって先頭に立つ、神の主権の下にある霊的闘いであるということでしょう。

(3) からだのよみがえり

近年、ポスト・モダンの旗手として若者の間に人気の高い中沢新一は新聞のインタビュー記事（朝日新聞、朝刊、一九九四年三月六日号）の中で、従来のイデオロギー、社会主義や資本主義などの経済体制、伝統的宗教などが後退し、代わって相対主義や多元主義が前進する中で、「『死』こそが、絶対のリアルだからだ。……人間は『死』というその絶対のリアルをとおして、生きていることの意味を、考えることができた」と言っています。今日の若者に共通する唯一の意識が死であるというのです。これは、ポスト・モダンのたどり着く終着点を示唆すると同時に、世紀末の日本人の心理の奥底にあるものを明らかにしていましょう。世界一の長寿を誇り、健康に異常なまでの関心を示し、ある調査によれば週百五十四本の食・グルメのテレビ番組を持つ、あくなく生の享受を追求する日本です。しかし、これも裏を返せば、からだの死という現実をできるだけ遠ざけ、忘れようとする衝動なのかもしれません。

このような現実を前にして、キリスト者日本人は日本に、日本人に何を語るのでしょうか。答えは十字架と復活の福音であることは言うまでもありませんが、とりわけ、十字架と復活の終末論的適用である「からだのよみがえり」こそ、ポスト・モダンの現代の不安に答えうる希望の光といえましょうか。日本の精神風土では、輪廻転生や霊魂不滅の教えが圧倒的な力を今日でももっています。しかし、いずれも「からだ」軽視の教えですので、「からだの死」に対する答えには十分なり得ないと思います。また、キリスト教内部ですら「からだのよみがえり」を霊魂不滅に置き換える試みが行われてきたことは、バーゼルとパリ大学（ソルボンヌ）で新約聖書学を講じたO・クルマンの『霊魂の不滅か死者の復活か――新約聖書の証言から』（原著・一五五六年、邦訳・岸千年／間垣洋助訳、聖文舎、一九六六年）が明らかにしました。

サドカイ派の者がイエスを試みて復活について問いました。それに対するイエスの答えは、「あなたがたは聖書も神の力も知らないので、思い違いをしています」（マタイ二二・二九）でした。そして、同じ叱責を受けることのないように、キリスト者日本人も聖書と神の力によって、「からだのよみがえり」の教えを学び、その希望に生きつつ終末の福音を語りたいものです。聖書が言う「その日」には、神自らがキリスト者の「目の涙をすっかりぬぐい取ってくださる」（黙示録二一・四）ことを期待しつつ。

〔一九九五年九月〕

＊　＊

〔解説文〕

第四論考は先の第一論考「十字架と桜　Ｉ」と同日の一九九五年九月三十日に、東京キリスト教学園・共立基督教研究所主催の京都エクステンションにおいて提示されました。第一論考が牧師などの教会奉仕者を主に対象とした午後のセミナーでの問題提起であったのに対し、第四論考は一般聴衆を対象とした夜の講演会での提示です。ここでの収録は、講演会で配布された資料に基づき、最小限の訂正・加筆を加えたものとなっています。

この未発表講演は「十字架と桜」の主題を直接扱ってはいません。しかし、主題と関連するいくつかの重要な観点は素描的ですが初めて提示されています。その一つは、講演冒頭に登場する「キリスト者日本人」と「日本人キリスト者」との対比です。この観点は、講演原稿を下敷きとして起草された小品、『日本人キリスト者からキリスト者日本人へ』(二一世紀ブックレット、いのちのことば社、一九九七年)において明示され、挑戦的にキリスト者の意識改革を訴えることになります。その他の観点との関連では、キリスト者日本人をディアスポラ的存在と位置付ける視点は、第六論考「歴史の中で、歴史を越えて福音に生きる」および第十論考「十字架と桜 II」においてより詳しく論じられることになります。また、講演末尾で触れられる「霊魂不滅」に対する「からだのよみがえり」は、第九論考「からだのよみがえりを信ず」においてより発展した理念として提示されます。

第四論考表題にある「世紀末日本」は講演時との時代的連想から用いられたもので、二一世紀の今日とりわけ意義ある表現ではありません。しかし、聖書の「終末」の教えによれば、福音が語られるどの時代も神の「終末」であり、その時代が神の審判の下にあることとキリスト者に「終末的生き方」が求められることにおいて、普遍的であるといえましょう。

第五論考　人間の宗教性と「神のかたち」
――ポストモダンの今日における聖書・神学的考察

序

「もし、彼の日数が限られ、その月の数もあなたが決めておられ、越えることのできない限界を、あなたが定めておられるなら、」（ヨブ一四・五）

旧・新約聖書を貫く人間論はあくまでも神中心である。極限的苦難を経験する中で、神の摂理を疑いえても、否定することができず、直視せざるを得ないヨブは、人間から「目をそらして、かまわないでください」と嘆願する（同六節）。このヨブの姿に、時代を超えた今日の人間の苦悩とその宗教性をめぐる葛藤を見ることができよう。とりわけ、宗教をいずれは消滅すべき過去の遺物として否定してきた「モダン」が築いた文明が崩れ始め、宗教を含む超常現象に興味を持つ「ポストモダン」に時代に移りつつある二〇世紀末の今日、ヨブの苦悩と葛藤はよりリアルなものと言える。この時代を代表する神学者の一人、W・パネンベルクの『神学的視点における人間論』によれば、キリスト教神学における人間論の二大主題は「神のかたち」(imago Dei)と罪であり、同時にこれらの主題は神学が今日のあらゆる非神学的人間論を検証する際の基準ないしは結合点ともなりうるとされる。第一の主題では人間が神のリアリティーに近い存在であるかが説かれ、第二の主題ではその事実にもかかわらず人間が神から離れ、自己矛盾に陥っているかが説かれる。[1]

「宗教混乱」といわれる今日、聖書・神学的視点から「人間の宗教性」を問うにあたり、この小論はパネンベルクの指摘する第一主題「神のかたち」を中心として、キリスト教人間論の回顧とポストモダンの人間論の検証を試みたい。問題の本質は、聖書がいう「神のかたち」に造られた人間が、なぜ堕罪後も知性や道徳性や宗教性を持つ人間としてあり続けるのか、また、原初の「神のかたち」に何が起きて堕落後の知性、道徳性、宗教性の混乱や腐敗がもたらされたかを問うことである。

I　「神のかたち」理解の聖書・神学的背景

【梗概】

(1)キリスト教人間論において重要な教理であるにもかかわらず、「神のかたち」への聖書証言は、神の創造との関連での創世記の記述（一・二六―二七、五・一、九・六）と新約聖書コリント人への手紙第一（一一・七）とヤコブの手紙（三・九）と極めて少ない。この教理をめぐっては、人間の「起源」を神との奥義的関係と理解した伝統的解釈から、人間の「機能」に注目して神の世界支配（エコロジー）に神の名代として関与する人間の在り方を注目する傾向が近年の聖書学に認められる。人間の宗教性は神と「神のかたち」として創造された人間との関係、堕罪後の両者間の交わりと断絶の問題として理解されることになる。とりわけ、新約聖書がキリストを「神のかたち」（Ⅱコリント四・四、コロサイ一・一五）とすることから、「神のかたち」としての人間の創造、堕罪、救い、回復という救済史において人間の宗教性が問われることになる。人間は完全な「神のかたち」であるキリストにおいて神を知り、「神のかたち」の回復を求めることになる。

(2)キリスト教史における古代および中世教会の伝統において、「神のかたち」の教理は神学的な深まりを見ることになる。たとえば、堕罪において人間は何を失い、何が残るかをめぐり、エイレナイオスは創世記一章における神の「似姿」と「かたち」という表現上の相違に注目する。「似姿」を堕罪により失われる、人間の霊性、宗教性、道徳性と関係する「原義」と捉え、「かたち」を堕罪後にも残る人間固有の機能と捉える解釈である。アウグスティヌスは人間の宗教性を基本的に「かたち」の問題、すなわち堕罪後の人間における神との関係と捉える。この関係においては、神の恩恵と人間の罪性とが際立って対比され、罪性により失われつつある「神のかたち」とそれが神の恩恵およびキリストにおいて回復を見ることが強調される。アウグスティヌスの恩恵論を継承しつつも、アリストテレスの人間論を援用するトマス・アクィナスにおいては、キリストにおける「神のかたち」の回復を位階的に理解し、限られた信仰者（福者）には超自然的な賜物としての「かたち」、すなわち神の「似姿」が可能とした。

(3)プロテスタント宗教改革の「神のかたち」理解は、アウグスティヌスの立場を回復し、聖書の新しい解釈を加えてキリスト教人間論の展開を試みる。ちなみに、ルターはエイレナイオス以来の「似姿」と「かたち」との区別を聖書学的に否定し、両者を同一実態、

「原義」と理解する。堕罪により「神のかたち」は実質的に失われ、その「残りかす」のみが人間に律法による義をもたらし、宗教的、理性的、社会的活動を可能にすることになる。ルターの立場を基本的に踏襲するカルヴァンにおいては、ルターが言う「残りかす」が神の一般恩恵により保持され、人間をして神知識と神礼拝を求めさせる点に注目する。一方において、「神のかたち」のほぼ完全な喪失と、他方において、人間が「キリストと同じかたちに回復させられるならば、……真の敬虔、義、純粋さ、知性において神のかたちを持つ」ことのバランスといえよう。

(4)以上に垣間見た伝統的な「神のかたち」理解は一八世紀の啓蒙・合理主義により全面的に挑戦を受けることになる。デカルトの命題「われ思う、ゆえにわれあり」は、神、自然、人間を含むすべての物事の認識が聖書や「神のかたち」理解ではなく人間理性に根拠を置くことを主張し、人間学が神学から独立する道を拓くことになる。当然、キリストにおける「神のかたち」回復の教えは理性による懐疑の対象、古代の神話にすぎないとみなされる。また、一九世紀の進化論に見るように、人間の宗教性は進化の過程における副産物、科学の進歩にともない消滅すべき問題とされる。さらに、啓蒙主義の攻撃からキリスト教人間論を守らんとするカントの道徳主義においては、人間の道徳性や「神のかたち」

理解は人間の道徳的活動に限定される問題と位置付けられる。

(5)二つの世界大戦、ヒトラー、広島・長崎、ベトナム戦争を体験する二〇世紀は、一九世紀の人間楽観主義に対して人間、社会、国家の罪悪性に目覚め、「神のかたち」を含めた人間論に新たな展開を余儀なくされることになる。物質文明がもたらす未曾有の繁栄の反面、世界各地での戦乱や飢餓が人間性の堕落を際立たせ、深層心理学が人間深部の不可解を明らかにし、科学知識の拡大に反比例するかに見える宗教現象の拡散と混乱を見るのが二〇世紀といえる。「神のかたち」をめぐる議論が再び注目される中で、バルトやブルンナーに代表される新正統主義神学が人間楽観主義を厳しく批判すると同時に、人間の「神のかたち」での創造と堕罪のリアリティーを強調したのも一例である。ルターやカルヴァンの人間性解釈をめぐり、ブルンナーは「神のかたち」の「残りかす」の意義に注目し、それを堕罪後にも人間に普遍的に存在する「形式的かたち」と捉える。この立場を自然神学と批判するバルトは、神のことばから「神のかたち」が堕罪後にほぼ完全に失われたことと、その回復がキリストにおいてのみ成されることとの弁証法的関係において、人間性が問われるとする。この一例は、現在進行中の人間の宗教性問題をめぐる議論がもつ複雑で矛盾に満ちた側面を明らかにするといえる。

Ⅱ　ポストモダン日本と真の宗教性

「ポストモダン」という用語が一般化するのは一九七〇年代、主に言語学、文学、哲学といった人文学の学問領域においてであった。言語のもつ重要性に着目し、言語が人間の組織や意識を決定すると考える立場である。当初「ポスト構造主義」(Deconstructionism)と呼ばれたように、この立場は「モダン＝構造」の通念からの脱却を意味した。すなわち、モダンが前提とした構造(たとえば、すべての社会と文化は共通不変の構造をもち、言語もその構造の一つである。また人間は生来的に理性的、倫理的能力をもち、それにより人間と社会のあり方を決定できるとする)を否定し、言語は人間や社会が組み立てうるものであり、また、人間の理性的、倫理的能力も言語が形成するものと主張した。この立場を世界一般に適用すれば、一つの普遍的世界観に代わり、多種多様の見解が成立し、真理の探究に代わり個々の解釈が尊重され、真理の合理性に代わり解釈者の歴史的、人格的な関わり方が重視され、認識の完全性に代わり人間が置かれた状況の下での認識の不完全性が妥当とされ、道徳や生き方の普遍性に代わり、曖昧さや自己満足が容認される。このような思潮がベルリンの壁の崩壊、ソ連邦の解体、国家主義の締め付けの緩和などの世界史的動きと結んで、今日モダン・現代に挑戦する、世界大の現象として台頭してきたポストモダニズムである。

(1) ポストモダニズムと宗教

ポストモダニズムはしばしば宗教の復権と結びつけられる。これは、啓蒙主義以来の近代精神が旧体制の支柱であった既成宗教を攻撃して新体制を築いて現代に至ったが、現代の行き詰まりに対し、その原因が近代精神の宗教軽視にあるとして宗教の復権を叫ぶものである。確かに既成宗教からの復権の叫びも多く見られる。キリスト教においては、近代精神との対決姿勢を保持し続けるカトリック教会教皇庁がポーランドの政変にあたり教会の復権に動いたことや、離婚・人工中絶・女性教職問題などに対する一貫した保守主義がある。イスラム世界では、ホメイニの亡命先フランスからイランへの凱旋帰国やその後のイスラム原理主義の拡大などの例を見ることができる。

しかし、フランスの政治学者ジル・ケペルはこの復権を現代への急進的な「復讐」と位置づけ、その主役は既成教団のエリートであるよりは「動き始めた信者たち」が担っているとする。伝統的にはキリスト教世界とされるヨーロッパでのイスラム移民の増加と急ピッチでのモスク建設、一九八〇年代の米国ではレーガンが「道徳的多数派」をスローガンに福音主義者やファンダメンタリストの票を多く集めて大統領に選出されたことやカリスマ運動の主要教会への浸透が例証される。[2] 一九六〇年代に『世俗都市』を世に問うたハーヴィー・コックスは『世俗都市の宗教』の中で現状を次のように分析する。「近代世界の支配者たちは、自分が追放しようと努めた宗教をまた世界に呼び戻して、神が法と秩序の基礎づけをしてくれることを望んだ。だが彼らは予期した以上のことを背負い込む破目になった。いったん動きだしたら、宗教復興は制御がきかない」と。[3]

ポストモダニズムは文化一般、諸科学、哲学などから政治や経済までに広く影響を及ぼしていると言われるが、なぜ宗教的な表現としばしば結びつくのであろうか。また、ポストモダンの宗教はモダニズムを克服するもので、モダンの行き詰まりを打開するものをもっているというのであろうか。

モダンとポストモダンとの対比を単純化して表現すれば〝自然〟対〝超自然〟、〝普遍〟対〝個〟、〝合理性〟対〝人格性〟、〝社会性〟対〝個別性〟、〝順応〟対〝自由〟などとなり、後者はいずれも宗教的なモチーフと結びつく要素をもっていよう。自然を支配することで近代社会や文化が形成されたのであれば、それを越えるとしたら自然の周辺の神秘や超自然の世界が注目されてもおかしくない。また、社会性が近代社会の会員資格であり、順応が美徳であるような世界では、登校拒否や落ちこぼれに見られる個人的逃避行為や、とりわけ宗教がらみの厭世主義の場合のように共同体を形成する逃避行為はポストモダン的現象と言えよう。ケペルはポストモダンの典型的宗教運動としてキリスト教のカリスマ・グループ、ユダヤ教のルバヴィチ、最大規模のイスラム超国家組織タブリーグを挙げて、それらが「真の信者たちの共同体を今、ここで即刻つくり、一気に彼らを『現世の』慣例から手を切らせて、日常生活の中でドグマの戒律と聖霊の厳命を実行に移させようとし」、また「この世の論理から超然と身を引き離し、たとえば、個人の宗教体験に基づいて共同体の連帯が結ばれるような、べつの形態の生活が必要であることを証明しようとする。そしてしばしば、近代性の最先端技術をわがもの」とするという。[4] この表現は大筋においてオウム真理教にも該当しよう。

さて、ポストモダニズム一般に対しても問いうることであろうが、ポストモダンの宗教はモダンを越えることができ、そこで、新しい時代を創造しうるのであろうか。評価は分かれるのであろうが、日本のポストモダンのリーダーの一人で、宗教人類学者の中沢新一の評価は厳しい。中沢は、一九七〇年代までの世界を支配していた諸々のイデオロギーがベルリンの壁の崩壊後にくずれ、魅力的に見えた現実《リアル》が幻想になる中で、今の世界とは別のところに出ていきたいとの若者たちの願望を受け止めたのが諸宗教であったとし、それらの宗教が「かって親たちの世代をとらえていた、イデオロギーの代用物だとは知らないで、宗教的な共同体のなかには、新しい別の世界があるのだ、と思い込もうとした」とする。[5] ポストモダンの諸宗教は「ひとときの代用物」にすぎないと言うのである。

ポストモダニズムとしての宗教運動をキリスト教はどのように評価し、どのように位置づけるのであろうか。『希望の神学』の著者として知られるモルトマンは、近代の産業社会が産み出したものを「近代のキリスト教千年王国」と呼び、「世俗都市」を「天なる神の都の投影」とし、聖書が記す「神の都にはもはや神殿がないように、近代のメガロポリスにはもはや宗教はなく、成人した人間が住んでいる」とした。さらに、この千年王国が行き詰まり、自然環境と社会の破壊、人間疎外をもたらして没落に向かう中で、もう一つの「世界の没落における避難所」としての運動が発生した。これは、世界の終わりを告げる聖書の黙示録にちなんでモルトマンが「技術の黙示録」と呼ぶ運動で、「世界のどこかに敬虔な者がこの大惨事から逃れうる避難所を求めた」とし、敬虔な者の例としてヒッピーやビート族などを挙げている。[6] モルトマンはこれらを世俗都市の宗教運動とみなすのであろうが、今日のことばでいうポストモダンの宗教運動に相当すると言えようが、「避難所」という表現が興味深い。

コックスの『世俗都市の宗教』はポストモダンの宗教運動に大きな期待を寄せ、「ポストモダン神学の任務」を「近代によって人間の自己規律と社会的統制の意識的な手段に堕落させられてきたキリスト教の、真の目的を回復すること」[7]とした。近代のキリスト教の堕落とは、シュライエルマッハー以来、キリスト教神学が「宗教にうんざりし疎遠になっている」近代人、教養人を相手にしてキリスト教を近代世界に適応させる努力を重ねてきたことを意味し、ポストモダンはこの努力の終わりを意味したとする。そこで、ポストモダンのキリスト教の運動の担い手は教会の「外縁部分」の人々、とりわけラテン・アメリカ、アフリカ、アジアの「宗教の軽蔑者」ではなく「近代世界の軽蔑者」たち、さらに差別されてきた黒人や女性などである。[8]格別、コックスは北米のファンダメンタリズムと中南米から出た解放の神学とポストモダンの代表的宗教運動として特筆する。しかし、解放の神学には、他のフェミニスト神学などと同様に好意的評価を下すが、ファンダメンタリズム（福音主義とは区別していない）は「政治的ファンダメンタリズム」とも呼び、自由主義神学への反動としての意義は認めるものの、「個人の救い主」の強調をもってキリスト教を「矮小化」するもので、ポストモダン神学に貢献するものはほとんとない、と否定的である。[9]

ポストモダンの宗教運動の評価は「代用物」、「避難所」、「新しい宗教改革」（コックス）と多様である。しかし、それらが近代を越えて、新しい時代を画するかの最終評価はまだ確定していないといえよう。

(2) 「神のかたち」(キリスト教人間論)とポストモダニズム

前項でポストモダニズムと宗教との関係をキリスト教をも含めて概観したのであるが、ここでは第一部で歴史的回顧を試みた「神のかたち」理解とポストモダの人間論との関係を検討する。

第一の点は、「神のかたち」理解が一見してポストモダンの人間論と不協和であることである。それは、キリスト教神学が「神のかたち」に人間存在の普遍性の根拠を求めたことに対し、ポストモダニズムはそのような普遍性を否定して個別性と多元性を認めたからである。格別、「神のかたち」理解をめぐっての「形式と内実の二元論」、「かたち」を存在論的な内実また状態とすること、内実を理性、道徳性、宗教性と同一視する立場は不協和である。伝統的キリスト教神学、宗教改革、正統主義、とりわけ人間の理性的行動を鍵とみなす福音主義の「かたち」理解は一括して相容れないものとされよう。

第二の点として、それでは二〇世紀に、ある意味でモダンと対決して弁証法神学・新正統主義と呼ばれる立場を築いたブルンナーやバルトの「かたち」理解はどうであろうか。たしかに彼らは「かたち」を存在論的に理性や状態としてではなく、キリスト論・終末論的関係で捉えようとし、人間を普遍的に理性的存在と見るよりは神のことばのもとに裁かれるべき存在とみなし、創造とか堕落といった人間の過去を問うよりは、「今、ここで」

の実存を問題とすることなどでポストモダンの人間論と共通するように思われる。
しかし、第三の点として、ブルンナーやバルトとポストモダンの人間論の間に存在する根本的相違も見落とすことはできない。それは、ブルンナーやバルトが際限なく神から離れていく二〇世紀の近代人をキリスト教につなぎ留めようとしたことに対して、ポストモダニズムはモダン以上に神からの人間の自由を追求しているからである。ブルンナーは福音の視点から人間を「矛盾・反抗」の存在と捉え、バルトは「神の裁き・堕罪性」の中にある人間と捉えた。しかし、モルトマンが示唆するように、人間論に関してポストモダンは前近代に戻ったのではなく、フォイエルバッハの「人間学は普遍学、人間学の秘義は人間神化」という主張の延長線上で、神に対する人間の自由を主張する。[10] このような立場からすれば、ブルンナーやバルトも現代への挑戦を無視して、伝統の権威を再肯定するものと断定されてしまうのではないか。

それでは、伝統的なキリスト教人間論の中核といえる「神のかたち」の教えはポストモダニズムと有意義な関わり、また、結合点と呼べるものをもたないのであろうか。さらに、この教えはポストモダンの今日に見られる宗教混乱に明確な光を投げかけることができるのであろうか。宗教多元論の時代における個々の宗教の主張は、それがいかに首尾一貫して総括的な世界観を提示し、直面する諸課題にいかに有効的に対応できるかで評価されると言われる。キリスト教人間論はこの期待に応えることができるのであろうか。以下に断片的ながら、結合点と思われるものを挙げてみる。

(i)モダンの行き詰まりの中からポストモダニズムを生み出す力に、モルトマンが言う「失われた、素朴な、あるいはまだ見いだされていない完全な生へ憧憬」があり、中沢新一がいう「自分たちのいまある生命を、生命そのものとは別の、意味とか夢とかのためにではなく、それをリアルとして生きてみたい、という願望」がある。[11] また、世界教会協議会（WCC）の前総主事であったヴィセルト・ホーフトが現代ヨーロッパを支配している精神はもはやキリスト教ではなく「新異教的ヴァイタリズム（生気論）」であるとする場合の、生への全面肯定の姿勢であり、生命力への信仰といえよう。[12] ここでの生命とは、単なる生物学上の生命ではなしに、聖書が「永遠の生命」と呼ぶような奥義に近いものであろう。人間が「神のかたち」に創造されたとの教えは、まさに、他の被造生命体から人間を区別し、神の世界に起源をもつ人間の原初的存在をトータルに説明することができるのではないか。

(ii)このヴァイタリズムと関係するのが、ポストモダニズムの活動原理と言われる「全体論（holism）」である。人間を理性と非理性、霊と肉、精神と肉体などと分けて捉えるのではなく、全体として、人格として捉える姿勢である。モダンが「真理は客観的であり、合理的である」としたことへの反動として、人間の感情、直観、潜在能力、宗教性、尊厳性などがポストモダニズムでは注目される。キリスト教は全体としての人間（魂と肉体、男と女）が「神のかたち」としての尊厳性をもって、神と交わりうる人格として創られたこと、また、堕罪によりこの全人格が罪に陥ったことを教える。人間の起源を自然生物と結び付ける進化論や人間を社会や文化の「構造」の一部とみなすモダンの人間論に対し、「神のかたち」論は最も総括的な全体論を提示できるといえよう。

(iii)ヴァイタリズムと全体論と密接に関連するポストモダンのモチーフに「共同体意識(communalism)」がある。先に見たポストモダンの宗教運動の特徴が共同体形成にあったことも指摘される。モダンが「生」を追求し、「死」の疎外と忘却に努めたことに対し、ポストモダンは「死」に対しても深い関心を示す。中沢新一は「死そのものが絶対なリアル」とし、人間はその死を通して生きることの意味を考えると言う。このような生と死の体験がポストモダンの共同体意識の中で生起するとされる。「ポストモダン神学は、躰に、人間の共同体の性質に、生と死の問題に、関心を集中させるであろう」としたコックスは、人間が世俗領域に出て苦悩し、共同体に戻って苦悩が癒やされることをキリストの復活と人間のからだのよみがえり、そして秘義的なからだとしての共同体のよみがえりのモチーフと重ねる。[13]「神のかたち」の原初の共同体である「男と女」に人間が創造された事実は、バルトがそれをキリストのからだである教会と結び付けるように、神学においては教会論に、そして、ポストモダンの人間論との関連では共同体意識に発展することができるものであろう。

先に、ケペルやコックスが北米のファンダメンタリズムをポストモダンの代表的運動の一つとしたことに触れた。また、福音主義とファンダメンタリズムの台頭がポストモダニズムの興隆と歴史的には重なり、米国の『タイム』と『ニューズウィーク』両誌が一九七六年を「福音主義の年」と呼んだことも想起される。それでは、福音主義は、またその人間論はポストモダニズムとどのように関わるのであろうか。この疑問への一つの応答として、福音主義神学者グレンツの「ポストモダニズムと福音主義神学の将来」と題する興味深い論文を紹介する。[14]

グレンツは福音主義がポストモダンの時代にどのように適応し、また、福音宣教の使命がポストモダンの挑戦に対応しうるかを問うものであるが、その論旨を以下に要約する。

(i) 近代性《モダニティー》の批判という観点からすれば、一応、福音主義はポストモダニズムと「基本的な合意」がある。ポストモダンの哲学者の中には福音主義とは相容れない懐疑主義があるものの、ポストモダニズムによる近代合理主義（認識の確かさや客観性、人間の善性の主張）への批判は評価しうるし、福音主義として理性を越えた真理や信仰による認識の重要性を強調できる。

(ii)ポストモダニズムに対応して、福音主義神学も「ポスト個人主義（post-individualism）」で共同体意識に立脚しなければならない。聖書は共同体の形成は人類に対する神のプログラムであるとする。（なお、グレンツは「共同体」に言及するが、「教会」とは言わない。）

(iii)福音主義も「ポスト合理主義（post-rationalism）」でなければならない。キリスト教神学は「奥義」に場を与える必要があり、不合理（irrational）であってはならないが基本的には「非合理あるいは超合理（non-rational or supra-rational）」の神のリアリティーと取り組むものである。また、ポストモダンの社会理論から学びつつクリスチャンの共同体意識の中に罪、恩恵、疎外、和解などの神学理念を取り入れる必要がある。

(iv)ポスト合理主義の福音主義は「全体論的（holistic）」でなければならない。福音は統一ある全体としての人間、その人格に向けて語られ、また、聖書に基づき人間を神、自然、隣人への正しい関係に位置付ける必要がある。

(v)ポストモダンの福音主義は霊性（spirituality）に焦点を合わせるべきである。過去の啓蒙主義に対して敬虔主義がそうであったように、「正しい頭脳」に「正しい心」を優先させ、人間の全人格的、霊的な変革を目指すことである。

以上、グレンツの主張は福音主義はポストモダンであり得る、というものでコンテキスチュアリゼーションの一つの試みと言えよう。しかし、福音主義とポストモダニズムの表層的類似性を問い、より本質的は「信仰と理性」、「キリスト教と近代」などの問題、さらに福音主義が近代主義や自由主義神学と対峙して築き上げてきた伝統とポストモダニズムとの基本的な関係などが未整理という印象を受ける。

(3)「神のかたち」とポストモダンの日本？

今回の日本福音主義神学会全国研究会議は「今日の宗教的混乱と宣教の責務――真の宗教性の回復のために」を主題とした。これは今の時代が宗教の世界に混乱をもたらしており、結果として人間の宗教性の混乱をも生じたため「宗教性の回復」を問うものであろう。この意味において、既成宗教と多様な新宗教が対立・混乱するポストモダンの時代の宗教性が問われており、また、「宣教の責務」とあることから今日の日本のコンテキストが問われているのであろう。そこで最後に、キリスト教人間論の観点から、ポストモダン日本の宗教の問題に言及する。

まず、「ポストモダン」はモダンが確立されており、それを超越するものと位置付けられようが、宗教をめぐる日本の実情ははたしてそのような行程を示しているのであろうか。日本における近代の確立に疑問を呈したのは、戦後日本への厳しい批判者として知られた福田恒存であったと言われる。大木英夫・富岡幸一郎共著の『日本は変わるか？』において富岡は、福田の一九四七年の文章「近代の超越とはなにごとであるか——ぼくたちは超越すべき真の近代をもたず、しかも近代の反逆超克すべき中世を持たなかった」を引用している。そして富岡は最近の「江戸学ブーム」などに「日本の近代のはらむ問題性を、前近代（プレモダン）のなかに解消してしまうもの」、「ポストモダンの徒花」とする。[15] 福田は日本の思想史において、近世ヨーロッパがキリスト教の超越神が支配した中世に対抗し、世界を神の支配から地上の人間の支配へと勝ち取るという過程に相当するものがないと言う。そして、天皇制を棄てた戦後の日本が「単純な相対主義の泥沼」の中におり、「戦後の混乱のほとんどすべてが、この平板な相対主義の悪循環から生じてゐる」として、「超自然の絶対者といふ観念のないところでは、どんな思想も主張も……所詮はエゴイズムにすぎない」と結んでいる。[16] 絶対者・神から断絶されている日本におけるポストモダンは、海外からのポストモダンの思想や運動の流入にもかかわらず、日本的エゴイズムにすぎないというべきであろうか。

キリスト教人間論における「神のかたち」は超越的な創造神と被造物にすぎない自然との明白な対立の構図を想定し、「神のかたち」に造られた人間を両者の中間に、しかも両者との緊張関係の中で、両者への責任を問われる中で位置付けられる。神、自然、人間が明確に区別されうるキリスト教世界観の上に建てられた理論だからである。このようなキリスト教の伝統的解釈に対し西欧近代は対決し、それを否定するか、あるいは、それを人間中心的な理論とするかの抗争があった。神、自然、人間が一元論的に共存し、アニミズム的なあいまいさが支配する日本で欧米のポストモダニズムが問う「人間とは何か」の問いが真実に成立するかは問題であろう。また、その日本が外来思想であるキリスト教人間論をどのように受容したかも当然問題となる。文芸評論家の加藤周一は『日本文学史序説』（筑摩書房、一九七五年）において、一方で日本文化のもつ排他性・閉鎖性を指摘し、他方で外来思想の導入に当たり、土着文化による「日本化」が行われたとした。そして、外来思想が仏教、儒教、キリスト教、マルクス主義などのように高度に体系的、観念的なものである場合は、「日本化」の方向は一定で、

(i)抽象的・理念的な面の切り捨て。
(ii)包括的な体制の解体とその実際的な特殊領域への還元。
(iii)超越的原理の排除。
(iv)彼岸的な体系の此岸的な再解釈。
(v)体系の排他性の緩和。

とした(第一論考参照)。

この「日本化」の方向をキリスト教に当てはめるとすると、日本はキリスト教を神学や思想としてであるよりは、また、組織的な神学や世界観としてであるよりは倫理や教育において役立つ宗教として、創造論や終末論抜きの救済宗教あるいは現世的な処世訓として、さらに、排他的であるよりは愛を説く寛容な宗教として受容したといえる。当然、創造論に基づく「神のかたち」をめぐってのキリスト教内部での論争や他宗教との有効な対話が十分なされてきたと言えるのであろうか。

さらに、責任は日本のキリスト教側にもある。日本におけるキリスト教は当初より二つのハンディキャップを負っていた。第一は、プロテスタントの神学が確立された一六世紀の宗教改革と近代の確立を見た一八世紀の啓蒙主義を体験していないことから、皮相的な欧米の神学の受容に終始する危険性である。第二は、キリスト教が一九世紀後半に再導入されたという歴史的制約、とりわけ初期の日本宣教にあたった欧米の宣教師団体や宣教師が多く敬虔主義、ウェスレーの福音主義、英米の信仰覚醒運動の流れから出、宣教を旗印とした保守的福音主義に属していたことである。彼らの福音主義的、聖書主義的な特徴はしばしばキリスト教の歴史的伝統や神学の軽視につながった。一九四五年の敗戦を機に、キリスト教は「神学のルネサンス」ともいえる、活発で、本確的な神学の形成期を迎え、ブルンナーとバルトの自然神学をめぐる論争を含めた外来の神学思想の流入は今日まで続いている。[17] しかし、「日本の神学」また「日本のキリスト教人間論」と呼べるものがあるか、との問いは今日的課題でもあろう。

冒頭でヨブの独白「超えることのできない限界」をもって本論を始めた。そこで、「神のかたち」をどのように解釈したとしても、それが神という絶対者との関わりにおいて人間は「超えることのできない限界」を負わされた存在でしかないことも明らかになった。ひるがえって、宣教の地日本を見れば、そこではポストモダンの現象は蔓延し、宗教も宗教学も宗教がらみの出版物もブームである。しかし、そこで「超えることのできない限界」を覚えて、真の宗教性を求める人間論はどれほどあるのであろうか。「宗教混乱」はポストモダンの業だとしても、その混乱を快刀乱麻を断つように分析し、真の宗教性を示すことがキリスト教人間論の責務であることには変わりはない。日本における神学において人間論が比較的に不毛であったこと、また「神のかたち」理解、とりわけ福音主義の理解が人間をあまりに形式的、主知主義的に理解したことを反省し、もう一度聖書の釈義と神学への回帰を通して、ポストモダン時代の宣教にダイナミックに貢献できる人間論の形成が求められているのではなかろうか。

〔一九九六年十一月〕

注

1 Wolfhart Pannenberg, *Anthropology in Theological Perspective*, tr. M. J. O'Connel, Westminster, 1985. 20. なお、邦訳には、W・パネンベルク『人間学——神学的考察』佐々木勝彦訳、教文館、二〇〇八年がある。

2 ジル・ケペル『宗教の復讐』中島ひかる訳、晶文社、一九九二、一七-三五頁。

3　H・コックス『世俗都市の宗教』新教出版社、一九八六年、二九九頁。
4　ケペル、『宗教の復讐』二四頁。
5　中沢新一「いま何が問われているのか――リアルであること」朝日新聞、一九九四年三月六日号朝刊。
6　J・モルトマン『人間――現代の闘争の中におけるキリスト教人間像』蓮見和男訳、新教出版社、一九七三年、六一―六五頁。
7　コックス『世俗都市の宗教』三〇一頁。
8　同書、二六〇―二六二、三〇八頁。
9　同書、三二〇、三五一、三九七頁。
10　モルトマン『人間』一八四―一八九頁。
11　同書、六三頁。中沢「いま何が問われているのか――リアルであること」。
12　W. A. Visser 't Hooft, "Evangelism among Europe's Neo-Paganism," *Evangelical Review of Theology*, 18 (1994), 342.
13　コックス『世俗都市の宗教』三一〇、三一七頁。
14　S. J. Grenz, "Postmodernism and the Future of Evangelical Theology," *Evangelical Review of Theology*, 18 (1994), 342.
15　大木英夫・富岡幸一郎『日本は変わるか？　戦後日本の終末論的考察』教文館、一九九六年、五九―六〇頁。
16　福田恒存『日本を思ふ』文春文庫、一九九五年、七六頁。
17　丸山忠孝「日本の神学の可能性」『日本の神学の方向と課題』（新教コイノーニア12）、新教

出版社、一九九三年、九八―一〇一頁参照。

＊　＊

〔解説文〕

第五論考は例外的に神学プロパーの作品です。「宗教混乱と宗教の責務――真の宗教性の回復のために――」を主題とした、日本福音主義神学会・第八回全国研究会議での基調講演（一九九六年十一月二十五日）です。講題は「人間の宗教性と『神のかたち』――ポストモダンの今日における聖書・神学的考察」です。講演全体は学会誌『福音主義神学』二三号（一九九七年）、五一―三五に収録されています。ただし、ここでの転載は第二部のみで、割愛された第一部には梗概を加えています。

第五論考は直接「十字架と桜」のテーマに触れるものではありません。しかし、「近代的、合理的国家」と「中世的、宗教的国家」という相矛盾する二つの顔を持つ日本においては、今日ポストモダンと呼ばれる状況が「中世的、宗教的国家」の興隆に大きく貢献している事実は否めません。宗教ブームを反映して、神社仏閣を軸とする村や町おこし、祭り、桜まつりをうたっての地域共同体意識の高揚などポストモダン的現象が定着しています。キリスト教人間論の観点から人間の宗教性を問い、日本人の宗教性を判断する一助として、この論考を加えることにしました。

第六論考　歴史の中で、歴史を越えて福音に生きる

序

歴史には節目があると言われます。ちなみに、日本は一九四五年の敗戦を節目として、「世界に追いつけ、追い越せ」をモットーに国家の立て直しと経済の復興にまい進し、今日世界に認知される経済大国となりました。しかし、この国の将来に影が射し始めた二一世紀初頭の本年三月十一日に東日本大震災に遭遇します。その津波による被害の甚大さとチェルノブイリを凌駕する東京電力福島第一原発事故の規模の大きさゆえに、その被害は被災者、被災地のみならず全国におよぶ大災害となり、また世界メディアによる同時報道もあり、地震対策や核エネルギーの安全性をめぐり世界の国々に警鐘を鳴らす国際的大事件となったと言われます。ちょうど、二一世紀幕開けの二〇〇一年九月十一日に、米国の

ニューヨークと首都ワシントンで発生した同時多発テロ事件がその後の米国のあり方を大きく変えたように、それから九年半後の大震災は日本とそこに住む者の将来に影をおよぼす、いわば歴史の節目となると思われます。

いまだ三千七百名以上の行方不明者〔二〇一一年当時〕があり、家族、親族、知人、家財などを失い、また、避難を余儀なくされて苦しみと不自由を強いられている多くの方々がおり、国、自治体、団体、個人が被災地の復興に向けて努力する中で、大震災の歴史的意味について云々することは不可能であり、また不謹慎ともいえましょう。しかし、一つの個人的印象に触れさせてもらえば、大震災が津波による「天災」、すなわち自然災害であったと同時に、それに触発された原発事故という「人災」をともなった複合災害であったことです。二〇〇四年のスマトラ島沖地震は、インド洋を囲む国々で津波による二十三万人の死者を出した自然災害でした。また、米国の同時多発テロ事件は国際社会のひずみの中で生じた人為的災害でした。

これらとは対照的に、大震災は世界でも自然災害対策が最も進んでいる日本、しかも津波対策では重点的に整備された東日本を襲った自然災害であり、同時に自然の最も奥義的かつ破壊的な核というエネルギーを利用する最先端産業を直撃した事故であったことから、二一世紀を象徴する出来事となる災害であったといえましょう。とりわけ、歴史との関係においては、歴史の暴力性、歴史に生きることの痛みなどのテーマが新たに問われているように思われます。多くの人間にとって、歴史は時間と空間という枠に彼らを閉じ込め、自由を奪い、時には遠慮会釈も情け容赦もなく土足で踏みにじるようにして彼らの生涯に介入する暴力と映ります。また、彼らの生活を取り巻く人間関係、情報、社会制度などが多様かつ複雑に発展する中で、歴史に生きることの面倒さ、苦しさ、痛みが際立っていることも今日的現象です。このような観点から、歴史に生きること、福音に生きることを考えたいと思います。

I　神と自然と歴史と

講演主題に入る前に、神と自然と歴史という三概念を簡単に規定し、それらの相互関係に触れることが必要となります。無教会系の南原繁に師事し、第二次世界大戦前から戦後にかけて活躍した政治思想家の丸山真男は「歴史意識の『古層』」において、世界の古代創生神話にみる神（神々）と世界との関係を「なる」、「うむ」、「つくる」の三類型に分類します。ギリシャ思想や日本の古神道が神々が自然に「成る」とし、中国の陰陽道やローマ思想は神々が自然を「産む」とするのに対し、ユダヤ・キリスト教思想が唯一の神がその神から峻別される自然を「創る」と見るとします。[1] この分類によれば、最初の二つの観方はいずれも大自然という一つの空間・円の中に神々、自然、人間が共存し、相互に成ったり、産んだりして歴史を形成することから、自然主義的歴史観と呼ぶことができると思います。以下に、まずキリスト教歴史観の基本を、次に自然主義的歴史観とその問題に簡単に触れることとします。

(1) 天地創造と歴史

旧約聖書・創世記に基づき、キリスト教は超越神が天地（自然）を創造したこととその最終段階で人間を「神のかたち」、いわば創造の冠として造ったと教えます。一方でこの教理は、神と被造世界とが厳密に区別され、神の支配が世界、すなわち自然と歴史双方に直接およぶことを意味します。歴史に関していえば、ヨブ記が「もし、彼〔人間〕の日数が限られ、その月の数もあなた〔神〕が決めておられ、越えることのできない限界を、あなたが定めておられるなら」（一四・五）とするように、神がその摂理により歴史に関与することがあるとしても、地上に展開する人間の歴史は決して神、あるいは神的存在とはなりえず、そこに「超えることのできない限界」があるとします。また創造の教理は自然と歴史のあり方は、それぞれと創造神との関係において規定されるとします。創造の完了段階で神が天地を概観し、「見よ。それは非常によかった」（創世一・三一）とあるように、まず自然は全知・全能神のデモンストレーションであり、また詩篇が「天は神の栄光を語り告げ、大空は御手のわざを告げ知らせる」（一九・一）と表現する自然は、神の栄光と摂理を証しする場でもあります。

そして、「神のかたち」に造られたゆえに人間は被造世界の一部でありながら神との親しい交わりをする特権を与えられます。『ウェストミンスター小教理問答』（一六四八年）にあるように、「人の主たる目的は神を崇め、神を永遠に喜ぶ」使命に生きる存在となりうるのです。さらに、創世記は天地創造後の自然と人間、自然と歴史との関係も神との関わりにおいて理解されるとします。たとえば、「生めよ。ふえよ。地を満たせ。地を従えよ」（一・二八）、あるいは「主は人を取り、エデンの園に置き、そこを耕させ、またそこを守らせた」（二・一五）とあるように、神は人間に被造世界のほんの一部であるとはいえ自然の支配と管理をゆだね、自然に人間の生活を支えさせ、こうして歴史が始まることになります。ちょうど「使徒の働き」が、アテネ伝道でパウロが「神は、ひとりの人からすべての国の人々を造り出して、地の全面に住まわせ、それぞれに決められた時代と、その住まいの境界とをお定めになりました」（一七・二六）と語ったと記すように、人間の歴史とその節目とが神に定められ、支配されていることになります。

以上、神の創造とその秩序における自然、人間、歴史のあり方を垣間見ました。そこでは、自然は永遠の存在ではなく始まりのある被造世界、人間は自然の営みの中で偶然に発生した存在ではなく神との交わりに生きる者として創造されたとなります。そして、歴史は究極的な意味において神の摂理の中で展開することになります。ところが、創造神、自然、人間、歴史の間にあった調和はアダムの堕罪と失楽園を契機として決定的に壊されることになると創世記は記します。「土地は、あなたのゆえにのろわれてしまった。……あなたは、顔に汗を流して糧を得、ついにあなたは土に帰る。……あなたはちりだから、ちりに帰なければならない」（三・一七、一九）とあるように、自然も人間ものろわれ、滅びるものとなります。しかし、神はその憐れみと恵みにより人間を神の栄光と交わりに生きる原初の姿に回復するため、人間の罪が贖われ、神との和解が成り立つ救いの道が備えられます。また、ローマ人への手紙が「被造物も、切実な思いで神の子どもたちの現れを待ち望んでいるのです。……滅びの束縛から解放され、神の子どもたちの栄光の自由の中に入れられます」（八・一九、二一）と記すように、自然もその原初の状態への復興が可能とされます。しかし、その時まで、神を信じる者であれ、そうでない者であれ、堕落後の人間が「歴史に生きる」ことは等しく、また例外なしに歴史の暴力と痛みにさらされることを意味します。

(2) 自然主義的歴史観とその問題

自然主義的歴史観は今日でも世界で最も広く受け入れられているものです。先に触れた古代のギリシャ・ローマ思想と東洋の陰陽道や神道に加え、ゾロアスター教、ヒンズー教、仏教、儒教や世界各地に見られる汎神論の世界観に基づく諸宗教の歴史観です。さらに、キリスト教の歴史との関連では、自然を神の摂理から人間の支配へと取り戻したとされる一八世紀啓蒙主義思想、近世の科学思想、エコロジー（生態学）、今日のポストモダン思想にも通じる歴史観と言われます。自然主義のこれらの伝統では、しばしば大自然は永遠の存在とみなされ、その中で神々と人間を包含する森羅万象は起きては消え、生まれては死ぬことを繰り返すとされます。そして、歴史は始まりも終わりもない永遠に流転と回帰を繰り返す円環と理解されることから、一人の人間が歴史に生きることは一回限りの特殊であるよりは、万人の生に共通する自然なものであることが強調されます。人間の歴史は「宇宙の歴史の一コマ」、「生物学という大きな本の一章」にすぎないという通説がそこから生まれてくるといえましょう。当然、歴史の暴力性や歴史に生きる人間の痛みも万人共通で、自然なことと理解されます。一例を挙げれば、ゴーダマ・ブッダ（釈迦）は人間という歴史的存在すべてに共通する四つの苦しみ、「生老病死」を目の当たりにして悟りを開いたとされます。生きる苦しみ、老いの悩み、病の痛み、死の恐れは歴史に生きることを強いられている人間が共有する歴史の暴力のシンボルです。そして「生老病死」の思い煩い（煩悩）を絶って悟りを開くことが神格化（成仏）の救いとされます。

自然主義的歴史観は歴史の暴力性、歴史に生きる痛みに「説明」を加え、また、それらを際立たせることは十分できるのですが、それらに「解決」を真に与えることができるかが問われているのではないでしょうか。むしろ、この歴史観は「生老病死」であれ、自然的暴力であれ、社会的暴力であれ、歴史の暴力性を自然なこととして私たちに慣れさせ、私たちの力を超えること、仕方のないこととあきらめさせることにより、私たちの対応、責任、解決をあいまいにさせることに貢献してはいないでしょうか。冒頭でも触れた、日本人が常用する「天災」ということばは厳密には自然災害を意味するのでしょう。しかし、その響きには仕方のないこととあきらめさせ、あるいは、寺田虎彦のことばとされる「天災は忘れた頃にやって来る」にあるように、忘れることを常とさせることがあるのではないでしょうか。さらに今日、自然災害と呼ばれるものには厳密に自然に起因するものの他に、多くはそこに人為的要因が加担して被害を拡大していること、また、自然災害と呼ぶことにより対応、責任、解決があいまいにされていることが指摘されています。そして、人為的要因には国家や社会の体制、偏見と無関心、思想やイデオロギーなどに加えて宗教が挙げられています。

オーストラリア出身の小説家、ノンフィクション作家で、ナチス・ドイツによるユダヤ人大虐殺（ホロコースト）のテーマでスピルバーグ監督が映画化した「シンドラーのリスト」の原作者として知られるトーマス・キニーリーの最新作に『三つの飢饉』があります。[2] 近世の三大飢饉とされるアイルランドのポテト飢饉（一八四五－五二年）、ベンガル飢饉（一九四三－四四年）、一九七〇年代から八〇年代にかけてのエチオピア飢饉を歴史的に検証した作品です。これらが干ばつという自然要因から始まったとしても、食料流通などの社会体制、政治状況、イデオロギーや偏見などが大災害を生む大半の要因となったとキニーリーは結論付けます。ポテト飢饉に例をとれば、当時大英帝国の一員で、支配者イングランドからは反抗的とみなされていたカトリック教国アイルランドで主食のポテトの凶作が始まります。この事実を無視してイングランドは、アイルランドにポテト生産量の通常イングランド向け輸出枠を維持することを強制します。そのときイングランドが用いた理由には、飢饉は避けられない自然災害、支配者イングランドのシェアーが優先されることは当然などに加えて、イングランドの聖公会からすれば非正統信仰で反抗的なカトリック・アイルランドが「神のみせしめ」として飢饉から教訓を学ぶためというものでした。餓死などによる犠牲者百万、飢餓を逃れて海外へ移住する者百万以上の大惨事です。

私たちは二つの世界大戦、ファシズムの嵐、ヒロシマ・ナガサキ、ベトナム、アフガニスタンを体験した二〇世紀が歴史からの暴力に明け暮れしたことを知っています。その二〇世紀に自然主義的歴史観を病的にまで発展させた著作にヒトラーの『我が闘争』があります。[3]この悪名高い作品の特徴は、種の保存、適者生存、弱肉強食という生物学上の自然法則を人間の歴史、国家・社会のあり方に当てはめ、後にそれらの法則をドイツ第三帝国において実験したことにあります。優れた人種を保存するためには劣った人種は犠牲となりうるとして、六百万のユダヤ人が犠牲となりました。そして、二一世紀最大の人道上の危機とされるソマリア飢饉は現在進行中です。国民の半数に当たる四百万人が過度の栄養失調状態にあり、ユニセフによる今年九月時点での発表によれば、ここ数週間のうちに十六万の子どもの死が危惧され得るとあります。この飢餓は過去二十年間の実質的な無政府・内戦状態が生んだ「人災」と評され、飢餓発生の初期段階で首都モガディシュを制圧していたイスラム原理主義勢力が、その国連や欧米敵視政策のゆえに国際救援活動の受け入れを拒否したことが、災害の拡大につながったと言われます。

自然主義的歴史観が歴史の暴力性を自然なこととして私たちに慣れさせ、時の経過と共に忘れさせ、私たちの責任をあいまいにさせることとの関連で、歴史に生きることとの意味に対する悲観を助長することが大きな問題となります。歴史悲観主義がもたらすものは、過去に対する反省、現在に対する責任感、将来に対する期待感が薄らぐこと、また、一瞬一瞬が提供する快楽や満足を追求する刹那主義から、最もラディカルな反歴史的行為とみなされる自殺までの歴史からの逃避となります。

日本に例を取れば、明治初期のエリート医学生に日本の歴史について尋ねたとき、「我々には歴史はありません。我々の歴史は今からやっと始まるのです」との答えに驚いた、東京大学医学部教授に招かれた「日本医学の父」とも呼ばれるドイツ人医学者エルウィン・ベルツの『ベルツの日記』の証言があります。[4] また、第二次世界大戦時の日本人捕虜の特異な心理を分析し、戦後の日本がいとも容易に民主主義へと一八〇度転換をし得たことに驚いたルース・ベネディクトが日本文化の研究書『菊と刀――日本文化の型』（原書・一九四六年）にて、敗戦直後の一九四五年十月に幣原首相が、天皇制軍国主義への反省を一切抜きにして、新日本の民主主義が「明治天皇の憲法の御精神」と同一と断言したことを「全く無意味、いな無意味以下」と記しています。[5] さらに戦後の証言では、「敗戦によって天皇制と家族制度の思想的しめつけが撤去されたことが直接には個人の確立には導かず、むしろ甘えの氾濫を来した」と喝破した精神科医の土居康郎の『甘えの構造』があり、[6] 戦後天皇制を棄てた日本人が「単純な相対主義の泥沼の中にいる」、「超自然の絶対者といふ観念のないところでは、どんな思想も主張も、……所詮はエゴイズムにすぎない」とした、シェークスピアの翻訳者として著名な福田恒存の『日本を思ふ』があります。[7]

そして、東日本大震災との関連では、「自然の暴力性は、いかんともしがたく日本の社会性、その美意識や死生観をつくりあげてしまっている。自然はこの国では乱暴であるに決まっている」とするユニークな視点からの哲学者の檜垣立哉の証言もあります。

檜垣は、日本文化を研究する外国人留学生が電力会社社長の土下座の謝罪を見て、そこに戦前と全く変わらない社会の姿を発見した驚きに触れています。「戦前の日本では、なにか国家に対して不敬をなした者がいれば、その親が謝罪し、家族や地域社会が謝罪し、彼を教えた小中学校の教師や校長までが謝罪する。そこでは無限に責任が追及されていくが、もちろんこの包み込むような同質的共同体では、自分が悪かったという連鎖がつづくだけで、真の意味で誰にどのような責任があるのかは何ひとつ議論されない」と手厳しく批判します。[8] 大震災が露呈した日本の姿は、昔と変わらない歴史悲観主義ということですまされるのでしょうか。

Ⅱ　歴史に生きるキリスト者

自然主義的歴史観における自然や神々ではなく、自然と歴史を支配する超越神を信じるキリスト者はどのように歴史に生きたらよいのでしょうか。自己や隣人が受ける歴史の暴力や痛みにどのように対応したらよいのでしょうか。歴史を支配する神に対して責任を問われ、逃避は許されずに歴史と直面し、共に歴史に生きる隣人に仕える歩みが安易であるはずはありません。むしろ、この超越神を知らずに、いや神に知られずに生きていたらどれほど楽であったか、とつぶやかずにはいられないほど、厳しいものと覚悟することが求められていると言うべきでしょうか。

聖書が記す人物の中でも、ヨブほど自然と歴史の暴力から辛酸をなめた者はまれです。富んでいたヨブは、その財産である数千頭の牛、ろば、らくだと世話をする多数の使用人をシェバ人とカルデヤ人の襲撃により失い、羊と使用人および七人の息子と三人の娘すべてを雷と暴風により失います。しかし、ヨブはこの大災難を自然や不運のせいにすることなく、歴史を支配する神とその意思と結び付けて、「主は与え、主は取られる。神の御名はほむべきかな」（一・二一）と告白します。さらに、神の許しを得てサタンがヨブのからだを打ち、悪性の腫物で全身が覆われ、灰の中にのたうちまわる中でも、ヨブは歴史から逃避せず、自らのいのちを断つことなく神と向き合います。むしろ、「神をのろって死になさい」（二・九）と自殺を勧めたのは彼の妻だったのです。そのヨブでも、彼を慰めに来た三人の友人に対しては、「私の生まれた日は滅びうせよ。……その日はやみになれ。神もその日を顧みるな」（三・三－四）と呻き声をあげます。こうして「ヨブよ。おまえは悪行の報いを受けているにすぎない」と因果応報を、また、「信心深い者に報いられる神への不信心のゆえだ」とご利益主義を盾にヨブを責める友人たちとの論争が繰り広げられます。ここで、難解なテキストにおけるヨブの理論展開に触れるつもりはありません。ただ一つだけ、ちょうど一条の光が闇に差し込むような希望があるとすれば、歴史の特異な暴力を体験したヨブが神、自然、歴史をどのように理解したかという視点から、次第に神が特殊な歴史的状況に生きるヨブをどのように見ており、また、どのように彼に語りかけているかという神中心の視点への大転換がヨブの中に起きたことです。ちなみに、この転換を示唆する神への訴えの一つは、「私にかまわないでください。私の日々はむなしいものです。人とは何者なのでしょう。あなたがこれを尊び、これに御心を留められるとは」(七・一六―一七)です。神が人間という歴史的存在に注目し、語りかけることが「喜ばしい知らせ」、「福音」であるならば、ヨブの中に福音的転換が起きたといえましょう。そして、ヨブの特殊体験はだれもが体験しうるものではないとしても、神のヨブに対する福音的語りかけにはあらゆる歴史状況を超越した普遍的意味合いがあることがヨブ記のメッセージではないでしょうか。そして、ここに「歴史に生きるキリスト者」を理解する一つの鍵があると思われます。

(1) 歴史の中で福音に

二〇世紀を代表する英国の新約学者バレットはキリストの受難を主題とする『歴史と信仰』(*History and Faith: The Story of the Passion*)において、「イエスの十字架での死と三日目の復活とは、神が私たちの人生の意味を示したものである。また、神が歴史を理解するその仕方で、歴史のパターンを私たちに明らかにしてくれるものである」と記します。[9] 死は歴史が人間に加えることのできる最強の、そして最後の暴力です。自分の体重を支えきれずに、心臓が破裂して死ぬケースが多かったと言われる磔の死ならなおさらです。父なる神は子の十字架により歴史の問題を解決しようとし、子も進んで十字架への道を選んだのです。そして、十字架は人間の救いのため、愛する子を犠牲としなければならなかった神の痛みのシンボルでもあります。

事実、受肉、十字架、復活を頂点とするイエス・キリストの全生涯は、神がその中で私たちが生きる自然と歴史の主であり、私たちの体験する歴史の暴力も痛みも知っていることを証しするものでした。この事実をイエスは「山上の説教」で、「空の鳥を見なさい。……野のゆりがどうして育つのか、よくわきまえなさい。……栄華を窮めたソロモンでさえ、このような花の一つほどにも着飾ってはいませんでした。きょうあっても、あすは炉に投げ込まれる野の草さえ、神はこれほどに装ってくださるのだから、ましてあなたがたによくしてくださらないわけがありましょうか」（マタイ六・二六、二八－三〇）と教えます。ヨハネの福音書九章（一－三節）は、生まれつき目の不自由な人を目に留めたイエスに対して、弟子たちが「だれが罪を犯したからですか。この人ですが。その両親ですか」と尋ねた光景を記します。血縁なら自然的で仕方なく、自業自得なら歴史的責任があることを示唆する問いだったのでしょうが、イエスの答えはまったく意外な、「この人が罪を犯したのでもなく、両親でもありません。神のわざがこの人に現れるため」でした。イエスの福音は、ちょうどヨブがそうであったように、「私が」ではなく、「神が」歴史に生きる私たちの痛みをどう見ており、語りかけているかという視点を徹底して教えるものであるといえましょう。そして、この福音的視点は歴史に生きるキリスト者に少なくとも次の二つのことを求めていると思われます。

第一は、父なる神は子の受肉において歴史に生きる私たちと自己同一をし、私たちの痛みの問題を解決したように、キリスト者も自己と隣人の痛みを知り、その上でキリストの愛ゆえに隣人の痛みと自己同一を試みることです。ヨハネの福音書の「神は、実に、そのひとり子をお与えになったほどに、世を愛された」（三・一六）を受けて古代教会の神学者アタナシオスは『神のことばの受肉』において、「不朽な神のことばは私たちの世界に来ました。しかも、父なる神の愛を私たち示そうとして訪問するため、自分を低くして来たのです。キリストは人間を哀れみ、その弱さを慈しみ、父なる神の手のわざである人間が滅びないため、私たちの腐敗した状態に身を低め、私たちと違わない肉体を進んで取ったのです」と証言します。また、ヨハネの福音書は、愛する兄弟であるベタニアのラザロの死を悲しむマリアを目にして、「イエスは涙を流された」（一一・三五）と記します。この記事をめぐっては、青春盛りの十八歳でハンセン病を発病した後、入信・受洗した歌人で（洗礼名ベタニアのマリア）、生涯療養所生活を余儀なくされた津田治子（一九一二―六三年）の「現身は死ぬものゆえに悲しみて　イエス涙を流し給ひき」が印象的です。そして、イエスは「あなたの隣人をあなた自身のように愛せよ」（マタイ一九・一九）と隣人への自己同一と愛の実践をキリスト者に求めます。この愛の実践は歴史に生きるキリスト者にとって大きな課題です。とりわけ、マタイの福音書二五章（三一―四六節）におけるイエスの教え、すなわち最後の審判の場面で、ちょうど羊飼いが羊と山羊とを分けるように、審判者キリストが永遠の祝福を受ける者たちと、そうでない者たちとを分別するとの教えは、率直に言ってキリスト者にとって重荷となります。審判者が「わたしが空腹であったとき、わたしに食べる物を与え」云々と、渇き、旅人、裸、病気、入獄の時に愛の奉仕を受けたと祝福される者たちに語り、彼らが「主よ。いつ、私たちは、あなたが空腹なのを見て、食べ物を差し上げ」ましたか、云々といぶかしがる光景です。彼らに対して審判者は、「あなたがたが、これらのわたしの兄弟たち、しかも最も小さい者たちのひとりにしたのは、わたしにしたのです」と答えます。ここに、歴史の暴力と痛みに生きるキリスト者へのイエスの究極的自己同一があり、キリスト者の隣人の痛みへの自己同一があるといえましょう。

つい最近、東京基督神学校の卒業生で、東日本大震災直後に米国から被災地へ駆けつけ復興支援に参加したＯ氏の証しを聞く機会がありました。両親が長年秋田と岩手で宣教師をしていた関係でＯ氏は日本で育ち、神学校では秋田弁を誇らしげに話すめずらしい米国人でした。卒業後、日本で宣教師をした後に帰米し、現在シアトル郊外で日本人教会の牧師をしています。被災地の方々と日夜活動を共にする中で、あるとき一人の女性が「遺体が見つかって、ようやく昨日娘の火葬を済ますことができました」と喜びを語ったそうです。そして、まだ身内の死亡が未確認というもう一人の女性がＯ氏に「あなたは外国からどうして私たちを助けに来てくれたのか」と尋ね、はじめてキリスト者として証しをすることができたそうです。大震災直後という限界状況の中で、人種や宗教を越えた赤裸々な人間の交流の中でこそキリスト者の愛の実践は可能になるとＯ氏は言います。

日本はキリスト教を世界観や教理体系の宗教であるよりは、愛の実践や教育熱心の倫理宗教として受容したといわれます。しかし、しばしば日本人、とりわけ知識人にはキリスト教がいう愛の実践に対して、うさん臭さやアレルギーを覚えることも指摘されています。戦後の優れた文学評論家であった伊藤整は『近代日本人の発想の諸形式』において、キリスト教と仏教・儒教における他者への働きかけを分析します。両者の対比は、キリスト教の黄金律「人にかくせられんと思うことを人に為せ」という肯定形と儒教の「己の欲せざる所を人に施すことなかれ」という否定形、キリスト教の根本にある他者への強い認識と働きかけとしての愛と他者への働きかけや他者からの影響を断つことによる自己安定と表現します。そして、日本へのキリスト教の影響が大きいことを認めた上で、伊藤はキリスト教への厳しい評価を加えます。「我ら一般の日本智識階級は、不可能な愛というものを信じていないからである。不可能なことを目指して努力し、実現に到達し得ないことを感じて祈り、完成し得ないことを待ち望むことのソラゾラしさが、我々の目にクリスチャンを偽善者のように見させるのだ。我々には不可能なことから退いて自己を守るという謙譲や思いやりはあっても、他者を自己と同一視しようというような、あり得ないことへの努力の中には虚偽を見出すのだ。我々は憐れみ、同情、手控え、躊《ため》らいなどを他者に対して抱くが、しかし真実の愛を抱くことは不可能だと考え、抱く努力もしないのだ。即ち仏教的に言えば、そのような愛を抱くことのできぬことが我々の罪深い本性であり、その本性を持ったままで我々を救うのは仏なのである」と。[11]

このような反応に対して、先に触れたO氏の証しは、赤裸々な人間同士の出会いにおいてはキリスト者の働きかけ、隣人愛の実践は必ず通じると期待できるのではないでしょうか。万一、それが通じず、受け入れられなかったとしても、キリスト者には最後の希望、すなわち、「最も小さい者たちのひとりにしたのは、わたしにしたのです」と励ますキリストのことばがあることを覚えたいものです。

第二に歴史に生きるキリスト者に求められていることは、自分の十字架を負って福音に生きることとです。キリスト者は、「だれでもわたしについて来たいと思うなら、自分を捨て、自分の十字架を負い、そしてわたしについて来なさい」（マタイ一六・二四）とイエスが言う「自分の十字架」とは何か、それを負うことは何を意味するかを歴史に生きることから学びます。

十字架は同時に死と救いのシンボルです。まず、すでに見たように、歴史が人間に加えることができる最強かつ最後の暴力が死であるなら、父なる神は歴史の暴力と痛みの問題を子の十字架により解決し、その十字架を通して救いの道を示しました。日本を代表する神学者の北森嘉蔵は『神の痛みの神学』において、「痛みにおける神は、御自身の痛みをもって我々人間の痛みを解決し給う神である。イエス・キリストは、御自身の傷をもって我々人間の傷を癒し給う主である」と言います。[12] 十字架は人間の救いのため、愛する子を犠牲としなければならなかった神の痛みのシンボルです。そして、パウロが「私はキリストとともに十字架につけられました」（ガラテヤ二・二〇）とするように、キリスト者が十字架を負うことはキリストの十字架を追体験すること、そこで示された神の痛みとキリストの救いを追体験することです。ただし、この十字架はキリスト者が歴史に生きることから解放され、また、歴史の暴力や痛みを受けなくなることを意味しません。むしろ、キリストの十字架がそうであったように、歴史の暴力と痛みが十字架において理解されうるもの、受け入れうるもの、耐えうるもの、意義がありうるものとなることを意味します。それゆえ、キリスト者が歴史から逃避することなく、歴史の暴力と痛みに対峙し、理解し、解決を求めることが十字架を負うことといえましょう。

歴史に生きることの意味をめぐる二〇世紀の名著の一つに、ヴィクトール・フランクルの『夜と霧』（一九四六年）があります。ウイーンで活躍したユダヤ人精神科医がアウシュヴィッツ強制収容所の想像を絶する極限状況に生きる囚人の姿を記録したものです。中でも印象深いのは、ある夜の停電の際、一日の労働と虐待に疲れ果てた囚人仲間に、「私は終わりになお、生命を意味に満たす可能性について語った」と著者が記す光景です。

「そして最後に私はわれわれの犠牲について語った。……そして収容所に入れられた最初に、いわば天と一つの契約を結んだ仲間の話をした。すなわち彼は天に、彼の苦悩と死が、その代わりに彼の愛する人間から苦悩にみちた死を取り去ってくれるようにと願ったのである。この人間にとっては苦悩と死は無意味なのではなくて、最も強い意味にみちていたのである。意味なくして彼は苦しもうとは欲しなかった。同様に意味なくして我々は苦しもうとは欲しないのである。[13]」

ユダヤ人から諸民族の使徒となったパウロも、「私は、あなたがたのために受ける苦しみを喜びとしています。そして、キリストのからだのために、私の身をもって、キリストの苦しみの欠けたところを満たしているのです」（コロサイ一・二四）と言うように、キリスト者の生涯はそれに真実な意味を与えることができるキリストの十字架を自分のものとして負うことではないでしょうか。ちょうど、フランクルと同時期のドイツで告白教会の牧師として抵抗運動に加わり投獄され、終戦直前の一九四五年四月に処刑されたディートリヒ・ボンヘッファーの『獄中書簡』（没後出版、一九五一年）の一節に、「キリスト者であるということは、この世の生活において、神の苦難にあずかることです」とあるように。

(2) 歴史を越えて福音に

「歴史の中で福音に」という観点だけでは、キリスト者の生き方の半分も語ったことになりません。その理由は、歴史の中には超越神の摂理が働いており、この世の道理では説明できない霊的な意味が隠されており、宇宙大かつ超歴史的なスケールで神と神に敵対する諸権力との霊的闘争が展開しているからです。その上、キリスト者は復活により死を打ち破り、神の右に座して歴史と諸権力を統御しているキリストを信じて終末の歴史に生きるからです。たしかに、聖書がキリスト者の「国籍は天にあり」（ピリピ三・二〇）とし、ジョン・バニヤンの『天路歴程』が描くキリスト者が、この世を旅立って天を目指す旅人であることは事実としても、キリスト者がその死により天に召されるまで生きるのは歴史の中であることには変わりがありません。しかし、そのキリスト者が「歴史を越えて福音に」と確信して生きる限り、歴史を悲観して逃避することなく、むしろ勝利者キリストの支配が始まっている終末の時代に生きることが可能となります。たとえ、キリスト者が歴史の暴力と痛みによって打ちのめされることがあるとしても、パウロがキリスト者を「死にそうでも、見よ、生きており、罰せられているようであっても、殺されず、悲しんでいるようでも、いつも喜んでおり、貧しいようでも、多くの人を富ませ、何も持たないようでも、すべてのものを持っています」（Ⅱコリント六・九―一〇）と描くように、しぶとく、したたかに生きることができるのも「歴史を越えて福音に」という確信があるからです。プロテスタンティズムの倫理はしばしば「現世的禁欲主義」と表現されます。現世を仮のものと見て、その犠牲の上に來世を目指すのではなく、あくまでも現世を肯定し、その中で来世的観点を徹底させて生きる立場です。ここに「歴史を越えて福音に」というキリスト者像が見られましょう。しかし、同時にこの「歴史を越えて福音に」という確信ゆえに、ヨブが「それ人の世にあるは戦闘にあるがごとくならずや」（七・一、文語訳）と言うように、キリスト者は闘いに生きることになり、また歴史からの挑戦を受けることにもなります。以下に、歴史からの三つの挑戦として、キリスト者が神の摂理を信じて生きること、神と神に敵対する諸権力との闘いの渦中に生きること、終末の時代に生きることにおいて受ける挑戦に触れることにします。

第一の挑戦は、キリスト教の伝統的な教え、とりわけ、神の支配は一つ一つの歴史現象あるいは個人に直接及ぶとする個別的摂理論に対抗するものです。まず、個別的摂理の教えは「みこころの天になるごとく、地にもなさせたまえ」と日ごとに祈り、神の摂理を信じて生きるキリスト者にとって理解するに容易なものではありません。キリスト者の日常には、「みこころ」が見えないとき、「ハレルヤ」と感謝するよりは「みこころ」はいずこにと祈る時のほうが多いのも現実です。キリスト者を取り巻く現象すべてを摂理という単一の起点と結び付けることは、研ぎ澄まされた霊性と知性をもってしても至難の業です。ましてや、キリスト者とその隣人が歴史の暴力と痛みに直接巻き込まれている場合はなおさらです。その上、今日の世界が伝統的摂理論に対して二つの挑戦をしている世界であることも、キリスト者がそこで生きることを困難にしています。その一つは歴史に対する極端な楽観論であり、もう一つは極端な悲観論です。

まず、一八世紀の啓蒙主義時代以降、近世・近代人は神の個別的摂理という教えに対抗して、人間が自然と歴史を支配しうることを主張してきました。啓蒙主義が摂理論の代用品として打ち出した理神論は、神が世界を創造し、被造世界（自然と歴史）の原理を定めたという一般的摂理は認めるとしても、その世界の運用は人間の支配にゆだねられていると主張し、とりわけ個別的摂理の教理を否定します。歴史に関していえば、人間の歴史支配は天上の神の国の代わりに地上に理想的《ユートピア》な社会を造り出すことができること、また、歴史のプロセスは理性的原則に基づき、一定のパターンに従って進歩・発展するものでそれを人間がコントロールできることを主張します。このような歴史楽観論を体現して登場するのが、近世が作り出した最大の作品とも呼ばれる、フランス革命（一七八九－九九年）以降の近代国家ということになります。近代国家は原則としてその領域内のすべてを支配する権力を持ち、思想、文化から宗教までをコントロールできる有機体です。近代国家とその歴史楽観主義からすれば、キリスト者の個別的摂理信仰は前近代的な盲信にほかなりません。

さらに、逆の歴史悲観主義の挑戦は、啓蒙主義全盛の一九世紀にデンマークの哲学者キエルケゴールにより始められたとされます。『哲学的断片』（一八四四年）においてキエルケゴールは、現在のものについての知識は現在のものになんの必然性を与えず、未来のものについての予知は未来のものになんの必然性を与えず、同様に過去のものの知識も過去のものになんの必然性を与えはしないとして、歴史から学べる確かな真理はないとする歴史悲観主義を打ち出します。[14] 代表作『死に至る病』（一八四九年）の著者としても知られるキェルケゴールは、歴史悲観主義の立場から歴史に生きるキリスト者を孤独な「単独者」とみなし、その「今、ここに」という歴史的実存を強調します。当然、この立場は伝統的なキリスト教摂理論に対する修正を意味するもので、摂理論から歴史的実存への転換は、先に見たヨブにおける人間中心から神中心への歴史観の転換とは逆の方向性といえましょう。そして、キェルケゴールが予見した歴史悲観主義は歴史的暴力の嵐が吹き荒れ、人類の悲惨さが浮き彫りにされる二〇世紀に現実のものとなります。その現実を前にして、キリスト者として神の摂理を、神の義と愛とを告白することはますます困難な課題となります。さらに、歴史楽観主義の「近代・モダン」が結局人間を幸せにすることができなかったとしてそれに対抗して台頭する「近代後・ポストモダン」と呼ばれる諸運動も例外ではありません。モダンとポストモダンとの対比を単純化して表現すれば、「自然　対　超自然」、「普遍　対　個」、「合理性　対　人格性」、「社会性　対　個別優先」、「順応　対　自由」などとなり、そこには超自然への関心、宗教の復権現象は広く認められるものの、キリスト教摂理論のような統一原理は見当たりません。むしろ、歴史に生きる個人の人格、実存、自由の強調からして、古代の哲学者がいう「万物は流転する」にも似て、ばらばらで取りとめもなく変化する世界の中で、個々人がそれぞれの理想を追って歩む歴史といえましょう。

第二の挑戦は、キリスト者が神の摂理を信じるだけではなく、神の摂理的支配に対抗し、それを妨害する大勢力があることを認識し、両者間の霊的闘争の中で歴史に生きることを学ぶことと関連します。そこで、この霊的闘争のリアリティーをどのように認識し、それに対応するかが、歴史を越えて生きるキリスト者の困難な課題となります。おなじみの「主の祈り」は、構造上では六つの祈りごとから成り立っています。最初の三つは私たちの祈りを聴かれる父なる神に関するもので、そのクライマックスに置かれるのが「みこころの天になるごとく、地にもなさせたまえ」と世界大のスケールで神の摂理が実現することを祈るものです。この祈りとパラレルとなる祈りは、後半にある祈る私たちに関する三つの祈りの最後に置かれる「私たちを試みに会わせないで、悪からお救いください」（マタイ六・一三）です。ここで「悪」と訳されることばはテキストの上で抽象的な「悪」一般とも人格的な「悪い者」とも訳されるものです。ここからイエスが宣教活動開始直前に「悪魔の試みを受けるため、御霊に導かれて荒野に上って行かれた」（マタイ四・一）にある悪魔と解釈することができるものです。この解釈であれば、この祈りは摂理の神とそれに対抗する悪魔に率いられた諸霊、諸権力の軍勢との霊的闘争の中で生きるキリスト者の祈りとなります。この霊的闘争のリアリティーを認識し、覚悟してキリスト者は歴史に生き、祈っているといえるのでしょうか。さらに、聖書はキリストの十字架と復活がこの霊的闘争の頂点に位置する出来事であったと証言します。パウロはエペソ人への手紙で、紀元一世紀の地中海世界に展開されるこの闘争を鋭く見極め、キリスト者に「格闘は血肉に対するものではなく、主権、力、この暗やみの世界の支配者たち、また、天にいるもろもろの悪霊に対するものです」（六・一二）と警告します。

創立記念日は伝統的に宗教改革記念日にちなんで守られてきたと思いますので、ここで一六世紀のヨーロッパ世界で同様の霊的闘争を証しした宗教改革者ルターに触れることにします。キリスト教思想史学者オーベルマンはユニークなルター研究書を『ルター——神と悪魔の間の人物』と題します。改革者として知られるようになる以前、若きヴィテンベルク大学の新任聖書学教授ルターは「詩篇講義」（一五一三—一五年）を行います。そこで、ルターは聖書が証しする霊的闘争が過去のことであるだけでなく、一六世紀のキリスト教世界に展開する闘争である現実を直視し、後にこの闘争における行動原理、宗教改革の原理となる「聖書・恩恵・信仰のみ」に開眼したといわれます。オーベルマンによれば、この講義においてルターは神と悪魔との闘争がその結果としてもたらすものとして、「十字架のキリスト」、「十字架のキリストのからだである教会」、「十字架のキリストを信じる信仰者」に格別注目したとされます。また、これら三者間の相互関係ゆえに、十字架のキリストはこの戦闘の先頭に立って教会と信仰者を守り、教会と信仰者は当然のこととして、日夜激しい悪魔の攻撃にさらされるとします。さらに、ルターは宗教改革の歴史的展開そのものをこの霊的闘争と理解し、生涯それを見守り、証しし続けたともいわれます。[15] 二〇世紀におけるこの闘争の証言者には、オランダの教義学者ベルコフがいます。ベルリン大学に留学中のベルコフは、当時ヒトラーに率いられた国民社会主義労働党（ナチ党）が狂信的なデマゴーグとアジによってヨーロッパで最も知的なドイツ国民を魅了し、政権を手に入れたことを目の当たりにします。それまで、パウロが「神は、キリストにおいて、すべての支配と権威の武装を解除してさらしものとし、……」（コロサイ二・一五）とする「諸権力」は古代世界の神話にすぎないと片付けていたベルコフは、それが二〇世紀の歴史に生きるリアリティーであることを知り、戦後『キリストと諸権力』（一九五二年）を公にします。[16] 今日の聖書学者が多く「諸権力」を戦争や自然破壊、社会的な差別や虐待、経済的な搾取や拝金主義、国家的な圧政や人権侵害など「神のかたち」に創られた人間の尊厳性への挑戦と解釈しています。これらの今日的リアリティーである諸権力に対してキリスト者の霊的な戦いはどのようにあるべきなのでしょうか。また、エペソ人への手紙（六・一〇−一七）が記す「神の武具」をこの闘争においてどのように用いるべきなのでしょうか。

最後に第三の挑戦として、キリストの十字架と復活とにより実質的に始動した「終わりの時」、終末の時代をキリスト者が生きるためには明瞭な霊的見識と確かな信仰的決断が求められ、キリストの加護と聖霊の導きなくしては、一日たりともキリスト者の歩みは全うされないことを学ぶ必要について一言触れます。そして、この学びは決して容易な課題ではありません。紀元一世紀に世界最大の帝国を誇りとしていた帝都ローマにあるキリスト者にパウロは「あなたがたは、今がどのような時か知っているのですから」（ローマ一三・一二）と忠告したように、まず、キリスト者が生きる終末の時代の実相とは何か、そこでどのように生きたらよいのか、何と戦い、何を目指したらよいのか、を明らかにすることが求められます。この観点との関係で、ヘブル人への手紙が信仰者を「地上では旅人であり寄留者である」（一一・一三）とし、ヨハネの黙示録が教会に対する終末的な悪魔の攻撃を描く中で、「女〔教会〕は荒野に逃げた。そこには、千二百六十日の間彼女を養うために、神によって備えられた場所があった」（一二・六）とする興味深い証言があります。旅人、寄留者、荒野、備えられた場所というイメージは終末に生きるキリスト者とどのように関連し、また、先に触れたように、歴史から逃避せずにむしろ直面し、「歴史の中に」ありながら「歴史を越えて」生きる使命を与えられて地上に歩むキリスト者とどのように関わるのでしょうか。

多くの霊想がここで可能でしょうが、寄留者と荒野のイメージとの関連で一つの点のみに触れることにします。それは、地上での身分、職業、地位、活動、業績がどのようなものであれ、キリスト者はその生きる場と歩みを終末的な意味合いにおいて荒野、寄留者と捉え、そこから反転してキリスト者が生きる時代の実相を見極め、それにより証し、宣教、奉仕などの使命をより有効かつ強固なものとすることができるのではないか、という一点です。聖書における荒野のイメージには、約束の地を目前にしてイスラエルの民が備えられたシナイの荒野、イザヤの預言「荒野で叫ぶ者の声」の成就とされ、イエスの福音宣教の備えをしたヨハネの荒野での宣教（マタイ三・三）、福音宣教を前にしてイエスが悪魔の試みを受けた荒野（同四・一）などがあります。また、先に触れた黙示録の荒野で神に守られ、備えられる女・教会をめぐっては、小畑進著『ヨハネ黙示録講録』に、「教会は荒野に立つとき、初めて世の実相を見抜くことができるのです」、「人は教会に来て、初めて世の実相をふりかえるのであり、その実態を見据えることができるのであり、本来の世のあるべき姿を知るのです」とあります。[17]さらに、使徒の働きが特記する殉教者ステパノ、サマリヤ宣教のピリポ、雄弁なアポロ、そして使徒パウロはいずれもディアスポラ出身のユダヤ人でした。ディアスポラは「離散のユダヤ人」を意味する、当時の世界の都市に離散して形成された小さなユダヤ人共同体です。圧倒的な異教文化と宗教勢力が支配する中で彼らは正しい神信仰を維持するとともに、社会に向かって証しや宣教を大胆に行ったことが知られています。いわば、パウロのような、地中海世界における荒野的存在であるディアスポラ出身者たちが時代を見極め、大胆に福音宣教を行い、ダイナミックに社会に働きかけることによって、ユダヤ教の枠を超えて世界宗教へと躍進するキリスト教に貢献したのです。

先に触れたルターと並ぶ宗教改革者カルヴァンに関しては、なぜカルヴァンの神学が一六世紀の枠を超えて近世に大きな影響を与えることができたのか、という歴史学上の難問があります。この問いに対する答えの一つとして、オーベルマンはカルヴァンの宗教改革が「難民の宗教改革」であったからとします。その福音主義信仰のゆえに母国フランスを追われてバーゼルに亡命し、シュトラスブルクおよびジュネーヴで亡命・難民としての宗教改革を指導したカルヴァンは、『モーセ五書註解』(一五六三年)において、アブラハムや出エジプトのイスラエルの民と歩みを共にし、彼らを守り、導いた神こそ「最初の難民であった」と解釈します。ルターのザクセンや新教領邦、ツヴィングリのチューリヒやブツァーのシュトラスブルクという領邦や都市単位の宗教改革ではなく、それらを越えて全ヨーロッパに、しかも中世から近世への時代の推移、旧新教間の宗教対立、諸思想の乱立と混乱などにさいなまれた「病んでいるヨーロッパ」に神・キリストの支配という単一理念から改革を試みたことに時代を変革する革命的精神があったとオーベルマンは指摘します。[18] そして、キリスト教を国体に合わない危険な思想、外国の宗教として排斥した明治期の日本にも、「精神的革命は時代の陰より出づ」と唱えてディアスポラ的存在であったキリスト教を弁護した証人、山路愛山の『基督教評論』があります。[19] 以上、二一世紀の終末時代に生きる私たちにとっても、ペテロがその時代のキリスト者を旅人・寄留者とみなして語ったことば、「愛する人たち。あなたがたは、この一事を見落としてはいけません。

すなわち、主の御前では、一日は千年のようであり、千年は一日のようです。主は、ある人たちがおそいと思っているように、その約束のことを遅らせておられるのではありません。かえって、……ひとりでも滅びることを望まず、すべての人が悔い改めに進むことを望んでおられるのです。しかし、主の日は、盗人のようにやって来ます」（Ⅱペテロ三・八―一〇）が生きたメッセージであることを覚えたいものです。

キリスト教信者が九〇％の国であれ、二五％の国であれ、一％以下の国であれ、歴史に生きるキリスト者と教会は基本的に荒野の、ディアスポラの寄留者的存在であると思います。九〇％の場合は格別に、二五％の場合もそれなりに、そして一％の場合であっても同じキリスト教信仰をもって果敢かつしぶとく時代に挑戦することが使命であることに変わりはありません。さらに、「歴史の中で、歴史を越えて福音に生きる」すべてのキリスト者に、神の国が完成するそのとき、「神ご自身が彼らとともにおられて、彼らの目の涙をすっかりぬぐい取ってくださる」（黙示録二一・三―四）ことにおいても。

〔二〇一一年十一月〕

注

1 丸山眞男「歴史意識の『古層』」(一九七二年)、『忠誠と反逆』ちくま学芸文庫、一九九八年、三六〇-三七五頁。
2 Thomas Kneally, *Three Famines: Starvation and Politics*, Public Affairs, 2011.
3 Adolf Hitler, *Mein Kampf*, München, 1925-26.
4 E・ベルツ『ベルツの日記』上巻、岩波文庫、一九五一年、二七頁。
5 ルース・ベネディクト『菊と刀——日本文化の型』社会思想社、一九六七年、三五一頁。
6 土居健郎『「甘え」の構造』弘文堂、一九七一年。
7 福田恒存『日本を思ふ』文春文庫、一九九五年、七六頁。
8 河出書房新社編集部編『思想としての三・一一』檜垣立哉「自然は乱暴であるに決まっている」河出書房新社、二〇一一年、一三一-一四〇頁。
9 C. K. Barrett, *History and Faith: The Story of the Passion*, BBC, London, 1967.
10 Athanasius, *Oratio de Incarnatio Verbi*, MPG 25, 97-98.(私訳)
11 伊藤整『近代日本人の発想の諸形式』岩波文庫、一九八一年、一三九-一四〇頁、一四四頁。
12 北森嘉蔵『神の痛みの神学』講談社学術文庫、一九八六年。
13 ヴィクトール・フランクル『夜と霧』みすず書房、一九七一年。
14 S・A・キェルケゴール「哲学的断片」『キェルケゴール著作集 六』白水社、一九六二年、一六一一六二頁。
15　H.A. Oberman, *Luther: Man between God and the Devil*, New Haven, 1989, 246-71.
16　H・ベルコフ『キリストと諸権力』日本基督教団出版局、一九六九年。
17　小畑進「ヨハネ黙示録講録」『小畑進著作集　三』いのちのことば社、二〇一一年、三八八頁。
18　H. A. Oberman, "Europa afflicta: The Reformation of the Refugees," *Archiv für Reformationsgeschichte*, 83 (1992), 91-110.
19　山路愛山『基督教評論』警醒社書店、一九〇六年。

＊　　＊

〔解説文〕

第六論考、「歴史の中で、歴史を越えて福音に生きる」は、二〇一一年十一月二日の東京キリスト教学園・創立記念講演として起草されました。講演表題に関しては、第三論考の「歴史の中で福音に生きる」の趣旨を継承・発展して「歴史の中で」に「歴史を越えて」を加えたことに特徴があります。第三論考は、いずれ社会に出て証しに生きるキリスト者大学生に向けて一般的に語られ、冒頭の「歴史は暴力です」の表現をもって始められました。しかし、第六論考は東京基督教大学と東京基督神学校の学生、教職員および学園関係者という特定グループに向けて語られ、冒頭の「歴史には節目があるといわれます」で始まります。実は、論考は歴史の「節目」と「歴史を越えて」という追加文の間にある特定の関係を意識して書かれました。それは、「節目」が問われる場合しばしば「歴史を越えて」と表現される、歴史を動かす大きな力の存在が問題とされるからです。たとえば、キリスト教歴史観の表現を借りれば、預言者的、終末的視点から捉えられる神の摂理に相当する力です。そして、講演起草時の筆者には二つの関心事がありました。

一つは、二一世紀の日本のあり方を大きく変えた「節目」と言われる東日本大震災(二〇一一年三月十一日)です。国を挙げての対策と復興が進む中で、大地震の「自然災害」と科学技術の最先端にある原発を巻き込んだ「人工災害」との複合災害である大震災をどのように理解するかをめぐり議論が沸騰しました。その渦中にあって、超越神による歴史・自然支配という基本理念に立つキリスト教はどのように大震災を捉え、対応の指針を示すかが問われていると筆者は理解しました。とは言え、大震災がもたらした大規模な被害と悲惨の実情、多角的な復興活動、日本を覆う大震災の衝撃と余韻の中での人々の心情を実体験することのない、海外在住の筆者にとっては、いかなる応答や指針もほぼ不可能に近い課題です。しかし、歴史を学ぶキリスト者の一人として、あえてこの課題に取り組んだ試論が大震災の半年後に行われた講演です。

もう一つは、講演の表面には見えてこない関心事で、東京キリスト教学園の歴史における一つの「節目」と関連します。具体的には、戦後の一九四九年に福音主義神学教育を標榜して設立された専修学校・東京基督神学校が講演半年後の二〇一二年三月に発展的に閉校し、その翌月に設置を見る東京基督教大学大学院に統合され、大学体制の中で一貫した教会教職養成と神学研究の一体化が完成するという「節目」を迎えることです。東京キリスト教短期大学、共立女子聖書学院、東京基督神学校の三校合同を経て、その総力を挙げて取り組まれた一九九〇年の東京基督教大学創設という大きな「節目」に比べ、大学院設置は小さな「節目」にすぎません。しかし、大学体制が整い、とりわけ大震災後の日本に置かれた神学教育機関として大学がどのようにあるべきかをめぐり、そこに神の摂理の手を覚えて、筆者なりの応答を試みたのがこの小論です。

第六論考は直接「十字架と桜」のテーマを扱っていません。しかし、「桜」が象徴する日本人の歴史観と死生観の中心に位置する自然理解には触れていきます。とりわけ、超越神による歴史支配という理念にはなじまない日本的自然理解にキリスト教の自然・歴史観を対峙させることにより、「十字架」と「桜」間のコントラスト、死生観の相違を際立たせることも論考は目指しています。なお、ここでの収録は東京基督神学校誌『基督神学』最終号（二四、二〇一二、七－三五）からの転載です。

第七論考　「推薦のことば」

服部先生ご夫妻のご好意により恵送いただく、ユーオディア（Euodia）会報「みちしるべ」新年号の連載「元日本宣教師訪問記」には折々感銘を受け、ご夫妻による歴史の掘りおこしを心にとめていた。今回の出版のため連載に目を通し、訪問記を広く読者に推薦させていただく一理の発見という恵みに与《あずか》った。

太平洋戦争直後に北米からの宣教師第一号A師の新宿駅での路傍伝道で私の兄は救われた。その後牧師となった兄の勧めで参加した修養会で高校二年の私が救いに導かれたきっかけは、宣教師のたどたどしいメッセージであった。大学卒業直後に、宣教師主導の神学校理事会命で米国の神学校に留学し、帰国後の三十年間は神学教育に従事した。神学校合同や神学大学設立などを体験したこの期間を振り返れば、宣教師・団体の指導から日本の教会の責任への転換期であったが、その間私の宣教師観は「特別なクリスチャンたち」であった。

引退宣教師訪問記には私の既成概念に挑戦する新発見があった。まず、宣教師諸先生がそれまで「敵国」であった日本で、文化と言葉の壁を越えて外国人として働いたことは特殊としても、彼らの証しが働きを特別視していないとの印象を受けた。ある場合は中国やインド伝道から転進して、多くは直接「日本へ」と導かれて神の召命を受け、日本での働きを「神与の十字架」と確信し、それを「クリスチャンとしての学びの場」であったと回顧する証しは、信仰者として生きたままでという平常心にあふれている。また、それぞれの賜物を生かして教会・教派形成、神学教育、病院、放送・文書伝道、書店やキャンプなどに多様にかかわり、その足跡が今日でも残されているにもかかわらず、証しは日本宣教というキリストの大事業の一端を担ったままでとする謙遜さが印象深い。さらに、ある宣教師夫人のことばに「アメリカに帰って来ても私はガイコク人」とあるように、青春と働き盛りを捧げた宣教地では「ガイジン」、母国に引退後には時代、文化、経済に取り残されて老後を直視する証しは「宣教師とは何か」を問いかける。

聖書は信仰者を「地上では旅人であり寄留者」（ヘブル一一・一三）とする。戦後日本に

「寄留」した宣教師は信仰者の在り方を私たちに示し、同時に私たちも「宣教師である」と挑戦している。

〔二〇一五年一月〕

＊　＊

〔解説文〕

全論考中もっとも短い第七論考は、米国ワシントン州を中心に活動する海外在住邦人向けの文書伝道団体・ユーオーディアが二〇一五年に出版した小冊子、『主に仕えた人たち――元日本宣教師訪問記』に寄せた「推薦のことば」です。『主に仕えた人たち』は服部嘉明・奈美子夫妻が北米各地の元日本宣教師二十二組（夫妻／個人）を一九九九年から二〇一〇年にかけて訪問し、収録した訪問記を「みちしるべ」誌の連載記事から伝道用小冊子としてまとめたものです。服部氏は長年大阪キリスト教短期大学で神学教育を指導し、一九九〇年の東京基督教大学創立に協力して初代神学部長を務め、引退と北米移住後には夫妻で邦人向け文書伝道団体を興し、二十年以上主幹者として活動しています。

ここに「推薦のことば」を収録した理由はただ一つで、それは「十字架と桜」の主題と間接的に関連します。先の第四論考「キリスト者日本人と世紀末日本」は日本にあるキリスト者を論じる場合の「受容」と「派遣」および「日本人キリスト者」と「キリスト者日本人」間の相違について触れました。同様に、「宣教師」を語る場合、日本にある多くのキリスト者は日本を宣教師を「受容」する「被宣教地」と捉えていると思います。ここから、宣教師は日本にあるキリスト者とは別種の信仰者と理解することになります。筆者もそのように考えていた一人でしたが、「推薦のことば」起草のため『元日本宣教師訪問記』を通して読んだとき、「目からうろこが落ちる」衝撃的な体験をしました。それは、神により日本に「派遣」されたキリスト者日本人は、海外からの宣教師と同じく日本に派遣された宣教師であるべきとの確信です。北米から派遣された日本宣教師および北米移住の服部氏夫妻がそうであるように、どこに生きようともキリスト者日本人は神の宣教師であるとの挑戦を証しするのがこの小論です。

第八論考　ルターとカルヴァン

（東京基督教大学主催・宗教改革五百年記念公開講演）

はじめに

マルティン・ルター（一四八三―一五四六年）は宗教改革を代表するドイツの改革者、しばしば宗教改革を自らの生涯で体現した改革者とされ、ジャン・カルヴァン（一五〇九―一五六四年）は第二世代の改革者、スイス・ジュネーヴでの改革で活躍したものの、今日では母国フランスの改革者として知られる。両者は宗教改革期の最も著名な改革者ではあるものの、彼らの宗教改革は厳密にはプロテスタント主流派宗教改革に当たり、一般には急進派宗教改革、英国宗教改革、カトリック宗教改革などから区別されるものである。ここに「ルターとカルヴァン」の講題のもとに両者の宗教改革の関係を問うにあたり、いくつかの予備的コメントを加えることとする。まず、ルターなりカルヴァンなりを個別に取り上げずに「ルターとカルヴァン」とする場合、講題にとって障害となると思われる二つの問題があろう。一つはルターが第一世代、カルヴァンが第二世代の改革者である事実により、もう一つはそれぞれには過去数百年の解釈史があることによる。最初の問題に関しては、ルターの宗教改革の開始点をいずこに置くにしろ、カルヴァンが宗教改革の舞台に登場する一五三〇年代中期までにその宗教改革が一応形を整えていたこと、ルターが神学専門学を専修した「正真正銘の神学者」であったのに対し、人文学と法学出身のカルヴァンが「素人神学者」であったこと、しかもカルヴァンの最初の神学書である初版『キリスト教綱要』(一五三六年)が明らかにするようにルターの影響がその初期神学に顕著に認められることから、いわば格違いの「ルターとカルヴァン」を理解する上での困難が生じる。二〇世紀前半に、チュービンゲン大学教会史教授、ハンス・リュカートが「ルターのみにおいて宗教改革の意義が認められる」と唱えたことには一理があろう。[1] 次の研究史の問題はさらに複雑で、両者が時代ごとに多様に、かつしばしば異なって解釈されてきたことから、それぞれの解釈史の壁を越えて「ルターとカルヴァン」を同一の解釈原則と視座から論じることの困難は際立つ。ちなみに、伝統的解釈および啓蒙主義以降の近代的解釈に対して、二〇世紀前半に躍進を見た歴史的に厳正な解釈が前進する中で、ルターおよびカルヴァン研究が時代を反映して多様に解釈された事実がある。全体主義、新正統主義、エキュメニズム、カトリック研究家などの研究はその代表例であり、さらに近年では哲学、文学、法学、歴史学、社会学等々の専門家の研究や学際研究などにより多様化と細分化が進み、今日共通するルター理解なりカルヴァン理解があるとは思えない。とは言え、「ルターとカルヴァン」の糸口を探り、その今日的意義を考える本講にとって最小限必要と思われる予備知識を一つ加えることとする。

歴史的にはルターとカルヴァンに出会いはなく、また厳密な意味における手紙の交換もない。ルターにおけるカルヴァン知識は伝聞と当時の共通語であるラテン語文書に基づき、またカルヴァンにおけるルター知識もドイツ語以外のラテン語文書と間接情報に基づく。ただし、両者には歴史的な接点がないわけではなく、重要なものとしては一五三九年三月出版のルターの『教会会議と教会について』と同年九月出版のカルヴァンの『サドレートへの返信』との繋がりがある。両文書には聖書に基づきカトリック教会の歴史を検証するという共通項があり、ルター文書はカトリック教会が教皇至上権擁護のために引き合いに出す公会議論を批判的に検証し、カルヴァン文書は枢機卿サドレートが一五三八年にファレルとカルヴァンを追放した新教ジュネーヴ市に旧教への復帰を勧誘した書簡への返信をカルヴァンが執筆することになったもので、勧誘の論拠であるカトリック教会の正統性自体を検証、批判したものである。この接点を精査した論考にルター学者ゲリッシによる「ルターの解釈者カルヴァン」があるが、論者は「カルヴァンはカルヴァン主義者ではなく、福音主義者であった」との前提から、ルターとカルヴァンが共通する福音主義の観点から互いに評価をし、批判もしたと結論する。たとえば、カルヴァンがルターを高く評価したことと聖餐におけるキリストの現在をめぐり異論を唱えたことは広く知られていたが、そのルターがカルヴァンの『返信』を読み、好意的に評価したことをシュトラスブルクの改革者ブツァーへの手紙で伝言を依頼した繋がりである。後に、カルヴァンはフランス宗教改革の成り行きに関しルターの意見を打診すべく手紙を認めるが、その転送をメランヒトン宛書簡で依頼したところ、状況判断からメランヒトンが転送を握りつぶした経緯もあった。[2] この接点をめぐっては、『脈絡におけるルター』と『脈絡におけるカルヴァン』という歴史学的に厳正な研究の著者として知られるシュタインメッツの論考もある。論者は上述の一五三九年の二文書が共通してカトリック教会の歴史を検証した点に注目し、ルターが自らのカトリック教会史評価をカルヴァンが共有したこともあり、カルヴァンが全プロテスタント運動のスポークスマンとなりうると確信したと結論する。[3] 以上はルターとカルヴァン間の「交流」と呼ぶにはあまりに限定的ではあるが、これらを参考にしつつ、主に両者の資料と歴史的研究に配慮すると思われる二次資料を用いて「ルターとカルヴァン」の糸口と今日的挑戦の二点に絞り論考を進めることとする。

I 「ルターとカルヴァン」の糸口

(1) 比較宗教改革論？

ルターとカルヴァン間の世代の相違やそれぞれの解釈史の壁を越えて両者の関係を正しく理解する「糸口」を探るにあたり、ルターの宗教改革とカルヴァンの宗教改革には新教主流派の改革という共通項があり、福音主義神学の神論、聖書論、救済論などを共有するにもかかわらず、歴史的には歴然として別個の「かたち」を採った宗教改革であるとの認識がまず必要となる。これは、神学以外の諸学と学際研究が一六世紀の宗教改革を研究対象とし、その全体像がより明らかにされた今日、多くの研究者が抱く共通認識であろう。そこで、「ルターとカルヴァン」のテーマを取り上げる場合、ルターとカルヴァンの宗教改革の歴史的必然を並行的に描写し、両者の関係を分析・比較検討する「比較宗教改革論」とも言えるアプローチが当然注目されることになろう。事実、今日ルターとカルヴァンの関係に触れる研究の多くがこのアプローチを採り、また、それによりそれぞれの宗教改革の特徴や両者間の相違が適切に説明されうることも事実である。ただし、このアプローチで本講が目指す「ルターとカルヴァン」の主題を十分語れるか、との素朴な疑問が残ることも疑えない。

ルターの宗教改革の「かたち」を問う場合、それはドイツの宗教改革のあり方を問うことになる。まず、神学者ルター自身が福音主義の基本教理を容れる「かたち」にあまりこだわらず、ドイツのルター派宗教改革にはむしろメランヒトンの貢献が大であったことも事実である。また、ルター主義が諸領邦に浸透するにつれて新教領邦の事情や君主の意向がいわゆる「ルターの宗教改革」に多様に反映されたこともあろう。ルター自身のヴィジョンには教皇ではなく神聖ローマ皇帝の主唱になる、ドイツの諸領邦、諸都市、教会代表などが一堂に会する宗教会議をもってドイツの宗教改革を断行するとの楽観論もあったとされる。さらに、皇帝カール五世もドイツの「教会再統一宗教会議」(一五四〇―四一年)を招集し、新教側からメランヒトン、ブツァー、旧教側からグロッパー、コンタリーニなどが主導し、カルヴァンも最後のレーゲンスブルク会議にシュトラスブルク代表団の一員として一部参加することになる。会議は、信仰義認論を含む五箇条で合意に達し、義認論ではルターの厳正な立場とカトリックの義化論双方を避ける形で二重義認論といえる立場を採るが、ルター自身と教皇庁からの反対などもあり、会議としては不成功に終わる。[4] その後のルターの宗教改革に見る「かたち」は、旧新教間のシュマルカルデン戦争での敗北を経て、一五五五年の「アウグスブルク宗教和議」において一応定まることになる。この和議の実質原則は二つあり、旧新教の区別なく領邦君主が「宗教改革権」を持ち、「領邦君主の宗教は領民の宗教となる」とされ、その結果旧教領邦と新教領邦のすみ分けが完了する。

カルヴァンに見る宗教改革の「かたち」は、ルターと較べてその同一視は容易ではないが、ファレルに迫られて参加した第一期ジュネーヴ改革とシュトラスブルクにおけるフランス人教会牧師を主務とした時期を経て、一五四一年に始まる第二次ジュネーヴ期における活動と著述において一応の「かたち」を認めることができよう。ちなみに、一五四一年以降のジュネーヴ教会の改革に関しては、ジュネーヴ市到着当日の市議会参事会への挨拶の席上でカルヴァンが提言し、委員会の設立を経ての数か月という短期間で制定を見た『ジュネーヴ教会規定』（一五四一年）において大胆な「かたち」の概要が明らかにされる。規定には、エコランパディウスがバーゼルで、ブツァーがシュトラスブルクで試みたものの不成功に終わった教会主導の訓練制度が含まれ、その実質確定のために一五五五年までの内部対立をカルヴァンは経験することになる。しかし、カルヴァンが母国フランスを含めたヨーロッパ世界にその改革理念の「かたち」を組織的に提示したのは第三版『綱要』（一五四三年）においてであった。今日通常手にする最終版『綱要』（一五五九年）第四篇（教会論）のほとんどが第三版で新たに書き加えられるが、そこでカルヴァンが問うたのは聖書の厳正な解釈に基づく「教会の真実なかたち」であった。ジュネーヴを宗教改革の拠点、ひな型とし、第三版『綱要』を神学の教科書としてカルヴァンはフランス宗教改革の前進のための多様な手段を駆使することになる。たとえば、文書活動には改革理念を明らかにする論争書、聖書註解などのラテン語と仏訳文書が大量にジュネーヴで印刷され、フランス流入の手段が講じられる。教育活動としては、カルヴァンの神学と聖書講義にヨーロッパ各地、とりわけフランスから多数の聴講生が集ったとされる。さらに、宣教活動としては、カルヴァンは躊躇の末一五五五年ころに、フランスの地下教会への牧師派遣に踏み切ったと思われる。歴史学者キングドンの研究によれば、フランス国王の正式抗議を無視し、半ば公然と牧師会の責任で毎年十から二十名単位（非公式には百名以上）の牧師が派遣されることになる。[5] こうして、一五五〇年代のフランス貴族階級からの新教への改宗機運とも相まって、一五五九年にはフランス改革派教会第一回全国大会がパリで秘密裏に開催される。『フランス信仰告白』を採択するこの大会はカルヴァンの改革理念そのものを表すものではないが、彼の改革理念の「かたち」を色濃く反映することから、しばしばその改革活動の快挙とみなされる。しかし、その三年後にはフランス改革派教会は宗教戦争に巻き込まれることになる。

ルターとカルヴァンの教会改革がそれぞれ異なった「かたち」を採ったことには歴史的要因に加えて、両者の神学上の相違があったことは言うまでもない。紙幅の都合で例証を二点に絞れば、両者の律法理解と当時のキリスト教社会の総括的表現である「教会と国家」における為政権理解を挙げることができよう。第一の律法理解に関しては、律法は内包的にはモーセの十戒に代表される神の戒律を意味し、使徒パウロが「律法は裁き、福音は赦す」と言う意味合いである。しかし、詩篇が「あなたの律法は完全で、魂を生き返らせ」とするように、律法は外延的には神のことばを意味しよう。さて、律法には断罪、教育、規範という三用法があるとされるが、ルターが基本とするのは第一の断罪用法である。「義にして、恵み深い神」の理解から、信仰者が実存的に律法により裁かれ、福音により救われることを福音理解の基本としたルターは、この点を名作とされる『小教理問答』で明らかにする。問答書においてルターは家長をして子どもたちに十戒を一戒ずつ唱えさせ、それぞれ「その意味は」と問わせ、そして子どもたちに十通りの答えをさせるが、答えの出だしはすべて同一で「神を畏れ、愛すべきです」とした。すなわち、神礼拝を問う律法の第一の板であれ、隣人間の倫理を問う第二の板であれすべて福音理解の基本、すなわち、律法において裁き、福音において赦す神を指し示すことになる。[6] この一例においても、ルターの福音原則重視がうかがわれ、その半面その福音を容れる容器である教会や宗教の実践や「かたち」にあまりこだわらないことがあろう。

他方、カルヴァンはルターの第一用法およびメランヒトンが強調した第二・教育（断罪された罪人をキリストへと導く教育係）用法を採用するものの、キリスト者にとっての最重要を規範用法とした。すなわち、律法ではなく福音により救われた信仰者にとって、律法は神の意志を反映し、外延的には神のことばを意味することから神礼拝と実践上の規範となりうるとする。ルターとカルヴァンにおける神概念の根本的相違を、カルヴァンがルターと同じく「義にして、恵み深い神」とすることに加えて神を「法の制定者」とすることにあるとしたのはオーベルマンである。カルヴァンにとっての宗教改革は福音の基本的理解のみならず信仰者と教会を秩序立った、あるべき姿を回復することにあると理解したとする。先にルターの『小教理問答』における律法理解に触れたが、この点と関連してカルヴァンの初版『綱要』第一章（律法）から例証する。カルヴァンは十戒の第一の板（一－四戒）を「私たちが神に対して行うべきことを教える」とし、第二の板（五－十戒）を「隣人に対し、神に対しあらわすべきわざ」と要約する。すなわち、十戒を規範としてなすべき信仰者の務めの意味合いであろう。[7] ルターはカルヴァンにおける第三用法の強調を福音主義に律法主義を導入するものと危惧したとされる。しかし、カルヴァンは信仰の実践的改革、宗教改革の「かたち」を聖書の規範に照らして作り上げることがカトリック教会に対抗する上で不可欠とみなしたといえる。

神学理念の相違のもう一つの例は、宗教改革における為政権の役割をめぐるものである。一五二〇年にルターは三大文書を公にし、宗教改革の総括的ヴィジョンを明らかにする。第一の『キリスト者貴族に与える』は教会の基本的構造およびキリスト教社会の改革、第二の『教会のバビロン捕囚』はカトリック教会が救済制度の要とした教会典礼の改革、第三の『キリスト者の自由』は信仰者の生活の改革を目指し、中でも第一作は「教会と国家」全般を視野に入れた改革案であり、最重要文書とみなされる。この文書はドイツの指導者、領邦君主の愛国心に訴えて改革を推進し、彼らの指導力をもって宗教会議を招集し、一気にドイツ教会の機構改革から、悪弊の除去、キリスト教社会の全般的刷新までを意図したものといえる。このような当初のルターの改革理念などもあり、ルターの宗教改革は領邦君主の新教への帰依を契機として、概して福音主義の説教と聖礼典の導入、カトリック教職制度と典礼の除去へと進む形を採る。その際、カトリック教会における教会の統治と信仰者の生活管理の要であった主教の除去と新教教職体制の不備などもあり、ルターは領邦君主に「臨時主教」の役割を期待することにもなる。こうして、ルターとメランヒトンの協力により制定されたザクセンにおける教会巡察制度は領邦君主の主導の下に置かれ、先述のアウグスブルク宗教和議における「宗教改革権」の領邦君主への寄与への道を拓くことにもなる。[8]

他方、カルヴァンにおける「教会と国家」理念の形成は、ルターが直面した領邦制度という現実の制約に当たるものがないこともあり、かなり自由に思想展開がなされたという特色があろう。初版『綱要』第六章はキリスト者の自由、教会権、政治統治の三主題を取り上げるが、第二と第三が「教会と国家」の枠組みに触れるもので、そこに二つの特徴的な理念が認められる。一つは、カルヴァンがこれら二つの主題をキリスト王国論に位置づけ、霊的な王国の下位に地上における教会と為政者を王国の「役者」、キリストの「仕え人」として意義づけたことである。ルターには二王国・統治論があり、そこでは「教会と国家」は「福音の統治」と「律法の統治」と区別され、キリストの王国は福音の統治である教会とより密接に結び付けられた。しかし、カルヴァンにおいてはキリスト王国論における両者の統合が目指される。もう一つは二つの主題のタイトル表現に関するもので、具体的には教会には主権（potestas）を意味する「権能」をタイトルとして与えて「教会権について」とし、為政者には「権能」の代わりに政治的「統治」(administratio)ということばを用いて、タイトル上の格差をつけたことである。ここでの「統治」は政治を行う機関「政府」を指すもので、ある主権に仕えて主権を行使する「務め」のニュアンスであろう。そして、教会にのみ「権能」が与えられる根拠は、為政者にではなく教会にのみキリストの主権を意味する神のことばがゆだねられていることにあろう。ここから宗教改革は本義的にはキリストの王国の働きであり、教会と為政者双方が「仕え人」としてそれに当たるものであろうが、教会権の観点からすれば、教会は聖書から宗教改革の「かたち」を主体的に定め、為政者の協力をもって推進することになる。[9] この「教会と国家」理念は先述の一五四一年の『ジュネーヴ教会規定』にも活かされていると思われる。ちなみに、ジュネーヴ住民の信仰と生活全般を視野に入れる教会訓練制度の要である長老会は牧師・聖書講師全員と市議会から選出される委員から構成されるが、市議会委員は「教会の長老」と意義付けられ、長老としての教会の任職を新たに受けてから長老会に加わる。ここに、長老会が神のことばに基づき、教会主導の訓練を行う理念と実践が改革派宗教改革の中でも初めて制度化されたことになる。[10]

(2) 宗教改革の垂直・実存的次元と水平・救済史的次元

上述の比較宗教改革論のアプローチは成るべくして成ったルターの宗教改革とカルヴァンの宗教改革が必然的に異なった形態を採って発展したこと、また、双方の関連をある程度説明しうることを示唆した。しかし、「ルターとカルヴァン」という主題を設定する場合、このアプローチが主題の意図することを十分明らかにできないのでは、との危惧もあるとした。そこで、もう一つの「糸口」として、宗教改革史全体を視野に入れた上で、ルターとカルヴァンおよびそれぞれの宗教改革を同一時代人および主流派宗教改革において本質的には同一の改革を目指した運動とみなすことから始めるアプローチがあるかと思われる。これを「伝統的」アプローチと片付けることはできようが、冒頭で触れた研究史の今日的動向が多様化と細分化で混迷する中で、原点に戻って宗教改革の本質を問う試みの一つと見ることもできるかと思われる。ルターとカルヴァンの時代を中世末期、ルネッサンス期、近世初期のいずれに位置づけるにしろ、彼らが同時代人であり、同じ時代の思想との交流を経て改革者の形成を見たことに変わりはない。ルターが唯名論神学、人文主義、アウグスティヌス主義との長く、熾烈な取り組みと研究者が言う「突破口」を経て到達した福音主義と、後年「突然の回心」を経てカルヴァンが到達したものが同一であることも疑えない。改革者としてのルターの時代が一五二〇年代から四〇年代、カルヴァンのそれが一五三〇年代から六〇年代とズレがあることは事実としても、それぞれの時代でルターが体験した宗教改革とカルヴァンが把握した宗教改革は本質的に同一であった。さらに、両者が宗教改革者の中でも抜きん出て、聖書全体を全教会に語るという聖書解釈者としての使命を、また、一六世紀の宗教改革を全体として捉えんとした視野の広がりを共有したことも事実であろう。ただし、宗教改革の本質をめぐり両者に相違があったとすれば、それは本質そのものであるよりは、それをどのように理解し、強調するか、という付随的な相違とみることができるのではないか。ちなみに、「いかにしたら恵み深い神を」見出せるかとして始められたルターの宗教的な闘いが帰着した福音主義、宗教改革の「原型」、およびルターの宗教改革が「原型」の堅持を最重要視したことは、第二世代のカルヴァンにとっては歴史的「所与」であり、むしろその「原型」が直面する諸問題に新たな解決を見出すことが改革者の使命となったこととの相違はあろう。ここから、ルターおよびカルヴァンにおける特徴的理解と強調点を、ルターが宗教改革の垂直・実存的次元に、カルヴァンが水平・救済史的次元にアクセントを置いたこととの相違と認め、またその相違を相関的、補完的関係と捉え、さらに「ルターとカルヴァン」理解の「糸口」とみなすことが可能かと思われる。

一五一二年に聖書学で博士号を取得し、大学で聖書講義を始めたルターは、聖書から「律法による義」と「信仰による義」の区別を学び福音主義に到達したとされる。その途上の『第一回詩篇講義』(一五一三―一五年)においてルターは教会が「信仰者の会衆」であるとの原則を発見する。講義を精査したヘンドリックスによれば、カトリック教会が神の絶大な恵みなしには人は救われないとしつつも、その救いの完成のためには神への愛の原則から、終ることのない行為義認の積み重ねが求められると教えたことに対し、ルターは簡明に救いの原型は神を信じ、義とされることにあり、信じたものの集まりである教会にあるとした。ヘンドリックスはカトリックの教会理解を「愛・教会論」と呼び、それに対するルターの「信仰・教会論」がプロテスタント福音主義の基本的教会理念となる「信仰者の会衆」を提供したとする。[11] すなわち、ルターにおける宗教改革の「原型」には、神のことばが語られ、そこに信仰者が生まれ、信仰者が教会として結集するという垂直・実存的な原則がまずあり、宗教改革がどの局面に展開するにしろその原則が常に確認されることが改革者ルターのこだわりであったことである。他方、カルヴァンの場合は、歴史に規範的意義を与えたとされる人文主義の背景から神学と取り組み、宗教改革を第一義的に歴史と捉えることが特徴となる。ルター学者ゲリッシェによれば、カルヴァンの宗教改革理解のためにはカルヴァンを「カルヴァン主義者ではなく、福音主義者であった」との前提が必要となるとした上で、福音主義の観点からカルヴァンが歴史としてのルターの宗教改革を評価もし、また批判もした「ルターの解釈者」であったとする。一方でルターを「私たちの時代に福音の回復をもたらした使徒」とみなすものの、その教説を「教義的」に受容することを拒否し、むしろ歴史的に解釈して受容したとする。すなわち、カルヴァンが理解した宗教改革の歴史全体の中にルターの宗教改革を位置づけたことに他ならない。[12]

ここで誤解を避けるために補足すれば、ルターの立場を「垂直的」とみなしたことは歴史、救済史理解を軽視したことを毛頭意味しない。ルターがキリスト教学の原点にある聖書学を人文学者エラスムスと同様に志したこと、聖書解釈ではスコラ学的用法から人文学に基づく歴史的、言語的用法の重視へと転換したこと、宗教改革を人文主義が強調する聖書と古代教会のキリスト教の復興と位置づけたことから、後のカルヴァンがそうであったようにルターをルネッサンス人とみなすことに問題はない。また、宗教改革の弁証において、ルターには当時のカトリック教会と再洗礼派とを古代教会におけるペラギウス派とドナトゥス派と重ねる歴史的視点もあれば、古代の公会議史を検証した『教会会議と教会について』（一五三九年）に見る歴史研究もある。さらに、晩年のルターは十年の歳月をかけた労作、『創世記講義』（一五三六―四五年）において、創世記を神の民である教会の歴史書、ひな型と捉えた。講義においてルターは、その神学の主要テーマである神の選びと教会、祝福と約束、神のことばと礼典、真の教会と偽りの教会との恒常的対立、「十字架の下」の教会をテキストに読み込む。また、アベル、ノア、アブラハム、イサク、ヤコブそれぞれの時代の教会を「福音的教会」とすら呼ぶ。[13] さらに、今日の歴史研究では考えられないことであろうが、当時の人文主義の時流においては許容される範囲であったと思われるが、ルターは旧約の父祖たちの時代の教会と彼が体験する一六世紀の教会の歴史とを自由に重ねあわせることもしている。しかし、膨大な講義録を精査したわけではないが、目にした範囲内での印象を言えば、父祖の時代間の歴史的関連や発展であるよりは、それぞれの時代における神のことば、福音の宣言、信仰者、信仰者の民という垂直的次元の強調が見られるかと思われる。ちなみに、冒頭で触れたシュタインメッツによるルターの創世記講義とカルヴァンの『創世記註解』（一五五四年）間の興味深い比較研究がある。シュタインメッツは、ルターが全旧約聖書中でもっとも不可解なテキストとみなすヤボクの渡しにおけるヤコブと神の人との格闘（三二・二三―三二）を例証して、明らかにルター講義を参考資料の一つとしたカルヴァンがルターの解釈を高く評価すると同時に批判もしたとした上で、両者の解釈の特色を明らかにする。両者共にこの格闘を神とヤコブの歴史における取り組みとするが、ルターがこれを怒れる神と信仰者ヤコブの格闘、信仰の大胆さと巧妙さにより神から祝福を受ける物語とし、カルヴァンはこれを神の摂理と信仰者への配剤という歴史的概念から解釈し、ヤコブに見る信仰の堅持に注目する、と筆者は結論する。[14]ここにもルターが聖書の歴史を垂直・実存的次元から捉えた事例があり、同様に宗教改革史をも同様に解釈したことの示唆があろう。

上述のルターにおける聖書歴史と一六世紀の宗教改革史との重ね合わせとの関連では、同様の強調がカルヴァンの『詩篇註解』（一五五七年）にも顕著に認められる。この註解書は例外的にカルヴァン自身が病身を押して書き上げたほどの力作で、通常自らのことを語ることを良しとしないとしたカルヴァンが、その序文において「突然の回心」を含む自身の信仰遍歴を記す長文を記したことも例外的であった。詩篇の作者ダビデを預言者とみなすカルヴァンは、ダビデの生涯に比べ自らの生涯はあまりにも貧相とした上で、「もし私とダビデに共通するものがあるとすれば、比較することをためらわない」とした。註解においては、ダビデ時代の真実な神の民が三位一体の神とキリストにある救いを信じたとし、その民を「十字架の下の教会」とすら呼んでいる。[15]しかし、詩篇註解にはもう一つの、特徴的な教会のイメージが登場する。それは、神が支配する歴史を摂理の場、劇場に喩えて、「貴賓席（オーケストラ）のように、より気高い部分が教会である」とする。すなわち、これはダビデのパレスチナであり、カルヴァンのヨーロッパであれ、歴史という神の摂理・働きの場を劇場とみなし、教会は歴史の観劇の場にある最高特権を享受するとの救済史的観点であろう。[16] 実は、この救済史的観点はカルヴァンの最初の聖書註解で、聖書解釈のひな型を提示した『ローマ書註解』(一五四〇年) 以来取り組んできた課題であった。ちなみに、ローマ書註解では、使徒パウロが神の創造と人類の堕罪の背景から、救済史をアブラハムを起点とする「信仰義認史」と理解したと、カルヴァンは基本的に捉える。パウロのテキストの流れに沿って、カルヴァンは信仰義認史を旧約時代、キリストの初臨、使徒時代からその後の教会の時代を経てキリストの再臨までの全歴史と捉え、時代ごとの信仰義認の民の闘いは異なるとはいえ、そこに一貫する救済史の主・キリストの支配を認めたといえよう。そして、「イスラエルはみな救われる」(ローマ一一・二六) を「ユダヤ人」と「諸民族」から集められる信仰義認の民全体と理解し、それを「キリストの王国の完成」と解釈する。[17] この救済史観の一環としてカルヴァンの宗教改革理解があることになる。

II 「ルターとカルヴァン」の挑戦

「ルターとカルヴァン」の糸口を宗教改革という一つの神の働きをルターとカルヴァンが二つの次元として捉えたとしたが、相関的、補完的とした彼らの宗教改革観は今日私たちに何を訴えるかの問いが残る。この問いに取り組むにあたり、キリスト者にとって最も親しみのある祈り、「主の祈り」に一つの示唆を求めることとする。「主の祈り」は最小限主義の祈り、もっとも小さい六つの願いごとのことばをもって、神と信仰者の世界への最大限の効果を意図した祈りとされる。具体的には、最初の三つが祈りを聞かれる神について、それらと「対」をなす残りの三つが祈る私たちについての願いごととなる。しかも、「対」をなす第一と第四が心と口をもってする神礼拝と食するパンという小さい世界から始まり、第二と第五が神の支配（王国）と罪を赦し合う信仰者の共同体へと展開し、さらに第三と第六が天地に及ぶ神の摂理とそれに対抗する悪の力からの信仰者の解放へと願いごとの視野が末広がりに拡大する。この「主の祈り」を示唆とすれば、ルターとカルヴァンはそれがなければ宗教改革とはいえない最小限の要因を何とみなしたか、あるいは、旧約時代、新約時代、終末に向かう教会の時代のいずれにおいても共通して必須最小限であるものをどのように捉えたか、の問いとなろう。多様な答えが可能であろうが、本講は以下の三命題に要約される三要因を想定する。①神は神のことばをもって人と世界に語りかける、②神は信仰者をそのことばをもって興す、③神は神の民・教会の交わりにおいて信仰者を保つ。これら三要因をめぐる以下の考察においても、本講は上述したルターとカルヴァンそれぞれの宗教改革観が反映されるものと考える。

(1) 神のことば

改革者としてのルターとカルヴァンの全生涯は、一方でルターの賛美歌「神はわがやぐら」にあるように「みことばこそ進みに進め」の確信に立ち、他方で神の語りかけとことばの宣言がサタンの怒りと世の無関心および反抗に晒《さら》されるという現実を体験し続けたものといえよう。彼らの体験の核心は、「ただ聖書のみ」はお題目ではなく、世のみならず私たちの中にある無関心や反抗心、この世を支配し、神に敵対する絶大な勢力の攻撃の脈絡において、神がことばを語り、信仰者が聞く、にあったと言える。一五一二年に聖書学で学位を取り、大学で聖書講義を行うルターは、ドイツで大々的に売りに出された免罪符をめぐり聖書から問題提起した一五一八年の著作において、神のことばが語られるときにはサタンの怒りと世の反抗が激しいとし、「これを押し戻すのは私たちの仕事ではない」、手に余るものと嘆いたとされる。それから十八年後の一五三六年、第二世代のカルヴァンは『綱要』に付したフランス国王宛序文において、福音主義は教会と社会を騒乱し、国家に反逆を企てるものとの批判を意識し、「神の言のいわば特質……すなわちサタンが静かに眠っている間、神の言は現れ出てこないのです」とした。サタンの煽動で騒乱罪だ、反逆罪だとフランスが騒いでいるのは、神のことばが前進している証拠、という主張である。[18]さて、そのルターとカルヴァンが神のことばが語られることをどのように理解したのであろうか。

〔この部分は煩瑣《はんさ》を避けて注記を略して論考を進めるが、〕まず、ルターは神のことばをダイナミックに、生きて働くものと理解したとされ、その例証にしばしば引用されるのが一五二一年のヴォルムス帝国議会における証言、「我ここに立つ」であろう。前年にカトリック教会から異端者として破門され、議会では自説の撤回を迫られて拒否したルターが意図した「ここ」は聖書とされる。神学においては、まず、ルターは神のことばを三位の神の第二位格、キリストと理解し、全聖書においてキリストは神のことばを語り告げるとした。たとえば、ルターならではの表現で「旧約聖書は、赤ん坊イエスを受け容れた飼い葉おけとイエスを包んだ布のようなものである。旧約聖書は本当にイエスを包んでいる」と。また、語られた神のことばは人に信仰の決断を迫り、人を救うとの強調も見られ、「新約聖書は書き下さるべきではなかった。本来、それは叫ばれるべきものであったからである。教会はペンを持つ家であるよりは、叫ぶための口を持つ家でなければならない」も一例となる。さらに、神のことばと対峙する信仰者の姿勢にもダイナミックな神のことば理解の反映が見られる。ルターは旧約ではイサクを犠牲としてささげるアブラハムに、新約ではゲツセマネの園で祈るイエスに信仰者の崇高な姿を認めたとされる。たとえば、「アブラハムがイサクをささげるという死の時に、いかに神の栄光が身近にあることか。私たちはしばしばいのちの真っ只中で、死ぬばかりだと言う。しかし、その時神は言われる。いや、そうではない。死の真っ只中にあってあなたがたは生きているのだ、と」。

他方、カルヴァンの場合は、語られた神のことばの権威とそれに対峙する信仰者における服従という主題の強調が著しい。まず、カルヴァンは「神ご自身の生けるみ声が、あたかもそこで聞かれるかのように天から注がれたと確信されるものでないならば、それは信仰者に対して十分な権威をもつ資格がない」とする。次に、神のことば自体は「疑う余地のない神々しい力がそこから迫って来、……これによって私たちは意識的に、自発的に服従するように仕向けられ、引きよせられ、しかも、これは人間の意志や知識よりも、もっと生き生きとし、もっと力強いものなのである」と描写される。さらに、神のことばに対する服従があるところでは、聖霊の働きにより信仰者において「ことばの実」が結ばれえないことはないとの確信の強調もある。「聖書の弟子となるのでなければ、だれ一人として聖なる教理をわずかでも味わうことができない。すなわち、服従からは単に完全な信仰が生まれるのみでなく、一切の正しい神認識が生まれるからである」と。以上ルターとカルヴァンの神のことば理解の一面を垣間見たが、そこにも両者のアクセントの置き方に相違が認められよう。

ルターとカルヴァンの神のことば理解には、聖書を唯一の規範とするという「ただ聖書のみ」の原則の裏側として、聖書以外のいかなるものであっても、キリスト者にとって最終的権威を有するものとは認めない、拒否するとのもう一つの原則があることも見逃せない。宗教改革者としての両者の活動の大半はこの原則の維持に向けられたといっても過言でないと思われる。この点をあまり研究者が注目してきたとは思われない一つの事例をもって例証する。これは、古代教会の「ニカイア信条」がアリウス主義の異端を退けるにあたり、信条が聖書には認められない用語、三位一体、同質《ホモウシオス》、位格という鍵用語を採用したこととの関連でルターとカルヴァンが異なった状況ながら同一の問題に直面し、攻撃され、弁明を強いられたことと関連する。聖書の最終的権威と教会の権威との対立の脈絡で、ルターの場合は『ラトームス駁論』（一五二一年）で信条の鍵用語をめぐり「私はホモウシオスを憎む」と大胆に証言した。カルヴァンの場合は初版『綱要』（一五三六年）で上述の聖書に認められない用語をめぐり、「すべての者が正統的信仰に同意するのであれば」とのただし書きを付した上で、「願うことならそれらが埋められてしまえばよいが」としたことである。[19] ルターもカルヴァンも異端を退けた「ニカイア信条」の教会における権威を否定したわけではなく、この事実をもって教会の権威を聖書の上に置くカトリック教会の権威を否定したものである。事実、ルターの場合は、メランヒトン起草になるルター派の基本信条「アウグスブルク信仰告白」が公に「ニカイア信条」を告白することを容認している。

しかし、カルヴァンの場合は個人的で、より深刻な状況、すなわち、彼自身がアリウス主義の異端の嫌疑で訴えられる中でこの原則問題に直面し、極めて徹底した聖書主義を貫くことになる。事態は、一五三七年にジュネーヴ教会主任牧師のファレルと聖書教師着任間もないカルヴァンが、同門のパリ大学の先輩で、しかも神学部（俗称・ソルボンヌ）卒の神学博士カロリによりアリウス主義の異端として、ジュネーヴに政治的、軍事的影響力を持つベルン当局に訴えられたことである。カロリは異色の経歴の持ち主で、人文学者ルフェーヴルが指導するパリ近郊のモー司教区の福音的改革に参加し、フランスでは福音的活動家として知られ、スイスに亡命してこの時点ではローザンヌ教会主任牧師であった。カロリはファレルとカルヴァンの著作が神学的には三位一体の教理において不備ありとして、「ニカイア信条」と「アタナシオス信条」の正式受理を迫るが、ジュネーヴ弁護を全面的に指導したカルヴァンは「ニカイア信条」の用語を一切用いずに、聖書証言のみを引用して「ジュネーヴ教会説教者の三位一体に関する信仰告白」を起草して勝訴することになる。ルターに較べてもより徹底した聖書主義にこだわったカルヴァンは古代教会信条の正式受理を拒否した理由として二点を挙げる。一つは、ルターの弁明と同軸で、正式受理によりカトリック教会が主張する教会とその公会議の最終的権威に地歩を与える危険があり、もう一つは、ジュネーヴ教会が有するこの時代における自らの信仰告白を作成する権利を守るためであった。[20]

(2) 信仰者

神のことばと対峙し、そこで神を信じる信仰者がある、との確信は改革者ルターとカルヴァンの信仰者理解の原点であろう。ルターが長い神学的、霊的格闘の末に、カルヴァンが「突然の回心」を経て到達した救いの方程式は簡単、明瞭である。神の義がキリストの贖いにおいて示され、信仰者はただそれを受けるだけとする方程式は、救いのために際限なく信仰者の善行を強要する教会の複雑な救済制度とその弁明をする煩瑣なスコラ神学に支えられたカトリック救済論と対立する。ルターとカルヴァンの救いの方程式は簡明であるとは言え、一方でそれが信仰者に救いにおける全的無能力を認めさせ、キリストの贖罪への全幅の信頼を求めることから、また他方で信仰者にも存在する自己能力と善行の容認願望があること、方程式を「安っぽい救い」と攻撃し、問題に直面する信仰者に自己救済をちらつかせる誘惑があることから、必ずしも安易な道とはいえない。ルター研究家は、「神の御前」における信仰者のあり方の基本をめぐるルターの理念にドイツ語で「誘惑」(Anfechtung)と表現されるものがあるとする。

確かに、ルター自身はこの「誘惑」の元凶をカトリック教会の複雑な救済制度に認めたと思われるが、宗教改革の紆余曲折の中で改革者自信の信仰的、精神的問題としても直面したともされる。このドイツ語は法的な「資格取り消し」を意味することから、たとえば、神の選びを信じるルターは神がその選びを取り消したのでは、と悩んだとされる。このような悩みが一六世紀の信仰者には例外的であり、ルターに固有であったとは思えないが、信仰義認の方程式のチャンピオンとしてのルターにおける実存的問題としては意味があったものといえる。[21]

他方、ルネッサンス史の専門家で『ジャン・カルヴァン——十六世紀の人物像』の著者バウスマは、カルヴァンの著述に頻繁に登場する二つのラテン語、「深遠」(abyssus)と「迷路」(labyrinthus)に注目し、カルヴァンが信仰者はこれらのことばが象徴する世界と直面すると理解したと解釈する。「深淵」は不定形、無意味、無存在などを意味し、人間と世界の混沌とした状態を示し、「迷路」は不確か、無目的、抜け出し難い不安などを意味し、いずれも当時の人間、宗教、社会の深層を描くとされる。また、オーベルマンもカルヴァンのことば、「ヨーロッパは混乱している」に注目し、バウスマの「深淵」と「迷路」にも言及し、カルヴァンの宗教改革はカトリック教会が培ってきた宗教世界を混乱状態とみなし、「深淵」と「迷路」に象徴される世界に神のことばに基づく秩序立てをもたらすことを目指したと規定する。この点を例証する興味深い小品に、カルヴァンにおける福音主義の最初の信仰告白ともみなされる、オリヴェタンの仏語訳『聖書』（一五三五年）に寄せた序文（仏語）がある。死ぬべき者を生かすキリストの贖罪の効力に触れ、カルヴァンは自らの回心を下敷きにしたと思われる三十一組の「対語」を挙げるが、意外にもその筆頭は「粗雑さは洗練され」（rudesse est adoulcie）であった。その後に、「怒りは静められ、暗闇に光が射し、……無秩序は秩序に」と続くのであるが、筆頭の対語に「深淵」と「迷路」の世界に低迷する信仰者とカルヴァン自身の信仰歴程における救いを見るといえようか。[22] ルターには「誘惑」の渦中に「恵み深い神」があり、カルヴァンには「深淵」と「迷路」の世界にもキリストにある秩序と方向性がある。

キリスト教の歴史において宗教改革は信仰者をどのように理解し、また変えたのか、は宗教改革とは何か、とも相まって大きな問題である。この問題に安易な答えがあるとは思えないが、一つの示唆として、ルターが聖書に照らして信仰者の一つの「理想像」を提示し、カルヴァンが信仰者をめぐる「現状認識」に徹したと見ることができるかと思われる。ルターは信仰義認論から信仰者を「同時に義とされ、かつ罪人」と実存的に位置づけた。福音において義とされながらも、律法が支配する世にある限り信仰者は裁かれる罪人であるとした。この義認論をキリスト者の倫理領域に転用した『キリスト者の自由』(一五二〇年)において、信仰者は福音の救いにおいてはだれにも拘束されない「王」であり、同時に世に生きる信仰者としてはすべての者に負債を負い仕える「奴隷」、すなわち信仰者は福音に関してはすべてから自由であり、律法に関してはすべてに仕える自由があるとした。これが信仰者の「理想像」であるとすれば、オーベルマンが指摘するように、ルターはこの理想を実践することがいかに困難であるかを最初に認識し、また、体験した改革者であることになる。自由の濫用はルターが農民戦争の渦中で直面した農民層だけの問題ではなく、教会と社会のすべての領域で認められ、この事実も為政権に信仰者のあり方の管理をゆだねる素地となったとされる。[23]

他方、カルヴァンが登場する一五三〇年代までには、プロテスタントの信仰者像はそれを好意的に評価する側においても、また、批判するカトリック論争家や宗教改革には理解を示す人文主義者の間でも定着したと思われる。とりわけ、フランスでは「国王顧問、宮廷請願員」の肩書きを持つ人文学の第一人者、カルヴァンにとってはローマ法研究の大家、オルレアン大学法学部卒の大先輩、ビュデの『ヘレニズムからキリスト教への移行』（一五三五年）がある。この書は宗教改革を「新運動」と規定し、とりわけその信仰者像を「無拘束の自由」、「法規なき放縦」とみなし、カトリック教会が古代から継承する訓練制度や儀式を放棄し、信仰と道徳における一般的低下をもたらしたと批判した。[24]

このような歴史的状況下において、カルヴァンはルターのキリスト者の自由理念の基本構造は継承しつつも、それに対する批判に鑑みて新しい信仰者像の構築に取り組むことになる。事実、初版『綱要』に付した国王への「序文」は直接ビュデの批判への反論であり、福音主義信仰者の弁明である。また、カルヴァンの最初の聖書註解書である『ローマ書註解』におけるルターの信仰義認論にとっての鍵テキスト（一・一六－一七）への註解も注目される。ルターは一六節の「信仰から信仰へ」（ex fide in fidem）の「信仰から」を強調し、それを一七節の「義人は信仰により生きる」と結び付けて信仰義認論を確立したとされる。

しかし、カルヴァンは「信仰から」を定説として簡単に取り上げ、むしろ「信仰へ」に注目し、信仰により義と認められた者において聖霊の働きにより神の義が増し加えられることを強調する。増し加えられた義は信仰者の功績ではなく神の働きとみなされるものの、それと取り組むことが信仰者の生き様、使命と意義づけられることになる。さらに、カルヴァンはこの信仰者像の根底となる前提として、アウグスティヌスの恩恵論のかなり厳格な解釈とされる人間の「全的堕落」理念をローマ書第一章などから唱える。[25] この信仰者像からカルヴァンは神礼拝と信仰者の実践をめぐり、彼自身の出自でもあるフランス人文主義の穏健改革派を「偽ニコデモ主義者」と批判して論争し、また、彼が説教するジュネーヴ市に向けては「この都市は堕落し、邪悪である」とすら攻撃する。

ルターが信仰者の「理想像」を提供したのであれば、カルヴァンがその信仰者の苛酷な「現状認識」を問うたと言え、そして、宗教改革の信仰者理解はルターの「理想像」とカルヴァンの苛酷な「現状認識」の間で振幅・展開したともいえようか。

(3) 教会

ルターはカトリック教会から破門され、神聖ローマ帝国からは市民権剥奪に当たる刑を受け、カルヴァンは母国からの逃亡・亡命者の道を選び、両者とも福音主義の信仰ゆえに処刑された多数の同信者の存在を覚えながら生涯を送る。確かに、ドイツの一部ではルターは英雄視され、彼の教説を厳守する支持者が多く存在したことがあり、フランスでは認知されることのなかったカルヴァンが亡命地ジュネーヴでも同様の状況があり、彼自身が彼とその改革を英雄視することをけん制して、「私から偶像を、ジュネーヴからエルサレムを作り上げる」と戒めたことがあったことは事実であろう。

しかし、ルターがしばしば「十字架、十字架！」を叫び、新教陣営のための活動の旅先で没するまで自らを「十字架の下」にある改革者とみなし、カルヴァンが死の床からの同労牧師に向けた決別の辞において、二度同じ表現をもって「私がなしたことはすべて無価値に等しい」としたことも事実である。

さらに、両者は宗教改革者の中でも例外的かつ抜きん出て全聖書を全教会に語り、解き明かすことを使命とした改革者であった。ここから、両者の所信の核心において、両者は教会をどのように理解し、その教会に何を語ったか、との問いは重要な意義をもつと思われる。詳論を一切割愛し、基本理念に限定すれば、両者は神のことばと対峙して信仰が生まれ、信仰者が集められて教会があるとの福音主義の原則に立ち、教会を「信仰者の会衆」と捉えたといえる。この教会はいわば歴史における教会であり、会衆が現実にどのように集められ、かたちを取り、進展するかの詳論が彼らの教会論の大部分を占めることになる。

その反面、両者の教会理念には歴史的次元を超えた、ルターで言えば二王国・統治論、カルヴァンで言えばキリスト王国論との関連で捉えられた次元の教会がある。ちょうど、新約聖書にローマ、コリントにある個別の教会に加えて、エペソ書やコロサイ書に見る、キリストの霊的世界支配と関連する教会、黙示録の十四万四千人にあたる終末的教会の認識があることも事実である。両者の教会理念を語るには、これら二つの教会の実相のいずれを欠いても不十分といえよう。

ルターとカルヴァンは共通して、歴史における教会が神のことばの宣言と聖書的な聖礼典（洗礼と聖餐）の執行をもって顕現すると理解する。しかも、両者が聖礼典を「見える神のことば」とするアウグスティヌスの所説を採ることから、文字どおり「信仰者の会衆」は宣言されることばと見えることばの執行をもって教会が成り立つことになる。この事実がプロテスタントの基本原則であるとすれば、原則に対する両者のアプローチには相違があるとしても、基本原則に則った宗教改革を目指すことにおいては相違はない。以下の考察において、ルターのアプローチを神のことば「楽観主義」、カルヴァンのそれを神のことば「現実主義」と捉えることとする。

ルターの神のことば「楽観主義」は改革者の生涯を通して終始一貫、徹底している。改革初期のカタリーヌスへの反論において、「教会の全生命と実質とは神のことばの中にある」としたルターは、『シュマルカルデン条項』（一五三七年）では、七歳の子どもでも知っているとして教会を「聖なる信仰者たちであり、羊飼いの声に聞き従う羊たち」と定義し、『公会議と教会について』では、「神のことばは神の民なしには存在しえないし、逆に神の民も神のことばなしには存在しえない」とする。[26] ルターにおける楽観論の徹底は、同一原則を七歳の子どもでも知るとした個別教会、『アウグスブルク信仰告白』第七条が規定するルター派教会全体、全キリスト教会を代表するとされる公会議に画一的に適用することからも明らかになる。

ちなみに、ブレヒトが指摘するように、『公会議と教会について』執筆当時の『卓上語録』において、ルターは神のことばを語る牧師と会衆の集まりと公会議双方における神のことばの原則はまったく同一としたとされる。[27] 同一原則の普遍的適用はルターが改革の必要を訴えるカトリック教会にも当てはめられたと思われる。たとえば、『私誦ミサと司祭叙任について』（一五三三年）においてルターは教皇支配下の教会といえども、洗礼、聖書、説教、罪の赦し、（ミサという異形態ながら）聖餐、教職、祈禱があればそこに「聖なる教会」があり、聖人崇敬やミサなどの瀆神的悪弊も聖書の教えの浸透により次第に改革されうると楽観視した。[28] ルターの楽観論と対照的なのは神のことばの原則および実践の徹底を目指すカルヴァンの「現実主義」と呼べるアプローチであろう。この点への例証は多くあろうが、たとえば、一五四一年に再招聘を受けたジュネーヴにおける先述の教会訓練制度がある。自律的教会訓練理念に関しては、チューリヒに代表されるツヴィングリ主義が為政権主導の教会訓練を説き対立しており、ジュネーヴに影響力を持つベルンがツヴィングリ主義を採用し、ジュネーヴ内部の市議会、貴族層にはカトリック時代の司教による教会訓練の専制再来を危惧する反対勢力が根強くあるため、改革者の生命を賭して取り組んだカルヴァンが制度の実質的確立を見たのが十四年後の一五五五年であった。

また、神のことばの実践例としては、先述の最終版『綱要』第四篇（教会論）のほぼすべてが歴史における教会の聖書に基づく具体的な「かたち」を追求したことがあろう。さらに、ルターの楽観論とは際立って対照的なのが、神のことばとカトリック教会との関係をめぐるカルヴァンの姿勢であろう。出版前後から反対があった、カトリック典礼への参加とカトリック教職としての任職の是非をめぐる『二書簡』（一五三七年）以来、カルヴァンはニコデモ主義論争や著作をもって、「公同的《カトリック》教会」と教皇支配下の「ローマ・カトリック教会」とを理念上区別した上で、現行カトリック教会には「キリストの教会」としての名残はあるものの、その本質とかたちとしては「キリストの教会」として容認しがたいとの姿勢を貫く。カルヴァンの立場は、フランスの現行カトリック教会内での改革を唱える穏健改革派のみならず、通常カルヴァンと同じ立場に立つとみなされるブツァーからも暗黙裡に批判される。ブツァーの私文書『神学的勧告』（一五四〇－四一？年）は手書き筆写文として残るもので、その存在はブツァーの膝もとのシュトラスブルクにあるカルヴァンにも知られていなかった可能性があり、さらに現代の研究者には一九八〇年代に初めて知らされたものである。その一部にカルヴァンの名を伏せた、『二書簡』の第一書簡の反論を含むブツァー文書の大命題は「教皇派においてもキリストの教会は存在する」であった。[29] ルターの「楽観主義」とカルヴァンの「現実主義」とを宗教改革の教会論の脈絡でいかに理解するか、一つの挑戦でもあるといえよう。

プロテスタント宗教改革において、ルターは神がその時代に派遣した預言者的存在（エリア）であるとの認識は広く流布しており、第二世代のカルヴァンもこの認識を共有し、ルターを「私たちの時代に福音の回復をもたらしたキリストの使徒」と呼び、またルターを「エリヤとみなすことをためらわない」とした。この点との関連で興味深いのは、カルヴァンの証言の中に自らを預言者的とみなしたと思われる節があることであろう。『二書簡』の読者への序言において、カルヴァンは現行カトリック教会枠内での改革を唱えるフランスの人文主義穏健改革派をエゼキエル書（三三・三一－三二）から「神のことばを聞きはするが、それを行わない」と批判し、一人の「預言者」が彼らの中にいることを彼らは知るようになるとした。[30]

さらに、晩年のルターが旧約の預言書に集中したように、カルヴァンも一五四九年のイザヤ書から没年のエゼキエル書までの間に、彼が預言書とみなす詩篇を含めて全預言書の説教、講義、註解を手がけている。ここから、ルターとカルヴァンが預言者的観点から一六世紀の教会の歴史的、超歴史的全体像を終末の時代に生きる教会と理解したと見ることができよう。

ちなみに、ルターを「神と悪魔との間の人物」と規定するオーベルマンは、この終末的時代の教会を「神がキリストの苦難のまね（学）び」に導く存在とする。また、福音の前進にともない激化する悪魔の怒りの中においては「信仰告白者・殉教者の教会」とならざるをえないとし、教会は希望ある「新時代」であるよりは「終末の到来」を刻むものと意義づけたとする。[31]

『公会議と教会について』において、教会の七つのしるしの最後に「十字架を負うこと」を挙げ、その教会の最終的拠り所を神のことばのみとしたルターは、その没年に『ローマの教皇制、悪魔の機構』を著す。先述の神のことば「楽観主義」からしても、またルター研究家にとっても容易に理解しがたいこの著述がドイツのカトリック陣営とプロテスタント陣営間の政治的対立の渦中で書かれたとしても、これまでにない最も過激な反ローマ文書である。宗教改革が直面する歴史的、超歴史的闘いの熾烈さをルターが強烈に意識したと見るべきなのであろうか。[32] ルターが終末に生きる教会の「今、ここに」という実存的局面に注目したとすれば、カルヴァンはこの教会が歴史を支配する神の摂理に導かれ、キリストの王国の顕現として終末の霊的闘いにあるという救済史的局面に注目する。バーゼル亡命直後のカルヴァンがオリヴェタンの仏語訳『聖書』に寄せた、フランスの福音的信仰者に向けた序文は、教会をシナイを旅する出エジプトの神の民と重ねて、「神は逃亡者のように民の間に在って、夜も昼も彼らと共に逃亡の旅を続けられた」とする。[33] この証言などから、オーベルマンがカルヴァンの宗教改革をルターの宗教改革やツヴィングリとブツァーなどの都市型宗教改革とも異なる新しいタイプ、「避難（逃亡）者の宗教改革」と規定する。また、オーベルマンはカルヴァンが晩年に集中した預言書の註解などに、都市や国家の枠を超えた宗教改革のヴィジョンが認められるとし、そのヴィジョンの具体的実践をカルヴァンが試みたこともあり、それを「政治的終末論」と呼ぶ。さらに、オーベルマンは最晩年のカルヴァンのエゼキエル書の説教に注目し、そこでカルヴァンが教会に向け、「キリストの王国が完全に成就し、神が散らされた者たちを集め、失意にある者たちを回復し、混乱にある者たちに秩序を取り戻す時まで、忍耐をもって待ち望むように」と説いたとする。[34]

以上、「挑戦」と銘打ってルターとカルヴァンにおける神のことば、信仰者、教会理解を一六世紀の脈絡に配慮して提示した。両改革者の理解が旧新約聖書に基づくことから、彼らが描いた一六世紀の世界観が、「神、世、信仰者、教会」をめぐる基本構造において旧新約聖書時代の世界観から異なるものでないことが想定される。しかし、彼らの世界観は二一世紀に流布する世界観とは大きく様相を異にする。ましてや、宗教改革五百年を記念するにしても、彼らがヨーロッパ・キリスト教社会という小さい世界において描いたローマ・カトリック教会への対立的思想構造自体、今日キリスト教全体が世俗化と多元化の世界という圧倒的な力に取り囲まれている現実からしてどれほどの意義を持つかは疑わしい。しかし、限られた一六世紀のヨーロッパ世界の中であるとはいえ、その全次元を視野に入れて彼らが捉えた神のことば、信仰者、教会という主題は今日の私たちに何を訴えるのであろうか。オランダの改革派神学者ベルコフは若くしてベルリン大学で神学を学び、一九三〇年代のヒトラーの台頭に遭遇する。国家社会主義のプロパガンダとデマゴーグをもって、当時ヨーロッパの大学国家を自負したドイツを掌握したナチス政権に、ベルコフはこれまで紀元一世紀の「神話」にすぎないと理解していた、新約聖書に見るキリストの世界支配に敵対する「諸権力」が二〇世紀の歴史的実相でもあることを発見する。告白教会運動にも参加したベルコフは大戦後『キリストと諸権力』（一九五二年）を著し、近代的様相を呈する「諸権力」の歴史的リアリティーを明らかにした。[35] その二〇世紀後半、合理主義と個人主義を土台として社会を築き上げてきた近代は躓き、「ポストモダン」時代の幕開けが始まったとされる。近代が否定した宗教の復権・復讐が声高に叫ばれ、権力願望、国家主義、全体主義の動きが世界中で進展し、宗教的多元主義と人間の生のあるがままを全面的に肯定するヴァイタリズム（生気論）が蔓延している。キリスト教内では、ルターやカルヴァンの宗教改革が指向した「公同的キリスト教」理念は過去の遺産とみなされ、時流に乗ったカトリック教会の声は注目されるものの、新教キリスト教世界は世に向けた宣言の機会を見失い、そのメッセージの今日的意義すら危惧される。ルターとカルヴァンが理解した「終末の教会」、それを構成する信仰者、その唯一の根拠であり、世に語るべきメッセージでもある神のことばは、今日どのようにあるべきなのであろうか。

（二〇一七年六月）

注

1 Hans Rückert, "Die geistesgeschichtliche Einordnung der Reformation," *Zeitschrift für Theologie und Kirche*, 52 (1935), 55.

2 B. A. Gerrish, "John Calvin on Luther," J. Pelikan ed., *Interpreters of Luther*, Philadelphia, 1968, 67-96.

3 D.C. Steinmetz, "Luther and Calvin on Church and Tradition," *Michigan Germanic Studies*, 10 (1984), 98-111.

4 A. N. S. Lane, "Calvin and Article 5 of the Regensburg Colloquy," H. J. Selderhuis, *Calvinus praeceptor ecclesia*, Genève, 2004, 233-63.

5 Peter Wilcox, "The Lectures of John Calvin and the Nature of his Audience, 1555-1564," *Archif für Reformationsgeschichte*, 87 (1996), 136-48; Robert M. Kingdon, *Geneva and the Coming of the Wars of Religion in France*, 1555-1563, Genève, 1956, 2, 14f.

6 「小教理問答」『一致信条書』聖文舎、一九八二年、四八六－四九〇頁。

7 Calvini Opera Selecta (OS), 1, 41.（『宗教改革著作集』第九巻、教文館、一九八六年、三九頁。）Cf. H. A. Oberman, "The 'extra' Dimension of the Theology of Calvin," *The Dawn of the Reformation*, Edinburgh, 1992, 237.

8 Cf. H. A. Oberman, *The Reformation: Roots and Ramifications*, tr. A. C. Gow, Grand Rapids, 1994, 48f.

9 OS 1, 233-58; 258-80.

10　Ordinances ecclesiastiques, *Registres de la Compagnie des Pasteurs de Genève*, L. R. Bergier ed., Genève, 1964.
11　S.H. Hendrix, *Ecclesia in Via: Psalm Exegesis and DICTATA SUPER PSALTERIUM (1513-1515) of Martin Luther*, Leiden, 1974, 161f. Cf. WA 3, 150; 4, 450.
12　Gerrish, "John Calvin on Luther," 67-96.
13　WA 42, 192, 462; 43, 384.　J・ペリカン『ルターの聖書解釈』小林泰雄訳、聖文舎、一九七〇年、一一二―一一四頁参照。
14　D. C. Steinmetz, "Calvin as an Interpreter of Genesis," W. H. Neuser/B. A. Armstrong eds., *Calvinus Sincerioris Religionis Vindex*, Kirksville, 1997, 53-66, esp. 66.
15　CO 31, 21; 31, 447 (44: 23). Cf. W. de Greef, "Calvin as commentator of the Psalm," D. K. McKim ed., *Calvin and the Bible*, Cambridge, 2006, 101.
16　CO 32, 361 (135: 13).
17　Calvini Opera denuo Recognita (COR), II-13, 68-70 (3: 21); 247 (11: 26).
18　WA 1, 627; OS 1, 33（『宗教改革著作集』第九巻、教文館、一九八六年、二七―二八頁）. Cf. Oberman, *The Reformation*, 33.
19　WA 7, 17; OS 1, 75. Cf. J. Pelikan, *The Christian Tradition*, Chicago/London, 1984, 4, 322f.
20　COR III-2, 145-52: CO 9, 703-10.　拙著、『カルヴァンの宗教改革教会論――教理史研究』教文館、二〇一五年、一八四―二〇五頁参照。
21　H. A. Oberman, "Luther and the Scholastic Doctrines of Justification," *The Dawn of the Reformation*, 124; B. M.G. Reardon, *Religious Thought in the Reformation*, London/New York, 1995,

49-52.

22 CO 9, 813. Cf. William J. Bouwsma, *John Calvin: A Sixteenth Century Portrait*, New York/Oxford, 1988, 46; H. A. Oberman, *John Calvin*, Genève, 2009. 177, 184-94.

23 Oberman, *The Reformation*, 4f.

24 Guillaume Budé, *De transitu Hellenismi ad Christianismum*, 1535: Opera Omnia Guilielmei Budaei, 1, 152, 154, 180.

25 COR II-13, 28（1: 16-17）.

26 WA 7, 723; 50, 250; 50, 629.（『一致信条書』聖文舎、一九八二年、四四八頁参照。）

27 WA TR, 4, no. 2500. Cf. Martin Brecht, *Martin Luther: the Preservation of the Church*, tr. J. L. Schaaf, Minneapolis, 1993, 196.

28 WA 38, 221.

29 COR IV-4, 1-119: OS 1, 287-362; Bucer, Consilium theolgicum privatim conscriptum, Martini Buceri Opera Latina, 4.

30 CO 6, 250; 9, 238; COR IV-4, lxxxviii.

31 H. A. Oberman, *Luther: Man between God and the Devil*, tr. E. Wallister-Schwarzbart, New Haven/London, 1989, 250-71.

32 WA 54, 206-99. Cf. M. U. Edwards, Jr., *Luther's Last Battles: Politics and Polemics*, 1531-46, Ithaca/London, 1983, 163-72.

33 CO 7, 795.『カルヴァン論争文書集』久米あつみ編訳、教文館、二〇〇九年、七頁参照。

34 Supplementa Calviniana, 1, 104f. Cf. Oberman, "The 'extra' Dimension in the Theology of

Calvin," *The Dawn*, 237f.
35　Hendrikus Berkhof, *Christus en de machten*, 1952.

＊　＊

〔解説文〕

第八論考「ルターとカルヴァン」は、東京・お茶の水で二〇一七年六月十六日に開催された、東京基督教大学主催の宗教改革五百年記念公開講演のために起草されました。今日の宗教改革研究においてはプロテスタント主流派宗教改革と分類される運動を代表する「ルターとカルヴァン」の宗教改革を主題としています。講演の主旨は、二人の宗教改革者の人物と活動の対比から始め、聖書に基づき当時のキリスト教世界における教会と社会の改革を目指した両者の宗教改革が原理においては同一であるものの、その理解と適用においては特徴的であったとし、さらに両者の改革ヴィジョンが時代を異にする今日に訴えるものはなにか、を問うています。ここに初めて収録・公表される論考は講演原稿の文体を維持し、それに最小限の修正を加えたものです。

この論考は今日の日本におけるキリスト教と日本の接点をめぐる「十字架と桜」の主題とは直接関係していません。しかし、この接点に生きるにあたりキリスト者に問われる信仰の姿勢や立場にとっては、一六世紀の宗教改革時代に生きた「ルターとカルヴァン」は一つの基本形を提示していると思われます。また、後の第十論考（「十字架と桜II」）は、聖書とプロテスタント宗教改革に共通する福音主義の立場から「十字架と桜」の主題を再考するものですが、それとの繋がりも第八論考を収録する一つの理由です。旧新約聖書時代であれ、一六世紀のヨーロッパであれ、二一世紀の日本であれ、時代に生きるキリスト者には共通原理があると言えるのではないでしょうか。

第九論考　「からだのよみがえりを信ず」

はじめに

最近、NHKドキュメンタリー・シリーズ「大震災五年後」の一環で「風の電話」と題された番組を見る機会がありました。番組は岩手県大槌《おおつち》町の民家の庭にある白い、洋風の電話ボックスとその中に置かれた受話器をめぐるドキュメンタリーです。受話器は電話回線につながっていないため、あたかも「風」に乗って相手と通話することから「風の電話」と呼ばれるようになったのでしょうか。折々にこの電話ボックスを訪れる方々の多くは、東日本大震災後にいまだ行方不明となっている犠牲者の家族や知人と思われます。電話機に語りかける声には、「なぜ死んだの」、「どうして私が残されたのか」、「今、どこにいるの」などの悲痛な叫びがあり、奥さんに語りかける四十代の男性は、両親と二人の子どものために新しい家を建てたが、「生きる意味がわからない」と悩みを訴えます。しかし、番組は訪問者の多くが「風の電話」により慰められ、励まされてそれぞれの生活の場に帰ってゆく姿を追うもので、悲しいながら美しいドキュメンタリーとなっています。

いろいろな意味合いで、番組は強烈な印象を与えるものでした。その一つは、もしキリスト者が「風の電話」で語る立場にあったら、何を語るのであろうか、「からだのよみがえり」と朽ちることのないからだにおいての再会の希望を語ることができるであろうか、でした。さらに、行方不明の犠牲者という悲しい現実に直面する場合において、神道や仏教の背景で育った人々とキリスト者との死生観には大きな隔たりがあるのではないか、との実感もこの番組から受けた印象でした。

「からだのよみがえり」ほどキリスト教信仰の核心に位置する教理でありながら、二千年のキリスト教の歴史において論争、誤解、曲解の対象となり、異質的な要素との妥協が加えられ、その教理の持つ本来の意義が十分認められずに、むしろないがしろにされてきたものも少なくありません。

マタイの福音書二二章によれば、復活はないと主張していたサドカイ派の者たちがイエスを陥れようとして、復活後のからだについてイエスに質問しました。仕掛けられた巧妙な罠を見破ったイエスは彼らを諌《いさ》めて、「そんな思い違いをしているのは、聖書も神の力も知らないからです」（二九節）と言います。復活についての無知や誤解は「聖書も神の力も知らない」と断定したのです。「使徒の働き」によれば、初代教会の宣教メッセージの中心はイエスの十字架上での死、三日目の復活、そしてイエスのメシア性の三点でした。「私たちの父祖の神は、あなたがたが十字架にかけて殺したイエスを、よみがえらせたのです。そして神は……このイエスを君とし、救い主として、ご自分の右に上げられました」（五・三〇－三一）。ここで注目に値することは、復活がイエスのメシア性にとっての最高の論拠とされていることです。「神はイエスをよみがえらせた」とのメッセージこそ、当時のユダヤ人社会の指導者、復活を信じていないサドカイ派をはじめ、多くのユダヤ人がキリスト教を迫害する理由となりました。

また「使徒の働き」は、地中海世界随一の学芸の都、アテネにおける使徒パウロの宣教を伝えます。好奇心旺盛なアテネ人はパウロの伝える新しい教えに耳を貸したのですが、パウロが復活に言及するや、彼らはつまずき、「死者の復活のことを聞くと、ある者たちはあざ笑い、ほかの者たちは、『このことについては、またいつか聞くことにしよう』と言った」（一七・三二）のです。また、アグリッパ王の前での弁明においてパウロがイエスの復活に言及した際、同席の州総督フェストをして、「気が狂っているぞ。パウロ。博学があなたの気を狂わせている」（二六・二四）と叫ばせたのも、この復活の教理でありました。コリント人への手紙第一、一五章によれば、コリント教会には死者の復活はないと主張する者がおり、パウロは「キリストが復活されなかったのなら、私たちの宣教は実質のないものになり、あなたがたの信仰も実質のないものになる」（一四節）と警告します。
このような背景から、初期キリスト教は最大の異端、グノーシス主義からの挑戦を受け、それを退けることになります。その極端な霊肉二元論からキリストの霊的性質を強調したグノーシス主義は、キリストの「からだ性」、すなわち受肉、十字架の死、三日目のよみがえりの教理すべてを否定しました。キリスト教最古の公同信条である「使徒信条」は、おもにこのグノーシス主義論駁を目的として制定されたもので、その最後に「からだのよみがえり、永遠のいのちを信ず」と告白しています。

古代教会の時代以来、「からだのよみがえり」は論争、誤解、曲解、妥協の悪循環の中での生存を余儀なくされてきました。とりわけ、一八世紀啓蒙主義の時代以降、この教理はより普遍性があり、近代に合うとされた「霊魂の不死」の教理の影の下に置かれ、より特異で、例外的な教理と位置づけられてしまいます。ちょうど人体における盲腸のように、その意義が十分評価されず、「なくてもよいもの」とみなされるに至ったのです。今日、福音主義に立つキリスト者にとっても、人の死、特に愛する者の死に直面した場合、どれだけ「からだのよみがえり」をリアリティーとして受け止めることができるか、覚束《おぼつか》ないものがあるのではないでしょうか。

そこで、主イエスから「聖書も神の力も知らない」と非難を受けないためにも、「からだのよみがえり」のより正しい理解への一助として、以下の三点への論考を加えることとします。第一は、否定的観点といえましょうが、聖書が教える「からだのよみがえり」の教理にとって異説あるいは誤解・曲解とみなされる教説、第二は、肯定的観点として聖書と教会が伝統的に教えてきた教理、第三は告白的観点ともいえましょうが、今日この教理を告白することの意義を取り上げます。

I　「そんな思い違いをしているのは」

たしかに、「よみがえり」、「復活」という概念は多くの宗教や思想に認められ、また「からだのよみがえり」に限定しても、たとえばゾロアスター教がそれを教え、旧約聖書にその教えがあることからユダヤ教とイスラム教においても認められるものです。[1]しかし、この講演では旧新約聖書全体に基づくキリスト教特有の教理として限定的に語ることにします。その一つの理由は、「からだのよみがえり」がキリスト教教理全体と密接不可分に関連しており、とりわけ、イエスの復活という個別的、歴史的出来事に基礎を置くことから、他宗教や哲学の教えからは区別されるからです。先に触れたコリント人への手紙第一、一五章にあるように、「キリストが復活されなかったのなら、私たちの宣教は実質のないものになり」という限りにおいて、この教理はキリスト教特有といえます。そこでまず、「からだのよみがえり」の教理にとって、「そうでないもの」、「区別されねばならないもの」をいくつか例証することにします。

(1) 輪廻転生

今日、ユダヤ教、キリスト教、イスラム教という一神教、超越神宗教を明確な例外として、世界の大半の人々は自然主義世界観と呼ばれる伝統の中に生きています。これは、世界を永遠の存在として一元的に捉え、その大自然の中で神々と人間を包含する森羅万象は起きては消え、生まれては死ぬことを繰り返すとされ、その歴史は始まりも終わりもない永遠の流転と回帰を繰り返す円環と理解される世界観です。自然主義世界観は古代においてはギリシャ・ローマ思想と東洋のヒンズー教、仏教、儒教、陰陽道、神道など、また世界各地の汎神論の宗教に見られるもので、今日では一八世紀の啓蒙主義以来の近代科学思想、エコロジー（生態学）にも認められます。この世界観の伝統においては、一元的な自然を超える存在である神が自然の中に生起する人間の個別な「からだ」を死から生へと「よみがえらせる」ことは原則としてありえません。むしろ、ギリシャのピタゴラス学派や仏教における輪廻思想に見られるように、人の霊魂が転々と他の肉体の中に生を受け、その死と生との繰り返しがとめどもなく続くとする転生・再生説（Palingenesis）のほうが一般的でありましょう。

また、この世界観は科学万能の近代に流行っている、死者は「生命存在という永遠の海原に落ちる一滴のようにその中に吸収される」とか、「人類のたゆみない存続のために貢献し続ける」とか、センチメンタルに「生前に愛した人々の心の中に生き続ける」などの通説の形を取ることもありましょう。さらに、より科学的な装いをもった進化論が人の生死を含めた人類の歴史を「宇宙の歴史の一こま」、「生物学という大きな本の一章」とし、エコロジーがそれを「母なる自然」と表現することにも通じるものといえます。これら自然主義世界観の諸説に対して、キリスト教は超越神による天地創造の教えを前提とし、魂と肉体いずれもが神に造られた有始的な存在、しかも、魂と肉体を鋭く分けるよりは、両者が一つの全体である「からだ」として造られ、また、「からだ」として死に直面すると教えます。

(2) 霊魂不滅

否定的観点から直面する最大の問題は、キリスト教の教えが「霊魂不滅」あるいは「魂の不死」ではなく、「からだのよみがえり」あるいは「死者の復活」である点にあります。この霊魂不滅かからだのよみがえりかとの対比の重要性は、それが西洋文明を形成する二大思想であるギリシャ・ヘレニズム思想とユダヤ・キリスト教にとっての共通遺産であるヘブライズムとの対立を意味するからとされます。当初、パレスチナから発生したキリスト教が地中海・ヘレニズム世界に進展する中で、これら二大思想の対立という脈絡においてキリスト教はその教理体系を整備し、「からだのよみがえり」の教えをも確立しました。二〇世紀中期にこの対立に注目した著名な学者には、バーゼル大学とパリ大学ソルボンヌで聖書学を講じ、『霊魂の不滅か死者の復活か』(一九五六年)を著したO・クルマンがありました。著者は、近代のキリスト教徒の間でも死後の人の状態に関する聖書の教えを「霊魂不滅」と理解する者が多いという現実を指摘し、それを「キリスト教についての最大の誤解の一つ」としました。聖書の「からだのよみがえり」を「霊魂不滅」にすり替えているという指摘です。[2] クルマンによれば、プラトンの『パイドン篇』におけるソクラテスの死の描写こそ「霊魂不滅」を謳歌するギリシャ思想の最高峰的表現とされます。そこでは霊魂と肉体とが、異なった、根本的に無関係な世界に属するものと二元論的に位置づけられます。人間の霊魂は永遠のイデアの世界に属するもので、有限界に属する肉体という牢獄から霊魂をイデアの世界に解放するきっかけである「死」は霊魂にとっての偉大な友として美化されます。かくして、ソクラテスは死を恐れずに毒杯をあおったのでした。[3]さらに、クルマンは悠然と死を迎えたソクラテスと十字架上で壮絶な死を遂げたキリスト、また、「偉大な友」としてのギリシャ的死観と神が創造した人間の「からだ」を滅ぼすところの「最後の敵」として死を観るキリスト教とのコントラストを明らかにします。キリスト教の死生観から誤解とされるギリシャ的要素を取り除き、「からだのよみがえり」の教理の再確立を提唱するクルマンの次のことばは印象的です。

「わたしたちが、復活を信じるキリスト教信仰を理解しようとするなら、物質的なもの、肉体的なもの、形のあるものは悪いもので、からだの死は、どのような意味においてもまことのいのちの破滅ではないというギリシャ的思想を全く無視しなければならない。キリスト教的考えにとって、からだの死は、神に創造されたいのちの破壊である。……だから、復活によって征服されねばならないものは、死であってからだではない。[4]」

キリスト教内部において、クルマンの提言は賞賛と共に激しい批判に晒されたと言われす。さらに、先に触れた自然主義的な世界観が支配的である日本においては、ギリシャ的死生観あるいは「霊魂不滅」のほうがはるかに受け容れやすいものでしょう。

(3)「死んだ者の神ではありません」

先述のマタイの福音書二二章で、イエスは復活の神が「アブラハムの神、イサクの神、ヤコブの神である」とし、「神は死んだ者の神ではありません。生きている者の神です」(三二節)と言います。イエスの時代においては、アブラハム、イサク、ヤコブはすでに死んでいたのに、彼らの神は「生きている者の神である」とするイエスのことばはなにを意味するのでしょうか。

死を「友」と観る世界観において、ギリシャの悲劇作家は「機械仕掛けの神」を作り出しました。人生の複雑な問題の解決者として、人生ドラマの幕引きの死の場面で機械的に登場し、人生に結論を出す神を要請したのです。しかし、聖書がいう「からだのよみがえり」は、たしかに将来の「その時」の出来事ではありますが、それだけではなく人の現世での「今、ここで」の生と密接に関係する出来事でもあります。復活とは、神が「今、ここで」生きる人との関わりに基づいて、「その時、そこで」個々人に実現する出来事であるのです。今の生き方が死後のよみがえりの生き方と密接不可分に関連する、という意味において、「アブラハムの神、イサクの神、ヤコブの神」が「生きている者の神」なのです。この点との関連で聖書が強調するのは、復活においては人は抽象的、一般的人格ではなく具体的、個別的人格を持ち、現世での自己同一性と同様に人格と肉体における同一性を有し、人としての存在全体として識別されることです。二〇世紀英国の作家で、キリスト教弁証家としてもユニークな活動をしたC・S・ルイスに『奇跡』と題する著書があります。ルイスは復活を神が個々の人間を対象とする「新しい創造の奇跡」とみなし、それを今流行っている「天国は精神の状態（a state of mind）」とする考えと対比、論駁して次のように言います。

「からだのよみがえりにより、キリスト教は天国が単に精神の状態であるのではなく、からだの状態でもあると教えます。すなわち、天国は人間性全体の状態なのです。まさに、キリストもその聴衆に向かって天の御国は彼らの『ただなか』に、『あいだ』にあると言われたのではありませんか。……私たちが単に精神の状態だけで存在することはありえないのです。[5]」

さらに、聖書の「からだのよみがえり」は、現世と来世とを峻別する極端な彼岸主義、厭世主義、禁欲主義に基づく教えではありません。現世が否定されて来世があるのではないのです。また、キリスト教は現世との関連で来世があるとはしますが、それ以上に、よみがえりの生もまた（キリストの復活を通して）現世の生に密接に関連すると主張します。後述するように、よみがえりの先取りとしてキリスト者の生き方があるといえます。この意味においても、聖書の神を「生きている者の神」とするのです。

Ⅱ　からだのよみがえり

次に、「からだ」ということばに焦点を合わせて、聖書に観る復活の教理をキリスト教人間論、キリストの復活との関係、よみかえりのからだの三つの側面から考察することにします。（なお、キリスト教神学では復活の教理は一般に「終末論」と呼ばれる分野で扱われます。そこでは、人の死と死後の状態、キリストの再臨とその兆候、いわゆる千年王国〔黙示録二〇章〕、からだのよみがえり、最後の審判と永遠の滅び、新天新地と永遠の祝福、などの主題が取り上げられます。しかし時間的制約もあり、ここでは「からだのよみがえり」を単独主題とし、しかも主題をめぐる多様な解釈を一応無視し、聖書的とみなしうる共通理解を提示することにします。）

⑴「そこで人は生きものとなった」

「からだのよみがえり」の教理の基礎はキリスト教人間論の冒頭に位置する神の創造、とりわけ人間の創造の教えにあります。創世記二章は、「神である主は土地のちりで人を形造り、その鼻にいのちの息を吹き込まれた。そこで人は生きものとなった」（七節）とします。この聖書テキストの解釈史において、ギリシャ思想の霊肉二元論の影響があったことは否定できません。すなわち、「土地のちり」を低次元の要素、「いのちの息」を高次元の要素、あるいは神的、不死的要素と峻別し、人を二つの構成要素に分ける観点が解釈史に認められました。しかし、近年の聖書学の研究成果はこのようなヘレニズム的な読み込みの問題性を指摘し、テキストのヘブライズム的理解が、人を二分するよりも「一つの生きた統一体」である「からだ」として創造されたとする理解へと推移したといわれます。[6] この意味において、「そこで人は生きものとなった」が理解されましょう。また、人を男と女として創造したとする創世記一章のテキスト「神は人をご自身のかたちとして創造された。神のかたちとして彼を創造し、男と女とに彼らを創造された」（二七節）も同様に、神のかたちとして男と女と全体論的に理解されます。ここから、ヘブライズム的理解における生きた統一体を表現するものが「からだ」であり、それはまた肉体と霊（あるいは魂）などと呼ばれるものの総体としての「からだ」と理解されます。人はその「からだ」を離れては完全な人間とはいえません。同様に、「男と女とに彼らを創造された」は、男の「からだ」と女の「からだ」をもった人格の総体としての人の創造と解釈されましょう。当然、「からだのよみがえり」も、トータルな人間存在、男あるいは女としてのからだのよみがえりと理解されます。

マタイの福音書二二章におけるイエスのことばは、「復活の時には、人はめとることも、とつぐこともなく、天の御使いたちのようです」（三〇節）とします。しかし、これは「めとる」と「とつぐ」という人の営み、機能についての言及でこそあれ、男女の、また「からだ」の区別のないよみがえりを意味するものではないと思われます。ここでは、地上の朽つべき「からだ」から朽ちることない「からだ」への転換が意図されていましょう。クルマンはこの点を、「プラトンは、肉体的外観の背後に、非肉体的な、超越的な、そして純粋な理念〔イデア〕を認める。キリスト者は、死の宣告を受けた破滅されるべき被造物の背後に、まさに神の意志により、復活によってもたらされる本来の創造を看取する。キリスト者にとって対照されるのは、からだと魂ではなく、むしろ罪ゆえに朽つべき肉体のからだと朽ちることのない復活のからだとである」と説きます。[7]

さらに、蛇足ながらもう一点を加えるなら、厳密に言えば「からだのよみがえり」は「肉体のよみがえり」からも区別されます。たしかに、両者を同一視する傾向はテルトゥリアヌスに例証されるように、キリスト教神学の中に認められます。しかし、「肉体のよみがえり」が「魂の不死」と併せて用いられる場合、両者の同一視は不適切であり、また、人の魂は神的、不死的であり「よみがえり」を要しないとする場合には、なおさら非聖書的と言わざるをえません。聖書では、「肉体」という表現はしばしば罪の支配下にある人のマイナス面、すなわち、神と聖霊の働きに敵対し、人を罪に閉じ込め、人を神から離すものとみなされます。この脈絡において、「血肉のからだは神の国を相続できない」（Ｉコリント一五・五〇参照）のです。[8] 以上からして、「からだのよみがえり」あるいは「死者のよみがえり」がより聖書的表現といえましょう。

(2) 十字架と復活

神による人の創造が「からだのよみがえり」の教理の基礎であるとすれば、終わりの時の「からだのよみがえり」の根拠はキリストの死と復活です。これが新約聖書、とりわけパウロ書簡の一貫した主張です。パウロは、「もしキリストがよみがえらなかったのなら、あなたがたの信仰はむなしく、あなたがたは今もなお、自分の罪の中にいるのです。……

もし、私たちがこの世にあってキリストに単なる希望を置いているだけなら、私たちは、すべての人の中で一番哀れな者です」（Ⅰコリント一五・一七、一九）と言います。クルマンはこの点に関し、「初代キリスト教の思想の全部が〝救済史〟に基礎を置いているので、死と永遠の生命につていわれているあらゆることは、真実起こったこと、すなわち時間の中で起こった真実の出来事［キリストの十字架と復活］を信じる信仰によって立つか倒れるかするのである。これこそギリシャ思想からの根本的区別である」とします。[9]

そこで、「からだのよみがえり」はイエスがどのような死を経験したかと関連することに注目する必要があります。神の子が肉体を取り、からだである人となったという受肉の教理が神秘に満ちた奥義であると同様に、その救い主が十字架の上で一片のボロ切れのようにして悲惨で苦痛に満ちた死を遂げ、全人類の罪に対する義なる神の裁きとして受けて死んだとする教理も奥義といえましょう。この奥義が隠れたものであるがゆえに、十字架の福音は「しるしを要求」する「ユダヤ人にとってはつまずき、「知恵を追求」するギリシヤ人にとっては「愚か」（Ⅰコリント一・二二、二三）と映ったとしても不思議ではありません。

ちなみに、紀元二世紀に登場したローマの哲学者で最初にキリスト教教理を組織的に攻撃したケルソスは、多く宗教がある中でキリスト教のみが十字架で処刑された罪人を神として崇めているとして、「有罪判決を受けていっそう不幸な有様で死んだ他の人々もまた、彼〔イエス〕よりも偉大でより天的な天使であるとみなすことを妨げるものがどうして存在するだろうか」と皮肉ったのでした。[10] 後に、四世紀の「ニカイア信条」において再確認されるキリスト教の基本教理、キリスト二性一人格論によれば、キリストは一つの人格の内に完全な神性と共に完全な人性を有していたとされます。ここからキリストの十字架は、完全な人、人としての肉体と魂を総括するからだを持つイエス・キリストがトータルな死を経験したことを意味します。このイエス・キリストの十字架の死と「からだのよみがえり」のゆえに、信仰者の「からだのよみがえり」が可能となると聖書は教えます。この点に関し、H・ベルコフが『確かな希望』において述べるところは的を射ていましょう。「われわれが死ぬ時は人間全体が死ぬのであって、概念、想像、関係、願望などを綜合している霊魂というものも死んでしまう。だから、それに対応して、復活する場合も人間全体が復活することを期待する。聖書でいう『からだ（ソーマ）』は、われわれがいう『肉体』以上のものであり、それはむしろ『人格』と『実存』といった外界との接触を可能ならしめる道具としての肉体を常に含んでいる言葉に訳しかえねばならない。けれども、からだのよみがえりを信じる信仰告白はそのような論拠から出たのではなく、よみがえりの主がからだを供えて現れたということに基づいている」と。[11]

(3) 御霊のからだ

よみがえりにおけるからだの性質が残された問いとなります。たしかに、聖書学者が言うように、「聖書は復活のからだの正確な性質についてあまり語っていない」[12]のではありますが、この問いに関する最も基本的なことは福音書に見るイエスの復活をめぐる記録とパウロ書簡、主にコリント人への手紙第一、一五章の証言に明らかに示されています。まず、イエス・キリストの復活は人類にとっての最強の敵である死に打ち勝つことにより神の力を誇示する最良の機会でありました。新約学者M・テニーは『復活のリアリティー』と題した書の中で、新約聖書が通常「力」を意味するものとして用いる四つのギリシャ語(ドゥナミス、エネルゲイア、クラトス、イクスス)のいずれもがイエスの復活描写に用いられている事実を指摘します。[13]まさにイエス・キリストの復活は、人間の堕罪、悪、腐敗、欲望、肉の業などと表現される、人間を死に追い立てるものから、新約聖書が「諸権力」と呼ぶところの、人間を神から引き離し、罪の中に閉じ込めようとする世界大の力まで、すべてを打ち負かして余りある力を有するものであるからして、「からだのよみがえり」を確かなものとして保障することができるのです。コロサイ人への手紙が「神は、キリストにおいて、すべての支配と権威の武装を解除してさらしものとし、彼らを捕虜として凱旋の行列に加えられました」(二・一五)とするように、信仰者も復活において死と諸権力に打ち勝つからだを受けるのです。このからだをパウロはコリント人への手紙第一、一五章で「御霊のからだ」と呼びました。

「死者の復活もこれと同じです。朽ちるもので蒔かれ、朽ちないものによみがえらされ、卑しいもので蒔かれ、栄光あるものによみがえらされ、血肉のからだで蒔かれ、御霊に属するからだによみがえらされるのです。血肉のからだがあるのですから、御霊のからだもあるのです。」（四二―四四節）

聖書はこの御霊のからだについての度を越えた詮索を許していませんが、聖霊の支配の下にある神との親密な交わり、天的聖徒の交わり、永遠の生命の享受などを可能とするからだといえましょう。

Ⅲ　「我はからだのよみがえりを信ず」

これはキリスト教最古の公同信条、「使徒信条」にある信仰告白の文言です。最後に、「からだのよみがえり」を告白することの意義を「使徒信条」、歴史に生きるキリスト者、終末への希望の三点との関連で考察することにします。

(1)「我……信ず」

「使徒信条」は紀元二世紀初頭のローマ教会にその起源をさかのぼることができる、古代教会の信仰を明示する第一級の資料です。また、当時の教会が直面したグノーシス主義の異端を退けることを目的としたユニークな信条でもありますが、そのユニークさには二つの特徴点があります。

一つは、信条が明らかにヘレニズム的霊と肉、精神と物質の二元論の危険を強く意識して、キリスト教の神の働きを物質、肉体、からだ、生、苦難、死という次元と結び付けることです。たとえば、神を「天地の創り主」、すなわち物質世界の創造者とし、イエス・キリストを「処女《おとめ》マリアから生まれ」、「苦しみを受け」、「十字架につけられ」、「死にて」、「葬られ」、「死人のうちよりよみがえり」として、神の救いの働きが霊的なことのみならず物質的、身体的世界にも及ぶトータルなものであることを強調しています。そして、その延長線上で、信条は「からだのよみがえりを信ず」と告白することになります。このように「使徒信条」は、当時の教会が直面した最大の異端、グノーシス主義から正統的信仰を明確に識別する目的をもった信条です。この異端はギリシャ的影響を強く受け、物質と霊との二元論に基づき、旧約聖書の創造神を物質を司る低次元の神また義神とみなし、キリストが説いた新約聖書の神を、高次で、霊と愛の神とみなしました。霊的キリスト論に立つため、物質や肉体と関連する受肉、十字架の苦難と死、復活の教理をグノーシス主義は全面的に否定することになります。当然、ギリシャ的な「霊魂の不死」を説いたグノーシス主義は、イエスと信仰者の「からだのよみがえり」を告白することはありえません。このように、グノーシス主義を反駁する古代教会の正統信仰弁護の一翼を「からだのよみがえり」の教理は担うのですが、しかもより一般的な表現とされる「死者のよみがえり」ではなく、特殊な表現である「からだのよみがえり」を採用したことの背後に、古代教会が「からだのよみがえり」の告白にこめる気迫を感じることができましょう。

さらに、「使徒信条」にはもう一つの形式上の特徴、すなわち、公同信条としては例外的に一人称、単数の「我」を主語とすることがあります。この「我……信ず」の形式は、元来、洗礼式に際して受洗者が個人的にする告白の名残であり、司式者の問い（汝は……？）と受洗者の答え（我は……）という問答形式であったものが、受洗者の答えだけが信仰告白としてまとめられたものと考えられます。当時の教会においては、キリスト教以外からの受洗者の場合、徹底した信仰問答教育の後に、通常年一回、イースター早朝に行われる洗礼式に臨んだとされます。しかも、「父なる神、子なる神、聖霊なる神」という三位の神の名による洗礼に対応してでありましょうが、受洗者は洗礼に先立ち、この世の神々、諸霊、諸権力を支配するサタンとの縁切り宣言を三度したとされます。[14] イエスの復活・からだのよみがえりを記念するそのときに、受洗者が「我はからだのよみがえりを信ず」と告白することに込められた意義と希望を垣間見るエピソードといえましょうか。

(2) 歴史のはざまで

歴史的存在である人間にとって、死は歴史の暴力性の最も残忍でリアルな象徴であります。「歴史は暴力である」とするとき、歴史はある時は暴力的に、他の時は非暴力的で、勝手気ままに、差別的に働きかけることを言うのではなく、むしろ、一つの例外もなしに、人間の生命の始まりから死に至るまでの人生の全局面において、人間を歴史的存在という制約、枠の中に押し込める暴力のことです。この意味において、人間は歴史の暴力的支配から一瞬たりとも自由になれません。今から二千数百年前に釈迦が人間という歴史的存在すべてに共通する「生老病死」（生きる苦しみ、老いる悩み、病の痛み、死の恐れ）という四つの苦しみを目のあたりにして悟りを開いたとされることは「歴史からの暴力」の象徴的な一例でありましょう。

そして、近年日本を襲った東日本大震災は、津波による「天災」とそれに触発された原発事故という「人災」をともなう複合大災害として二一世紀を象徴する災害であり、記録的な「歴史からの暴力」といえます。死者・行方不明者の直接的な人的被害だけでも二万名近くあり、その被害は被災地の東北地方のみならず全国に及び、全国民の意識に深い刻印を残していることは周知の事実であります。そして、この大災害を機に歴史の暴力性、とりわけ死に思いを馳せた国民も多かったことと思われます。

死は歴史が人間に加えることのできる最強の、かつ最後の暴力です。聖書は、神が人を「神のかたち」として創造した後、神への背反に起因して死が人間世界へと導入されるという問題に対し、終始歴史の中において神がその解決を図ると教えます。そして、キリスト教は究極的な意味合いでの神の解決がイエス・キリストの受肉から十字架を経ての復活に至る歴史にあるとします。神は歴史の暴力性の問題、人の死の問題を十字架において解決するというのです。

日本を代表する神学者北森嘉蔵の『神の痛みの神学』は、神による十字架における解決を「神の痛み」と表現しました。「痛みにおける神は、御自身の痛みをもって我々人間の痛みを解決した給う神である。イエス・キリストは、御自身の傷をもって我々人間の傷を癒し給う主である」と。[15] キリストの十字架は、人間の救いのため、愛する子を犠牲としなければならなかった神の痛みのシンボルであるとの主張です。同様に、十字架における神の解決に対峙するキリスト者の応答も十字架でありましょう。

パウロは「私はキリストとともに十字架につけられました」（ガラテヤ二・二〇）と言います。キリスト者は罪の赦しを体験し、自分の十字架を負うことにより、キリストの十字架を追体験し、歴史とその暴力を十字架において理解し、十字架を通して解決します。キリストは十字架で苦難と死を体験しましたが、それはキリスト者に同様の苦難と死が降りかかることがなくなるためではなく、むしろ彼らの苦難と死がキリストのそれと似たものとなるためであったのです。ここに、彼らの十字架が単に重荷であるのではなく、光栄となる秘訣もありましょう。

「使徒の働き」が伝える初代教会の使徒や信仰者の姿に、この秘訣がうかがえます。投獄され、サンヘドリンではキリストを証しすること、以後の宣教を禁じられた使徒たちが「御名のためにはずかしめられるに値する者とされたことを喜びながら、議会から出て行った」（使徒五・四一）とあります。「はずかしめられたこと」ではなく、「はずかしめられるに値する者とされたこと」、十字架のイエスの名にふさわしい者となったことを光栄としたのです。その上、十字架は苦難の廃止よりも偉大な影響をキリスト者に与えます。それは、今、彼らに罪の力と闘う力を与え、将来、彼らを罪と死の力から最終的に解放することを約束することです。キリストの十字架は彼らの歴史における苦難がそのままで勝利となりうることを実証しました。この十字架こそ、人間を歴史の中に閉じ込めて惨めな存在とする暴力と諸権力を、神の摂理の枠の中で理解されうるもの、受け入れうるもの、意義がありうるものにすることができる鍵でありましょう。このように、キリストの十字架とそれに呼応するキリスト者の十字架は、歴史が人間に加えることのできる最終的暴力である死に対する最終的勝利であるキリストの復活をキリスト者に確信させます。「死よ。おまえの勝利はどこにあるのか。死よ。おまえのとげはどこにあるのか」（Ⅰコリント一五・五五）と。

とはいえ、地上にあるかぎりキリスト者も歴史の間でその暴力に苛まれるすべての人間と同じように苦難を受け、死にもします。歴史に対する勝利どころか、歴史が彼らを打ちのめすこともしばしばでありましょう。旧約の「義人ヨブ」ですら、極限的な歴史の暴力性を体験する中で「主は与え、主は取られる。主の御名はほむべきかな」と告白した信仰者ですら、「私の生まれた日は滅びうせよ。……その日はやみになれ、神もその日を顧みるな」（ヨブ三・三－四）と叫びました。

そこで、「我はからだのよみがえり、永遠の生命を信ず」と告白しつつ終末の希望に生きるキリスト者には少なくとも二つの課題と取り組むことが求められていると思われます。第一の課題は、「あなたがたはすべての人々に憎まれます。しかし、最後まで耐え忍ぶ者は救われます」（マタイ一〇・二二）とのイエスのことばに従い、恵みの神がキリスト者に与えたこの終末の希望を最後まで堅持することです。いかに歴史に苛まれることが大きくとも、キリスト者は歴史が完全に、最終的にこの希望に生きる者を打ちのめすことができないことを知っています。H・ベルコフの『キリストと諸権力』が指摘するように、キリストの復活は歴史の中で働く力という力、権力という権力をすべて有限で、抑えうるものにしてしまいました。[16] それゆえ、キリスト者は確信します、「死も、いのちも、御使いも、権威ある者も、今あるものも、後に来るものも、力ある者も、高さも、深さも、そのほかのどんな被造物も、私たちの主イエス・キリストにある神の愛から、私たちを引き離すことはできません」（ローマ八・三八、三九）と。

第二の課題は、第一の課題と表裏一体となるものですが、キリスト者には両者を共に目指すことが求められているにもかかわらず、それが時として容易ではないことです。この課題の歴史的脈絡は、有名なヨハネの福音書三章のイエスのことば「神は、実に、そのひとり子をお与えになったほどに、世を愛された」（一六節）にあるように、父なる神が子の受肉において歴史に生きる人間と自己同一をされ、歴史に生きる人間が受ける暴力と痛みの問題を解決してくださることです。この聖書証言をめぐっては、古代教会の神学者アタナシオスの『神のことばの受肉』（三一八？年）が「不朽な神のことばは私たちの世界に来ました。しかも、父なる神の愛を私たちに示そうとして訪問するため、自分を低くしてきたのです。キリストは人間を哀れみ、その弱さを慈しみ、父なる神の手のわざである人間が滅びないため、私たちの腐敗した状態に身を低め、私たちと違わない肉体を進んでとったのです」とする証言があります。[17]

ここから、キリスト者にとっての具体的課題は、この父なる神とキリストの愛と人間との自己同一の原理に応答してキリスト者も同様に愛と自己同一をもって「あなたの隣人をあなた自身のように愛せよ」（マタイ一九・一九）との原理に生きることであります。これは歴史の中に生きるキリスト者にとっての一般的原理ともいえますが、同時に「からだのよみがえり」と関連する終末的な原理でもあることが注目されます。すなわち、マタイの福音書二五章（三一―四六節）のイエスの教え、ちょうど羊飼いが羊と山羊とを分けるように、最後の審判の場面で審判者キリストが永遠の生命を受ける者とそうでない者とを分ける、とする教えですが、率直に言ってキリスト者には重荷となるものです。キリスト教終末論では、一般に最後の審判は「からだのよみがえりの」の直後に位置づけられます。その審判の場でキリストが「わたしが空腹であったとき、わたしに食べものを与え」云々と、渇き、旅人、裸、病気、入獄の時に奉仕を受けたと祝服される者たちに言い、彼らが「主よ。いつ、私たちはあなたが空腹なのを見て、食べものを差し上げ」ましたか、云々といぶかしがる光景です。そして、キリストは彼らに「あなたがたが、これらのわたしの兄弟たち、しかも最も小さい者たちの一人にしたのは、わたしにしたのです」と答えます。この「最も小さい者たち」の解釈をめぐっては、これを歴史の暴力に苛まれるすべての人間と解釈する余地はあると思われますが、その場合「からだのよみがえり」の希望に生きるキリスト者にとって、第二の課題は圧倒されるほどの大きな挑戦となりましょう。神が「世を愛した」ほどの愛の実践が彼らに求められるからです。

(3) 新しい天と新しい地

先に聖書はよみがえりのからだの状態については多くを語らないとしましたが、福音書には「わたしは、よみがえりです。いのちです」と主張したイエスがそれを裏打ちするかのように、死人を復活させた記録が数例あります。その一例は、会堂管理者ヤイロの十二歳になる死んだ娘に「手を取って」、「少女よ。あなたに言う。起きなさい」(マルコ五・四一)と親しく語りかけた事例です。もう一つの事例は、ベタニヤのラザロのよみがえりで、その死を悲しむマリアの痛みに共感して「涙を流された」(ヨハネ一一・三五)イエスが死後四日を経過して墓に収められている死人を「ラザロよ。出てきなさい」の一声でいのちに戻したと記されるものです。この記事に想を得たと思われる印象深い詩に、青春盛りの十八歳にしてハンセン病を発病した後、入信・受洗した歌人で（洗礼名ベタニアのマリア）、生涯療養所生活を余儀なくされた津田治子の「現身は死ぬものゆえに悲しみて、イエス涙を流し給ひき」があります。この詩から、歌人が朽ちることのない「からだのよみがえり」をいかに願望したかをうかがうこともできましょう。

最後に、「イエスの涙」との関連で最も印象的なのは、黙示録二一章が「からだのよみがえり」を経た信仰者が受ける祝福を「新しい天と新しい地」、「新しいエルサレム」と呼び、それを次のように描写することです。「見よ。神の幕屋が人とともにある。神は彼らとともに住み、彼らはその民となる。また、神ご自身が彼らとともにおられて、彼らの目の涙をすっかり拭い取ってくださる。もはや死もなく、悲しみ、叫び、苦しみもない。なぜなら、以前のものが、もはや過ぎ去ったからである」（三―四節）と。この驚くべき描写の中に、「からだのよみがえり」がもたらす親密で、身体的で、歓喜の交わりの祝福が伺えます。「その時、そこで」の信仰者の「からだ」は、そのような祝福を十分味わい、楽しむことができるものなのでありましょう。

おわりに

講演冒頭で東日本大震災の犠牲者の親族や知人に触れました。また、今回のセミナーに参加する皆様が生き、活動する「西日本」は広島の原爆を体験した地域でもあります。被爆者、平和運動活動家などの参加者もおられます。

ヘブル人への手紙六章一九節は、神が私たちに約束された将来への希望を「私たちのたましいのために、安全で確かな錨の役を果」たすものと描きます。ここから古代教会の信仰者たちは「錨」のマークを復活の希望を表現するものとして用いたとされます。ちょうど、彼らの信仰告白の基本であるギリシャ語の「イエス・キリストは神の子、救い主」をその頭文字から「魚」(イクサス)のマークで表現したように、「錨」をもって復活、からだのよみがえりの希望を表現したのです。二一世紀に日本に生きる私たちにとっても、「からだのよみがえり」のリアリティーが私たちキリスト者の人生という航路において信仰の錨となると同時に、福音宣教において「安全で、確かな」希望として提示することができることを祈念して、講演を終わることにします。

〈二〇一七年六月〉

注

1 H. Ringren, "Resurrection," *The Encyclopedia of Religion*, vol. 12, 344. Macmillam, 1987.
2 O・クルマン『霊魂の不滅か死者の復活か』聖文舎、一九六六年、一一頁。
3 同書、九―二一頁。
4 同書、二八―二九頁。
5 C. S. Lewis, *Miracles*, New York, 1947, 167.
6 H. M. McElwain, "Resurrection of the Dead," *New Catholic Encyclopedia*, vol. 12, 419f.
7 クルマン、前掲書、三五頁。
8 同書、五五頁。
9 同書、一七頁。
10 オリゲネス『キリスト教教父著作集八　オリゲネス三――ケルソス駁論』教文館、一九八七年、一三〇頁。
11 H・ベルコフ『確かなる希望』藤本治祥訳、日本基督教団出版局、一九七一年、四六頁。
12 A. A. Hoekema, *The Bible and the Future*, Exeter, 1978, 262.
13 M. Tenny, *The Reality of the Resurrection*, New York, 1963, 150.
14 J. N. D. Kelly, *Early Christian Creeds*, London, 1950, 163-65.
15 北森嘉蔵『神の痛みの神学』新教出版社、一九四六年。
16 H・ベルコフ『キリストと諸権力』藤本治祥訳、日本基督教団出版局、一九六九年。
17 Athanasius, *Oratio de Incarnatio Verdi*, MPG 25, 97-98.(私訳)

＊　＊

〔解説文〕

「からだのよみがえりを信ず」は、二〇一七年六月十九～二十一日に岡山市で開催された「西日本宣教セミナー二〇一七」の一環として行われた公開講演です。講演原稿の原型は福音主義医療関係者協議会（ＥＭＦ）の創立二十周年記念総会（一九八九年十一月三日）に招かれて行った記念講演（「からだのよみがえり」）で、講演原稿は「ＥＭＦジャーナル」（二〇一三、一九九〇、一〇一二）に収録されました。講演題は、日ごろ「人間のからだ」をめぐる医療活動に従事する方々を配慮して選んだ主題です。しかし、今回ここに収録されるものは「宣教」をテーマとするセミナーに合わせ、福音宣教の脈絡で書き改められた論考です。講演時に配布されたテキストを「です／ます調」に変えた以外はそのまま維持し、テキストにはない「はじめに」と「おわりに」の部分は手書きノートから収録したものです。

「十字架と桜」の主題との関連においては、論考はキリスト教と日本の「接点」を福音宣教の観点から捉え、とりわけ、神道・仏教の宗教的背景では強調されない「からだのよみがえり」の教えをキリスト教の特徴的メッセージ、日本宣教においてもっと強調されてしかるべきものと位置づけています。また、論考は東日本大震災六年後にしてなおその後遺症的現象が日本全土に見られ、それが宣教の場にも影を落としている現実を意識しています。さらに、「西日本宣教セミナー」には広島での被爆者、キリスト教平和運動で活動する方などの参加もあることも論考では配慮されています。

第十論考　十字架と桜 II

はじめに

明治時代のキリスト教において、「日本の預言者」とも呼ばれた内村鑑三に『代表的日本人』として知られる英文著作（原著・*Japan and the Japanese*『日本及日本人』一八九五年）があります。内村が日本の精神的伝統を代表するとみなす西郷隆盛、上杉鷹山、二宮尊徳、中江藤樹、日蓮上人の人と思想を例証し、日本にもキリスト教が影響力を持つ西欧の精神文化に匹敵するものがあることを力説した紹介書です。内村と札幌農学校の同門で、同じくクラークから強い影響を受けた新渡戸稲造も、日本精神を一言で要約した英文著作 *Bushido: The Soul of Japan*『武士道』（一八九九年）を出版します。しかし、内村が聖書主義、福音的贖罪信仰にこだわったのに対し、新渡戸は正統的キリスト教への疑いから、人間にある内省的啓示ともいえる「内なる光」を説くクェーカー信仰へと進んだこともあり、日本精神とキリスト教間の同等的調和をこの書で訴えたとされます。『代表的日本人』のドイツ語版（一九〇七年）序文に、内村は新渡戸の書をけん制・批判する一文を寄せています。

「『武士道』即ち日本の道徳にて十分である、これは基督教その者より高くして偉大である、と信ずることは、誤謬である。それは此世の一つの道徳にすぎない。……武士道は決して人間を回心せしめ、新しき被造物、赦されし罪人たらしむることはできない。その美しさに拘らず、それは萬邦無比の富士山のごとくである、——萬邦無比である、併し活動することなき死火山である。或は天下無類の櫻花のごとくである、——天下無類である、併し三日見ぬ間に散りゆく花である。」

これは、新渡戸が武士道を宗教と同列とみなし、「武士道に勝りて宗教の列に加わるべき資格ある倫理体系は稀」とした主張への批判と思われます。この引用文に先立ち、内村は彼の書を「現在基督信徒たる余自身が接木《つぎき》せられている砧木《だいき》の幹を示すもの」と言い、その砧木によって形成された自身が今や神に召されてキリスト者となったとします。ここで、彼がキリスト教と日本との関係を接木と砧木をもって譬えたことがまず注目されます。

そして、武士道を「日本の魂」、日本思想とみなして桜になぞらえた新渡戸が、武士道は明治新時代の倫理規範としては消える運命にあるとしつつも、「その光明、その栄光」は長く生きると確信し、「その象徴する花のごとく、四方の風に散りたる後もなおその香気をもって人生を豊富にし、人類を祝福するであろう」とたたえた桜を、内村が「三日見ぬ間に散りゆく花」と言い切ったことに驚きを覚えます。[1]

明治の天皇制国家体制下にキリスト教と日本との相克という大問題と取り組んだ内村や新渡戸の物語は、太平洋戦争での敗戦によるその国家体制の崩壊、連合軍による占領を経ての新国家体制のスタートから七十年後の私たちには忘れられた過去と映ることでしょう。しかし「キリスト教と日本」のテーマに限定すれば、明治から敗戦までの時代（一八六八－一九四五年）とそれとほぼ同じ長さの歴史を歩んだ戦後の日本（一九四五－二〇一八年）との間には、いったいどのような「非連続」と「連続」があるのでしょうか。今日、非連続性の強調と連続性の強調という二つの思想的潮流が対立しているといわれます。あるいは、日本社会の表層における「非連続」にもかかわらず、深層における「連続」は脈々と躍動しているというべきでしょうか。たしかに、新渡戸が当時の世界に誇った武士道を今日語る者はほとんどいないでしょう。しかし、日本と世界との橋渡し役、国際社会での平和活動家であった新渡戸も多分驚くほど、今日の日本は平和な経済大国、国際社会の優等生を世界に誇っています。また、新渡戸の桜花賛美を「三日見ぬ間に散りゆく」と評した内村には、国・民族の栄枯盛衰史には中枢があるとした「歴史の中枢」と題する一文がありました。日清・日露戦争に明け暮れる当時の国情を意識してでしょうか、「時代の敗壊の中にありて巍然《ぎぜん》として天に向かって聳《そび》ゆるあるを。これキリストの恥辱の十字架なり。……十字架は歴史の中枢なり、人生のよって立つ盤石《ばんじゃく》なり」との預言者的な叫びは、今日の日本のキリスト教世界でどのように反響しているのでしょうか。[2]

第十論考は、「キリスト教と日本」のテーマを二つの観点から分析します。第一の観点は、「二一世紀における『十字架と桜』再訪」と題して、ほぼ四半世紀前にこのテーマに関する素描的提示を試みた第一論考の論点を新たに整理・拡張し、私たちの生きる場である日本という脈絡に注目します。とりわけ、論考がキリスト教と日本のシンボルとみなす十字架と桜のそれぞれがもつ多義性、日本の特異な宗教人口現象に見るキリスト教の位置づけなどを取り上げます。

第二の観点は、論考が日本におけるキリスト教ないしはキリスト者にとって最も重要な二つの今日的課題とみなす歴史認識と自己認識という問題です。なお、ここで検証対象とするのは、日本が近代国家としての確立を見た明治以降の時代です。とりわけ、この時代が明治維新により導入される前半期と第二次世界大戦での敗北を契機とする後半期とに二分されることから、それぞれの時期の特徴的イメージを取り上げます。また、キリスト者の歴史認識に関しては、近代日本を歴史的に捉えることの問題、たとえば国家神道の特異性、「非連続」と「連続」をめぐる問題、歴史を動かすものとは、などのテーマをとりあげます。さらに、キリスト者の自己認識に関しては、論考は近代国家日本に生きるキリスト者のあり方、宣教、愛の実践、愛国心、ディアスポラのキリスト者像などのテーマを取り上げます。

なお、本書冒頭に置かれた第一論考は、セミナー発題であったこともあり、「十字架と桜」のテーマを客観的に素描するものでした。しかし、最終論考はこのテーマにより踏み込んでキリスト者のあり方を問うこともあり、著者がその立場とする公同的・正統的キリスト教を踏襲するプロテスタント福音主義を意識して論述することにします。

第一節　二一世紀における「十字架と桜」再訪

日本の近代、とりわけその国家体制は二つの外からの強烈な圧力、いわゆる「外患」を契機とし、それへの反動として形成されます。外圧の第一は、明治維新として知られる徳川封建体制の崩壊から天皇制近代国家体制への移行期において、アジアに進出した欧米列強による開国・通商の強要です。徳川時代の鎖国政策の終焉は西欧文明、とりわけ先進の科学思想や技術の大挙流入および欧米列強による植民地化の危険に直面することを意味しました。当然、開国は西欧文明の精神的中枢にあるキリスト教文化の流入を意味し、事実、列強の圧力を受けた明治新政権は一八七六（明治九）年にはキリスト教禁令を廃止することになります。西欧植民勢力の清朝中国への進出に危機感を募らせた新政権は、「富国強兵」をもって近代的な独立国家樹立を急ぎ、一八八九（明治二十二）年の「大日本帝国憲法」公布、翌年の「教育勅語」の発布をもって天皇制国家体制を確立します。このような日本の近代化、とりわけ西欧近代文明との関係において、新政権は「和魂洋才」として知られる基本路線を敷くことになります。一方で西欧科学技術（洋才）を積極的に採用し、他方で日本の伝統文化を「和魂」とし保護育成する反面、新政権や伝統文化にとり異質とみなされる外来の思想や宗教の抑圧に向かうことになります。

外圧の第二は、太平洋戦争の敗戦を契機としての連合国による占領と日本再建に向けた占領政策です。占領政策の最も重要案件としては明治憲法に代わる一九四六（昭和二十一）年公布の「日本国憲法」があり、その他に「教育勅語」に代わる翌年の「教育基本法」などがあります。新憲法では民主主義の基本原理である主権在民、信教の自由などが示され、戦争放棄が唱えられます。しかし、敗戦前後に日本政府と連合国間で核心的問題であった天皇制および天皇の戦争責任をめぐっては、連合国側で優勢であった天皇制廃止論は抑えられ、複雑なプロセスを経て象徴天皇理念が新憲法に採用されます。このプロセスを歴史的に精査した武田清子の『天皇観の相剋』は、占領政策が天皇制にまつわる政治的要素を最大限排除し、空洞化する一方で、「『天皇』に象徴される伝統的要素のうち、『民主化』という普遍的要素につなぎうるもの、その方向へ誘導しうるものは、不徹底であっても、残存させた」と結論します。[3] こうして、近代の諸国家の憲法に照らしても例外的とされる、国家の政体規定が明文化されていない憲法、天皇を「君主」とする君主制とも「民主」の共和制とも解釈されうる内部矛盾を含む新憲法が誕生します。敗戦を契機とするこのような新時代の始動を「第二の開国」と呼んだのは日本政治思想史家で戦後の思想界のリーダーであった丸山眞男です。丸山は、第一の開国を受け入れた幕末維新の精神状態と敗戦の衝撃を受けた精神状態の間に類似・パラレルが認められるとしました。[4] このような見方に従えば、第一と第二の開国によりもたらされた二つの時代間の類似性の問題、あるいは「非連続」と「連続」の問題は、日本のあり方の根本を問う日本近代史の大きな課題です。日本におけるキリスト教ないしはキリスト者の使命にとって、これら二つの時代における日本の実相を正しく理解することは、明治元年からちょうど一世紀半に当たる二〇一八年の今日においても、火急の課題といえましょう。

1 「十字架と桜　Ⅰ」再訪

第一論考はキリスト教と日本のシンボルである「十字架と桜」をきわめて対照的なものとみなし、両者を際立たせることを試みました。両者は素材としては「木」であるものの、十字架は人工の処刑道具で死を意味し、桜はいのちを謳歌する自然木で清楚で、清らかな美を意味します。また、キリストの十字架の場合、十字架はそれと表裏一体である復活と続き、自然を超越する神の介入が死の力を打ち破り、新しいいのちへの期待と結びつきますが、咲き誇った桜花は自然の成り行きのまま散り、余韻を残して来春の開花を期待することも対照されます。この「十字架と桜」の連想から、論考はキリスト教における歴史観と日本の伝統観、論理重視と感性中心、父性文化と母性文化、死生観に見る直線的な「闇のち光」と循環的な「光のち闇の繰り返し」などのコントラストを素描しました。さらに論考はキリスト教に対する省察・反省から、「キリスト教と日本」の観点から見た日本におけるキリスト教の姿にも言及しています。しかし、キリスト教と日本とのコントラストは素描されたとしても、論考は両者の対照的実相とはなにか、それをもたらす根本的要因とは何か、といった点には十分に立ち入っていません。

前述のように第十論考は、主に明治維新から今日までの近代日本の実相に焦点を合わせて「キリスト教と日本」を主題とします。先に、近代日本の前半期においては天皇制が国の基本的なあり方を決めたとしました。しかし、敗戦以降の後半期においては西欧世界の議会民主主義が国の基本的あり方とされた反面、それと併存するかたちで象徴天皇理念が導入され、戦前の天皇制にまつわるある部分が残されることになりました。ここから、前半期と後半期に一貫する、国のあり方をめぐる重要要素の一つには天皇制があるといえましょう。そこで、「キリスト教と日本」の観点に限定すれば、西欧世界から導入されたキリスト教とその導入に対応した近代日本のそれぞれが国のあり方、とりわけ天皇制をどのように理解したかは重要な問いとなります。その場合、キリスト教では国々とその歴史を含む「自然」を超える存在としての超越神が何らかの形で意識されるのに対し、天皇が「現人神」とみなされた時代であっても、近代日本においては超越神は意識されることが少なく、国のあり方をめぐるすべてが「自然」の中で生起、進展すると理解されます。そして、第一論考が触れたキリスト教と日本のコントラストの背後には、超越神を意識する世界観とその意識を欠く世界観という本質的な差異があるといえます。

第一論考でシェイクスピア翻訳者と紹介して引用した福田恒存の『日本を思ふ』（第

一論考、三四頁）には「西欧思想の背後にあるもの」と小見出しを付けた一文があります。文芸評論家、大学教授のほかに修辞家の顔を持つ著者はことばに衣を着せない、平易簡明な文章を得意としたことで知られます。

まず、福田はキリスト教がいう「超自然の絶対者としての神」を日本人は「どうしてもわからない」とし、「反対に私たちが神と呼ぶものについては、西洋人は容易に理解できない」とします。この行き違いの一つの原因は、本来人および自然とは次元を異にするキリスト教の「ゴッド」を日本人が人および自然と同一次元の存在とみなす「神」と訳したことにあるとした上で、明治天皇制の構築者たちが「天皇は神であるといふとき」と福田は言います。

「その神は、すでに日本流の神でもなければ、さうかといつてクリスト教的な神でもありません。それが、無意識のうちに、西洋流の神に対抗し、それに牽制されて、なんとなく絶対者のやうな色彩をおびてきたのであります。……結論的にいへば、日本人もまた絶対者を欲してゐるのだ。昔は知らない。が、明治になつて、絶対者の思想を根底にひめた西洋の思想、文物、人間にぶつかつてみると、対抗上、どうしても絶対者が必要になつてくるのです。しかも、日本にはそれがないから、なにか手近なものにそれを求めようとする。」

また、福田はこの行き違いを敗戦後の時代に当てはめ、「超自然の絶対者を設定しなければ、私たち人間はエゴイズムを否定することはできません」とした上で、戦後時代を分析します。

「日本人は封建時代に、現実的な絶対者をもつてゐました。それが明治になつてから天皇制に切りかへられた。そして戦後はさういふ絶対者を一気に投げすててしまつたのです。現在の私たちは単純な相対主義の泥沼のなかにゐる。なほ悪いことに、私たちはそれを泥沼と感じてゐない。たいていのひとが相対主義で解決がつくとおもつてゐますが、私は戦後の混乱のほとんどすべてが、この平板な相対主義の悪循環から生じてゐるとおもひます。」

さらに、この一文の結論として福田は言います。

「日本人と西洋人との対立の根本は、この絶対者の有無といふことにある。私たちは西洋と接触することによつて、私たちの過去の歴史において、ほとんどかかはりのなかつた絶対者の思想に直面してゐるのであります。[5]」

福田の言い回しは一見大雑把に見えるものの、要点は適切に指摘されていると思われ、とりわけ、「日本人もまた絶対者を欲している」との観点が印象に残ります。じつは、この観点はキリスト教がそれ以外の思想や宗教と接触・対峙する時に基本的に持つものであり、神を全世界の創造者とするキリスト教が、その神を知るべきにして知らず、礼拝していない諸民族・宗教に向き合う基本姿勢でもあります。すなわち、被造世界のすべての民族が根源的に創造・絶対神を欲しているとする観点です。この点を新約聖書から例証すれば、アテネのアレオパゴスにおける使徒パウロの教説（使徒一七・二二―三一）があります。ギリシャ文明の学芸の都であるにもかかわらず、神々の像に満ちていることに「憤りを覚えた」パウロは、アテネ人が「あらゆる点で宗教心にあつい」と評価した上で、街中で目にした「知られていない神に」と刻まれた祭壇を例証して聖書の超越神、被造世界の創造神を説いたものです。パウロの姿勢は、「神は、一人の人からあらゆる民を造り出して、地の全面に住まわせ、それぞれに決められた時代と、住まいの境をお定めになりました。それは、神を求めさせるためです」となります。

福田の観点「日本人もまた絶対者を欲している」と関連して注目されるのは、明治の天皇制国家を基礎づけた基本理念が「国学」であったことです。「国学」は江戸中期から後期にかけて起きた、『古事記』、『日本書紀』、『万葉集』などの古典研究を通して、儒教や仏教渡来以前の日本固有の文化や精神の究明をめざした神道の学派で、本居宣長および平田篤胤において完成、発展を見たとされます。とりわけ、平田神道として知られる神道説を確立した平田は、外来の仏教や儒教と「習合」を重ねた歴史的神道ではなく、外来影響を排除した復古神道の確立を目指して尊王攘夷論を唱え、幕末維新と明治政権による天皇制確立に大きな影響を与えたとされます。博学の平田は仏儒諸派に通じていたのみならず、キリスト教や蘭学をも研究し、ラテン語文献も解読したと言われます。

正統的福音主義に立つ牧師で東洋・日本思想研究家でもあった小畑進は、外来思想排除を主旨とする「国学」に「国学者の洋学摂取」の事実があったことを指摘し、とりわけ平田をもって例証します。「文献学者としての本居の学徒でありながら、これを……神学的に一層発展させ、いわば国学を大成したとも言われる平田篤胤が、宣長における世界地理学知識の摂取から一歩すすめて、神観や来世観など、宗教的・神学的に耶蘇教の影響を全面的に受容した事実は、神道史家に黙殺」されているとの指摘です。また、古来より無教祖、無教義、無規則、無偶像の無内容性を伝統とする神道の神論組織化にあたり、平田が明代中国で布教したイエズス会士マテオ・リッチやジュリオ・アレニによる儒教および仏教反駁書から無断借用した事実を証拠立てます。その一例として、小畑は古事記本文冒頭の「天地初発の時、高天原に成りませる神」を解説した平田の文章を引用します。

「天地万物に大元高祖神あり。御名を天之御中主神《あめのみなかぬしのかみ》と申す始なくまた終もなく、天上に坐まし、天地万物を生ずべき徳を蘊し、為事なくして（謂ゆる元始の時より、高天原に大御坐す）、万有を主宰し玉ふ。[6]」

平田における『古事記』の主神を聖書の超越・創造神にすり寄せる所説は平田神道においては日本古来の独自伝統とみなされ、後の明治憲法第一条「大日本帝国ハ萬世一系ノ天皇之ヲ統治ス」および第三条「天皇ハ神聖ニシテ侵スベカラズ」に反映されていることは想像にかたくありません。あるいは、これも福田が言う「日本人もまた絶対者を欲している」の一例証と見るべきでしょうか。

日本では『ねじ曲げられた桜――美意識と軍国主義』（岩波書店、二〇〇三年）の著者として知られる、米国の第一線で活躍する人類学者大貫恵美子には「カミカゼ（海軍特攻隊）、桜花、国家主義」を主題とした英文学問書があります。象徴人類学を専門とする著者は、大戦末期に士官学校卒の職業飛行士ではなく、主に学徒動員や予科練の志願兵が桜花を機体に染めた特攻機で出撃したという異常事態の学問的解明を試みています。著者のシンボルとしての桜理解は次項で触れますが、ここではこの異常事態を生み出した天皇制軍国主義とその背景にある国家神道の実相に注目します。まず、大貫は研究主題を単なる特攻隊物語としてではなく、当時日本に押し迫ってきた西欧の精神文化という大きな流れとそれに対応した日本における古代から受け継がれた精神的伝統、とりわけ天皇をめぐる伝統との脈絡に位置づけます。たとえば、西欧精神文化が理性万能、合理主義の啓蒙主義時代への反動として、古代の超自然や神話、伝統、感性主義、理想や美の探求を重視するロマン主義の時代を迎えていたことに注目する大貫は、明治の天皇制国家の確立から昭和の軍国主義までの歴史に日本的なロマン主義の反映を認めます。また、大貫が人類学の研究方法として「誤認」（メコネサンス・仏語 méconnaissance）という概念に注目する点も特筆されます。これは、ある時代にある意味を持った象徴が他の時代に他の意味を持つこと、あるいは象徴を使用する者とそれを受ける者との理解が同一ではなく、ズレが生じる場合などを指し示す概念です。ロマン主義が重視する美意識の日本における代表ともいえる桜花は好例ですが、桜の本来の意味を越えて意義づけられて政治的に利用されたり、それを人々が理解することなく受け入れる「誤認」として異常事態が説明されます。さらに大貫は、明治政権がその国家体制を西欧、とりわけプロシアを模範として形式的には整備したにもかかわらず、体制の中心、機軸に当たる天皇に関しては、西欧世界には異質と映り、日本古代の伝統からしても特異な新理念を作りあげたことに注目します。当時の西欧絶対君主ですらキリスト教が言う「絶対神」の下位に自らを置いたことに対し、明治政権が古代においては神々の中の一祭神であった天皇を「絶対神」に相当する「現人神」、また全国民にとっての「父なる神」とみなしたことです。大貫は「万世一系の天皇」と「天皇霊が一代の天皇から次代の天皇に移る」という二理念を明治政権による二つの「新考案・作りごと」と呼び、天皇制国家体制のこのような特異性に特攻隊員を「国のため、天皇のため」の犠牲に追いやる異常事態の遠因を認めることになります。[7]

最後に、先に戦後の民主主義体制の基本を策定した連合国側の方針が天皇制をめぐり「民主化という普遍的な要素につなぎうるもの」を残存させたと解釈した武田の『天皇観の相剋』の結論部（「結びにかえて」）に見る一つの視点に言及することにします。戦後の日本において天皇制をめぐり廃止論、維持論、復古論が対立する現状を踏まえて、武田はルーマニア出身の宗教史家、歴史学者として知られるエリアーデが世界の諸宗教における、「聖なるもの」をめぐる「普遍的価値」と「特殊的価値」とを区別した類型論を援用します。ここから、たとえばユダヤ・キリスト教に見るような普遍性の強調は他の諸文化に向かって開かれているのに対し、宗教における特殊性は一地方、一時期的性質を持ち、他文化に対しては閉鎖的となるとされます。武田はこの類型論を戦後日本の国家体制に推し進め、どの国にも普遍的に適用されうる民主主義体制と日本に特殊な天皇制とのあるべき関係を問います。その上で、武田は自らが検証した戦後の国家体制の基礎づけを「特定の目的意識――『伝統』(この場合、伝統のかなめとしての天皇制)の特殊主義的・排他主義的・自己絶対化的要素を出来るだけ排除して、民主化=普遍化しようとする意志――をもって、積極的に伝統文化の変革を試みた特殊な一つの実験であった」と評価します。[8]武田はこの視点が日本の国のあり方をめぐる今日的議論においても有益であるとしますが、この実験を積極的に評価するにしろ、それを占領軍の押し付けと否定するにしろ、戦後国家体制の確立という歴史の重みはいずれの立場にとっても軽視できないものといえましょう。

2 「十字架と桜」の多義性

仏教の蓮華や法輪、ユダヤ教の七肢の燭台やダビデの星、神聖の記号化を禁じているイスラム教における星と三日月のように、十字架がキリスト教のシンボルであることはほぼ万人が認めるところでしょう。桜の場合は日本原産種ではあるものの、国花と公式に規定されていないこともあり事情を異にします。事実、旅券や皇室で用いられる菊、富士山、現行憲法の文言にもある天皇を日本のシンボルとみなす者もいることでしょう。しかし、日本人にとって古代から心情的に身近にあり，もっとも愛されているものといえば誰しも桜を挙げることでしょう。しかし、「十字架と桜」のようにキリスト教と日本のシンボルとみなされる場合には、十字架と桜それぞれに込められた意味合い、しかもそれぞれが多くの意味合いをもって用いられという多義性、とりわけそれぞれの意味合いが優劣のような価値判断をともなう場合は問題となります。そして、「十字架と桜」の主題は、それぞれの意味合いを超えたシンボルとしての領域において、問題の核心が問われることになります。

ちなみに、十字架の多義的な用法を挙げれば、人間の救いのためのキリストの贖罪を示し、それと一体の関係にある復活と結び付ければ、死の力を打ち破る救いの力強さを意味します。また、「十字架のことば」（Ⅰコリント一・一八－二三）と表現されればキリストの救いを中心とするキリスト教の教え全体を意味し、ユダヤ人がこだわる「しるし」とギリシャ人が求める「知恵」と対比されます。そして、「自分の十字架を負う」（マルコ八・三四）の場合は、キリストに従う者の生き方や苦難を意味します。さらに、キリスト教国や十字軍のような場合には、十字架はしばしば宗教上の帰属を宣言するしるしとみなされます。

このような十字架の多義性とは対照的に、桜はそれが植物の桜、桜の花（桜花）、花見（観桜）の対象などと多様に捉えられたとしても、それはひとえに自然の美を意味します。そこには、十字架の場合のような論理や思弁の余地はまったくなく、むしろ美意識の世界そのものです。しかし、古代農耕社会から二一世紀の今日まで、桜は日本の風土、人々、歴史と深く結びついてきました。そこで、桜も多義的な意味合いを持つことになります。古代農耕社会では、桜は神霊を宿す米と結びついて自然の生産力、再生力を意味し、神聖視されます。八世紀の『古事記』や『日本書紀』にも桜や観桜への言及があるとされ、日本最古の歌集『万葉集』では宮廷文化における美意識の代表的表現となります。また、神道や仏教との関連では、平安・鎌倉時代に広まり、宗教儀式とその後の観桜の宴を指す「桜会《さくらえ》」があり、今日では京都の花園神社や醍醐寺の桜会が有名です。さらに、後には大衆文芸の歌舞伎や文学一般が好んで用いるモチーフとなり、これらを総称して「桜文化」と呼ぶ風潮すら見られます。[9] 近代日本においては、江戸末期の新種ソメイヨシノの登場もあり、明治政府が国家統治の一環として率先した全国津々浦々への神社造営と並行して桜の植樹を奨励したことから、観桜は「お花見」として全国的現象となります。また、「桜外交」として桜が積極的に海外諸国に寄贈されたことから、日本と桜との結びつきは世界的な認知を受けることになります。ここで、「十字架と桜」の主題から見る日本の実相という観点に立ちもどれば、一六世紀のキリシタン禁教令から三百年にわたり邪教のシンボルとされ、明治以降でも一般に「日本になじまない」とみなされた十字架と日本文化に深く浸透し、日本人にもっとも愛されている桜とのコントラスト、力関係は一目瞭然といえましょう。

しかし、「十字架と桜」の多義性が提起する問題の核心は二つのシンボルの並列対照ではなく、その背後にある価値判断をともなった評価の問題です。一例を挙げれば、本論考冒頭で触れたように日本の魂を武士道とみなして桜に喩えた新渡戸の桜理解を内村が「三日見ぬ間に散りゆく花」と批判したエピソードの背後にある問題です。内村は桜の美や日本人の美意識を批判したのではありません。むしろ、新渡戸が日本の本質とみなす武士道を桜に喩え、宗教とみなしたことに対し、内村はそれが十字架が象徴するキリスト教のように「人間を回心せしめ、新しき被造物，赦されし罪人たらしむることはできない」としたことにあります。この観点から日本近代史において二つのシンボルが果たした役割に注目すれば、一方が内村が言う「恥辱の十字架」にとどまったことに対して、他方が国家体制により転義的に解釈され、ある目的に向けて利用されたこと、あるいは大貫が言う「誤認」において美意識の象徴であるものが「軍国の花」とされたことに問題があります。さらに戦後日本に関していえば、占領軍によるキリスト教奨励や一時のブームがあったにもかかわらず、キリスト教の十字架は引き続き「日本にはなじまない」外来宗教のシンボルにとどまり、桜は「軍国の花」からみごとに「平和の花」へと転身し、高度成長から経済大国への躍進時には富士山と並んで「繁栄の花」とみなされ、桜祭りがしばしば立役者となる平成期の村おこし、町おこしでは誇り高い日本民族の「伝統の花」へと変身します。キリスト教と日本との関係において、このような「十字架と桜」のコントラストをどのように理解したらよいのでしょうか。

この問題との取り組みの一例として、ここで先にも触れた大貫の英文原書（日本では『ねじ曲げられた桜』として知られる）を参考としてみます。大貫は、この問題を古代における天皇と桜との結びつきから天皇のための兵士の死を「軍国の花」である桜のつぼみや花びらに喩えた太平洋戦争末期までの日本文化史において考察します。たとえば、古代農耕文化において生産力を象徴した桜は大和朝廷による国家制定以降、次第に日本の民族的、文化的独自性を象徴するものへと進化したとされます。国の基本である律令制度、仏教や儒教を含む高度文明を中国から受容した朝廷は、平安時代に入り唐風に代わる大和風文化に自信を強めていきます。中国の宮廷行事であった「観菊」に代わり「観桜」が定着し、天皇の権威を象徴する宮殿正面の植栽では伝統的な「梅と橘」が「桜と橘」に代わります。このように天皇制と結びついて神聖視され、民族の象徴とみなされた桜の進化は、徳川時代の中断はあるものの、明治の新時代に神格天皇制と結びついて再生されます。ちなみに、戊辰戦争以来の天皇のために戦死した者を限定して祀る靖国神社（東京招魂社）の創建は、木戸孝允の発案により桜の植樹により彩られ、後に天皇のための戦死者の魂が神社を飾る桜花として再生されるという「軍国の花」の伝統への道を拓いたとされます。このような過程を考証した大貫はその末尾に、敗戦直後に天皇制日本があたかも一朝にして民主制日本へと転身する一大変化の渦中にあって、若い政治思想史家丸山眞夫が指摘した日本の国家制度、とりわけ天皇制における「無構造の伝統」という理念を紹介しています。これは、日本の思考様式が歴史的にそれ自体を規定するものを持たないために、超国家主義的な天皇制イデオロギーや民主主義を含めたいかなる伝統をも取り込むことができる理念です。この理念の妥当性を認めた上で、大貫自身としては明治の天皇制自体が超国家主義に帰結し得る「構造的」要素を内に持っていたと結論します。[10]

3　日本の宗教人口と戦後宗教の実相

「諸民族への使徒」パウロは学芸の都アテネに氾濫する神々の祭壇を見、アテネ人に「あなたがたは、あらゆる点で宗教心にあつい方々」（使徒一七・二二）と語りました。そのパウロが近代日本を訪ねたとすれば、同じように日本人を「宗教心にあつい」と評価することでしょう。しかし、ユダヤ教からキリスト教へ改宗し、宗教上の帰属にこだわる彼が、日本の宗教人口が総人口の一・五倍もあることを知れば驚くことでしょう。事実、文化庁による最新の「宗教統計調査」（二〇一七年度、宗教団体の自己申告に基づく）によれば、信者総数は一億八千二二九万で総人口の一億二千六百万をはるかに超えています。明治以降一般的に用いられてきた神道・仏教・キリスト教を三主要宗教とみなす内訳に従えば、神道系が八千四七四万、仏教系が八千七七〇万であるのに対し、キリスト教系が一九六万となります。信者総数には総人口のうちにかなりいると思われる「無宗教」の人々が入っていませんので、この統計から二つのことが明らかになります。主に神道系と仏教系との間で帰属が二重に申告されているケースがかなりあることが一つで、もう一つはキリスト教系が信者総数では一％と圧倒的に少数であることです。統計は肯定的にも否定的にも捉えられますが、これが宗教をめぐる戦後日本の実相の一面を明らかにすることは事実でしょう。ちなみに、評論家・ドイツ文学者で『ビルマの竪琴』の著者として知られる竹山道雄の肯定的評価は、日本人一般の宗教観を言い表していると思われます。

「きよらかな自然感に浸って、祖先以来の民族感情にふれたいときには、神道による。慈悲の救いを聞きたいときには、仏教に訪ねる。現世の人倫を教わりたいときには、儒教の本を読む。隣人の愛とは何かと思えば、（日本的に解釈された）キリスト教の説教をきく。……これを雑然たる折衷主義だとするのは、まるで前提のちがうキリスト教の立場からまちがった判断をしているのである。ここにはすべての存在の支配者たる唯一の絶対者はない。人間はただ、知られざるカミに参与しようとねがうのである。……この故に、一つの神棚と仏壇が同居していても、矛盾ではない。日本で信徒の総数が人口よりもはるかに多くても、ふしぎではない。[11]」

さてここで、戦後宗教の実相を明らかにする一助として、宗教帰属のうえではキリスト教とは無関係の三名の著名で、それぞれ立場を異にする宗教学者の見解を垣間見ることにします。第一は国家神道研究で著名で、戦後の新宗教研究でも知られる村上重良です。経歴上特筆されることの一つに、日本共産党所属の村上が党が創価学会との和解を進めた「創共協定」（一九七四年）を批判し、党から除名されたことがあります。第二は評論家、国際日本文化センター所長・教授として知られる山折哲雄です。一神教と多神教という宗教学上の分類に関しては、多神教優越論者として知られます。第三は大学教授として近代日本の宗教を研究し、国内外で神道、仏教、キリスト教関係者との交流を積極的に進め、最近では「世界平和アピール七人委員会」委員として知られる島薗進です。

第一の村上の著作には長らく国家神道の定説とみなされてきた『国家神道』（一九七〇年）がありますが、ここではその後の村上説への批判にも一部対応したと思われる『天皇制国家と宗教』（一九八六年）を参照します。この書の最終章が明らかにするように、村上は近代日本の前半期と後半期との「非連続」を強調し、「一九四五（昭和二十）年八月一五日、日本政府はポツダム宣言を受諾して、連合国に無条件降伏し、日本は新しい歴史を歩み始めた。……ポツダム宣言の受諾によって、日本の宗教は、明治維新に匹敵する巨大な変革を体験することになった」とします。ここから、国家神道を非宗教として国民に強制した戦前の天皇制国家と信仰の自由が認められた戦後の民主主義国家における政教関係を基本的に対極と位置づけることになります。

「まえがき」において、村上は明治政権が「新しい国教」である国家神道をつくり出したものの、諸外国からの政教分離要求への対応から、いわゆる「祭祀と宗教」分離によって神社を非宗教の国家祭祀機関とし、神社行政と宗教行政とを区別し、日本には国教はなく、神社は宗教ではないとの建前とします。また、明治憲法は対外向けに国家が許す範囲での信教の自由を認めます。現実には「事実上の公認宗教である教派神道、仏教、キリスト教のうえに国家神道が君臨する宗教体制が構築され」たとします。その結果、前半期末の軍国主義台頭期においては、「国家神道に完全に従属した教派神道、仏教、キリスト教、新宗教は、国策奉仕と戦争協力によって、国家神道を補完し、国民を戦争にかり立てる役割を果たした」とされます。

村上はこのような基本線を本論の最初の二章で細かく検証するのですが、興味深い点は第三章「宗教国家としての大日本帝国」で「不敬罪による宗教弾圧」などを扱うことです。戦前の国家体制を「宗教国家」と規定することは注目されますが、不敬罪をめぐっては、通常キリスト教との関連で取り上げられる内村鑑三の「不敬事件」への言及がないこと、また「治安維持法」（一九四一年）との関連ではホーリネス教団弾圧のみが言及されることは特異といえます。戦後の民主主義国家体制に関しては、終章「日本国憲法と信教の自由」において村上は「神道指令」、「宗教法人法」、信教の自由、政教分離、象徴天皇制、皇室祭祀を論じつつ、戦前との「非連続」性を強調します。とりわけ注目されるのは、村上が「皇室神道」と呼ぶ皇室において天皇が私的に行う祭祀を象徴天皇との関連で論じ、「皇室神道」が「神道指令」では触れられず、戦前とのつながりを排除した新しい「皇室典範」において温存されたことを特筆します。そして、象徴天皇制をめぐる村上の結論は以下のようになります。

「象徴天皇制は、憲法上の制度でありながら、憲法に見あう皇室法規を基本的に欠き、象徴天皇制の実態を制度的に構築できないまま、憲法を超えて、戦前の天皇制への回帰と国家神道の復活を志向することになった……。[12]」

第二の山折の『さまよえる宗教』は戦後宗教に焦点を合わせてはいますが、折々に執筆された論稿を表題にそってアレンジした論集で、また戦後宗教の総評を意図していません。とはいえ、先の村上の所説とは異なり、戦前と戦後の連続性と非連続性双方の調和を戦後宗教の重要な課題とする著者の姿勢は明らかに示されています。宗教思想史を専攻する著者は、まず宗教学ではオーソドックスな方法論と思われる「一神教と多神教」の対照をタテ糸として多様な論題と取り組んでいるように思われます。ここから、一神教のキリスト教的背景を持つ西欧民主主義と歴史的には多神教神道を基盤とする天皇制との対照というテーマが見られます。

山折は戦後宗教を民俗学、歴史学、科学思想などの大きなテーマとの関連で論じているのですが、興味深い点は冒頭の第一章を「無教会派の今昔」と題して、そこでキリスト教の日本化を大胆に試みた内村鑑三とその門下の南原繁を論じていることです。山折はここで連続性と非連続性との調和の事例として無教会派を取り上げたのかもしれません。内村の生涯の目標を「日本人になること」と解釈する山折は、内村の主要著書『余は如何にして基督信徒となりし乎』を分析します。内村が渡米目的を「第一に人となること、次に愛国者となること」としたことに注目して、山折は「内村鑑三は、日本人であるにもかかわらずキリスト教徒になったのではない。キリスト教の胎内に身を投ずることによって日本人となったのだ」と結論します。このような山折の内村観や内村の「聖化された武士道」を「教会なき教会」（無教会主義）と同一視する妥当性は問われましょうが、キリスト教を媒介として「日本人になる」ことに注目する山折の観点は明白です。

　次に、山折が内村門下の中でも南原に注目する理由は、戦後の初代東京大学総長であり「教育基本法」制定の実質指導者であったことに加え、南原の象徴天皇理解に注目し、そこに戦前と戦後の調和の一因を見だしたからだと思われます。たとえば、南原が教育の場において「宗教の世界」をいたずらに否定せず、「大切に空白のままに残して置いてもらいたい」と願ったことを例証し、山折は南原の象徴天皇理解がこの「大切に空白のままに残」されるものに相当すると解釈します。象徴天皇制を戦前の国家神道ではなく、本来の神道に基づく天皇制の継承と見たことになりましょう。そして、山折はその戦後宗教の総評ともいえる次の一文を第一章の末尾に加えます。

「戦後の五十年が流れた。教育基本法の五十年である。象徴天皇制の五十年、といってもいい。気がついたときわれわれは、『宗教』という名の錨《いかり》を荒波にもぎとられたまま、あてどなく漂流する日本丸の自画像に直面させられていたのである。[13]」

第三の島薗は村上の国家神道説の批判者としても知られ、戦前と戦後の非連続性を極力抑制して、連続性を日本宗教の本来的あり方として強調する立場を採ります。島薗には「(総説)宗教の戦後体制——前進する主体、和合による平和」と題された長文論稿があります。まず「総説」とあることから戦後宗教全体の総評が期待されるところですが、期待に反して「総説」の構成は特異なかたちを取ります。ちなみに第一節(「占領」からの解放)では、島薗が戦後宗教における主要テーマとみなす二点、「広い意味での国家神道」が戦後も残っていることと彼が「戦後の宗教史のもっとも目立った現象」とみなす仏教系の「新宗教の発展」が特筆されています。仏教系の主要教派の動きを等閑視していることも特異といえましょうが、キリスト教への言及が本論中一か所のみ、「知識人を中心にキリスト教やあるべき近代を支えるものとしての宗教への関心も高まったが、幅広い層への影響という点では新宗教の発展がはるかに意義深い」であることも異常と写ります。また異常といえば、「総説」の中心部二節が池田大作の『人間革命』と創価学会関連で占められていることもありましょう。さらに、島薗は最後の第四節でこの論稿で唯一「総説」にふさわしい一文を加えます。

「宗教の戦後体制はひとまず、諸宗教集団の共存とそれを支える信教の自由の理念によって特徴づけられるであろう。神道、仏教、キリスト教、新宗教が国民個々人の市民的主体性を形づくり、対等の立場で社会の福祉に貢献し、民主主義社会を支えるという建前である。」

しかし、この「建前」には留保条項が必要であるとして、島薗がその筆頭に「戦前と比べればはるかに弱められた形ではあるが国家神道は存続し、国民統合という観点からは諸宗教の上位に立とうとする機会をうかがい続けているということがある」を挙げ、国家神道をめぐる宗教的、政治的議論を推奨していることも特筆されましょう。[14]

なお、島薗には国家神道を主題とし、より整備された論述を展開する後の著作『国家神道と日本人』があります。そこでは、著者は先の論稿で用いた「広い意味での」とか「はるかに弱められた形」などというあいまいな表現を前面に押し出すことはなく、明治以降の神道史を踏まえた国家神道観を提示します。また、彼が国家神道の解体をもたらしたと一般に考えられている「神道指令」の再解釈を試み、戦後の国家神道存続論を打ち出しています。

紙面の都合もあり、ここでは、彼が今日的議論の前提とみなすと思われる一点のみに言及することにします。この前提は「明治初期以来の近代国家形成のビジョンとして祭政一致、祭政教一致という考え方があり戦前の国家神道を導いたこと、神社神道は国家神道の一部にすぎず皇室祭祀がきわめて大きな役割を果たしたこと、この両者は一体であるべきものと考えられてきた」と表現されましょう。しかし、先に見たように明治政府は政教分離を迫る欧米列強に向けた建前論として国家神道と神社神道を分離し、国家神道を宗教ではないとしたこともあり、著者が「神社神道は国家神道の一部にすぎず」とすることは問題となりましょう。また、戦前の「皇室祭祀が〔国家神道において〕きわめて大きな役割を果たした」ことは事実としても、皇室祭祀については敗戦後の占領政策が「神道指令」では触れなかったものの、信教の自由との関連で天皇の私的な宗教行為として手づかずに残したことにも留意が必要と思われます。いずれにしろ、著者はこの前提を推し進めて、「実は国家神道は解体していない。もちろんその規模は格段に縮小した。だが、今も生きているのだ」と結論します。ただし、著者は戦後の国家神道の「全体像」は今でも明示されたわけではなく、また、それが国民にとって「見えにくい」ことからさらに議論の積み重ねが必要とするのですが、その「本音」は「皇室祭祀が残ったことにより国家神道が今も生きている」という確信であり、「信教の自由について、西方キリスト教を基準としがちな思考枠組の偏りを見直す」ことであるといえましょう。[15]

以上、日本の宗教を専門とする三名の宗教学者の見解を垣間見ましたが、彼らが理解する「戦後宗教の実相」には、明治政権が外国向けに採用した「神道、仏教、キリスト教を日本の三主要宗教とみなす」姿勢とはうらはらに、キリスト教の地歩がほとんど認知されていないことです。認知があるとしても、宗教人口調査が指し示す一%の宗教あるいは日本の伝統宗教に対峙する外来宗教ということになりましょう。見方を変えれば、彼らの見解は「十字架と桜」や「キリスト教と日本」という主題がいかにキリスト教がこだわる特異なものであるかの証言といえましょう。

第二節　近代日本におけるキリスト者の歴史認識と自己認識

本論考は「十字架と桜」の主題のもとにキリスト教と近代日本との関わりを垣間見てき

ましたが、ここで本書が副題とする「キリスト教と日本の接点に生きる」にそってキリスト教あるいはキリスト者のあり方に注目することになります。すなわち、キリスト教ないしはキリスト者がどのようにその時代とそこに生きることを理解したか、理解するかがおもな焦点となることです。

この焦点との関連で、日本政治思想史の講義（一九六四年）の中で丸山眞男が示唆に富んだ視点を示していることを最初に注目します。講義は日本における「思考様式の原型（プロトタイプ）」の主題のもとに歴史観、永遠と時間の関係を問題としています。丸山は『古事記』や『日本書紀』の神話においては「神代が人代と結ばれ、歴史的にも接続したもの」とみなし、「現在の時間を同一線上に無限に延長したところに永遠」を設定するため、「すべては歴史的・時間的となる」とします。また、そこには超越的な絶対者や「永遠」という独立概念がないため、「一切を自然的な時間経過に委ねる」歴史主義的相対主義、現世中心主義があるとし、丸山はこれを「生成のオプティミズム」（楽観主義）と呼んでいます。さらに、丸山はこのような歴史観とは対照的なキリスト教歴史観に触れ、次のように言います。

「時間および歴史は、人間が一回限りこの世に生まれ、神の計画の実現に参加する場であり、その意味で瞬間瞬間に永遠が宿っているとされるからである（「永遠の今」Der Augenblick ist Ewigkeit）。これに対し、日本の『原型』的思考においては、永遠と現在とは同一次元にあるとされ、各瞬間に永遠が宿るという考え方はない。このため瞬間を瞬間として享受するのみで、現在を積極的に意義づけ、肯定する契機は薄弱である。[16]」

注目に値することは、丸山がキリスト者は歴史を「一回限りこの世に生まれ、神の計画の実現に参加する場」とみなし、それを日本的な歴史相対主義、現世中心主義と対照することです。この対照を一つの示唆として、以下にキリスト者が近代日本に生きることの意味を考える「日本近代史のはざまで」、近代日本を歴史的に捉え、キリスト者のアイデンティティを問う「キリスト者の歴史認識と自己認識」の二点を垣間見ることにします。

なお、ここで二つの留意点を加えることにします。一点は、第四論考（九八－一〇二頁）で簡単に触れた「日本人キリスト者」と「キリスト者日本人」という呼び名をめぐるものですが、ここではこの論考が結論とすることになる「キリスト者日本人」の視点で考えることにします。もう一点は、同じく第四論考に登場する「キリスト者日本人の内的確立にとっては、佐伯を説得し、遠藤を論駁し、内村を乗り越える試みが不可欠」としたきわめてあいまいな文章（第四論考・一〇五頁）に関してです。すなわち、専門の米文学研究からキリスト教にも造詣の深い佐伯が「超越神の一神教に対して覚え始めた反撥と違和感が、おのずとぼくを内なる神道へ」と導いたとする「内なる日本人性」理解に対する弁明、キリスト教と日本との「距離」を問題としてきたカトリック作家遠藤が日本におけるキリスト教を弱者のための、異邦人的宗教でよいとする立場および日本泥沼論への反論、内村の二つの「J」を焦点とする信仰の「楕円」理解との対話という課題です。じつは、今回の出版にあたりこの文章の手直し（削除、補足説明）を考えたのですが、そのままに残したものです。この課題にここで解答が得られるとは思いませんが、その糸口発見を試みることにします。

1　日本近代史のはざまで

「あなたがたは行って、あらゆる国の人々に」（マタイ二八・一九）福音をという世界宣教を使命とするキリスト教は近代日本にやってきました。旧教カトリックにとっては一六世紀以来の再登場、新教プロテスタントやハリストス正教（ロシア正教）などにとっての初登場です。しかしキリスト教の登場は、それから一千年以上前に日本が先進中国文明と共に積極的に導入した仏教・儒教到来の場合とは異なり、アジアに進出した欧米列強からの開国・通商要求という外圧と一体となってやってきました。しかも、キリスト教はこれまで禁教の「邪宗門」とされており、神・儒・仏の伝統文化を根底から破壊しかねない教えでもあることから、異質的で歓迎されない宗教としての登場となります。たしかに、キリスト教が近代日本史の前半期と後半期と二分される、かなり異なった近代日本の脈絡に生きたことは事実です。しかし、「日本近代史のはざまで」生きるキリスト者には、まず一世紀半にわたるキリスト教の歴史が一体であること、キリスト教、教会、信仰者といろいろな形態を取るにしろ、キリスト教が福音のあかしと日本の時代的脈絡との「はざまで」生きてきた一つのリアリティーであることを実感として確認することが求められていましょう。これは、明治初期の禁教令撤廃、「大日本帝国憲法」と「教育勅語」の発効を契機とする天皇制国家体制の確立、日清・日露戦争、帝国軍によるアジア侵攻から太平洋戦争、ヒロシマ・ナガサキ、敗戦、占領から「日本国憲法」と「教育基本法」制定、民主主義国家における経済成長と再軍備、東日本大震災、などそれぞれの時代においてキリスト教がその歴史の刻印を近代日本に記してきたことの確認です。

近代日本におけるキリスト教史の一体性の確認に加えて、次にその歴史の「意味」を問う場合には、前半期と後半期の二つの異なった国家体制を経験したキリスト教史を分けて考えることが必要となります。国家神道という疑似宗教の下位に置かれて国家により公認・管理されたキリスト教の歩みと信教および宣教の自由を保障された新時代の歩みを同列に扱うことができないからです。とはいえ、キリスト教が歴史宗教であることのゆえに、いつの時代にもキリスト者には時代の「見張り人」、「証人」として過去を評価し、現在を分析し、将来を展望する責任を負っていることの確認が必要となります。この観点から、近代日本におけるキリスト教のイメージ、戦前キリスト教の評価と反省、戦後キリスト教の課題と挑戦の三点にしぼって近代日本に生きるキリスト教ないしはキリスト者の素描を試みることにします。

(1) 近代日本におけるキリスト教のイメージ

キリスト教はそれを背景とする西欧文明の一環として近代日本に導入されました。日本人にとっては、宗教としてのキリスト教は西欧文明の思想、科学、文化から理念的にも、実感としても区別できない表裏一体、「外国の宗教」と受け止められることになります。先の第四論考(一〇一－一〇二頁)で触れた知日派ジャーナリスト、ウォルフレンが、戦前のみならず戦後の現代においても「異常な外国の思想」というキリスト教のイメージは変わっていないと断言したことも留意されます。このような表層的イメージではなく、より近代日本におけるキリスト教の実相を反映するイメージを求めれば、その一例には米国教育宣教師家庭に日本で生まれ、東洋・日本史学者として知られ、駐日大使やハーバード大学日本研究所所長などを歴任したライシャワーの見解があります。

ライシャワーは、まず近代日本においてキリスト教が神道、仏教と並んで日本の三主要宗教とみなされてきたこと、広範囲に日本に導入された西欧文明と区別できないかたちでキリスト教が受け止められてきたことを強調します。次に、彼は神道や仏教に共鳴する多くの日本人がそれらの宗教儀式には参加するものの、必ずしも教義を信じ、信仰を実践するとはかぎらないとし、また日本人の多くがキリスト教に関心を持ち、その礼拝や行事に参加することを拒まないとします。このような分析から、彼は「キリスト教徒の実数は、それよりもはるかに大きいキリスト教的影響の中核とのみみなされるべき」と結論することになります。

ライシャワーの分析で注目されるもう一点は、彼が主にプロテスタントに焦点を合わせ、また、他のアジア諸国におけるキリスト教導入との比較において、近代日本のキリスト教に見られる三つの特徴を挙げることです。第一の特徴は、キリスト教が当初より旧武士階級出身者の指導のもとに自立心の強い、独立した教会形成に向かい、結果として欧米の帝国主義的支配と結びつく「汚名」からまぬがれえたことです。ここで、彼は内村鑑三を特筆しますが、内村評としてはその門下から戦後の指導者（大平首相を含む）が多く出たことに注目しています。第二は、キリスト教が教育を重視し、海外からの教育宣教師の協力もあり、戦前の初・中等教育、戦後の高等教育における貢献、とりわけ女子教育への大きな貢献があったことです。第三は、近代日本におけるキリスト教が「近代化に向けてのよりリベラルな選択肢を代表する傾向」を持ってきたこと、そしてこの傾向が日本の政治、社会事業、思想などの分野に広く認められることです。[17]

(2) 戦前のキリスト教——評価と反省

近代日本におけるキリスト教の連帯意識原則からして、戦前のキリスト教を理解することは、それが戦後のキリスト教にとって無関係なことでも、またそれを戦後のキリスト教の基準で判断すべきことでもないことを意味します。しかし、戦前と戦後の断絶が大きいだけに、両者の関係を正しく理解することが困難であることも事実です。この点に配慮して、以下に戦前のキリスト教史に見られる三つの側面に注目することにします。

第一点は、「日本の精神風土との対峙・対決の中で」認められるキリスト者像とその多様なタイプをめぐるものです。先のライシャワー論稿は初期のキリスト教指導者が儒教教育を受けた、旧武士階級出の氏族であったことから、彼らが独自にキリスト教を理解し、信仰理解においても多様性が見られたとしました。しかし、キリスト教と日本との関係に関しては、圧倒的に日本を主体とした理解、「日本とキリスト教」あるいは本論考が言う「日本人キリスト者」理解が多かったと思われます。

武田清子の『人間観の相剋――近代日本の思想とキリスト教』は主に明治期のキリスト者が日本的精神と対決した主要な三点を宗教的な「神々」（神道・仏教）と「天」（儒教）との対決、「人格的主体」の確立をめぐる対決、家族制度などの社会倫理（一夫一婦制など）や信仰共同体（教会）理解をめぐる対決があったとします。とりわけ第三点をめぐっては、武田は天皇制絶対主義を確立した「大日本帝国憲法」と「教育勅語」およびキリスト教を「無国家的」と批判した井上哲次郎の『教育ト宗教ノ衝突』との対決が新たに大きな問題として登場し、そこに対峙・対決に三つのタイプが見られたとします。第一の「伝統的タイプ」は天皇を全国民の「父」とする「家父長制的家族主義」から天皇制を全面的に受容する立場、第二の多数派「共存タイプ」は「カイザルのものはカイザルに、神のものは神に」の二分立から、キリスト者も国民として天皇制を受け入れる立場とされます。さらに、武田は第三の「対決的タイプ」を「天皇を神格化し、人民に臣民としての絶対的服従を要求する政治権力としての日本における天皇制はその本質において、キリスト教と矛盾対立するものだとして、天皇制を批判し、その合理化をはかろうとする」立場と位置づけます。[18]

第二点は武田が言う「対決タイプ」をめぐるもので、多くの研究者がこのタイプには内村鑑三、伝統的福音主義神学者、教会人の植村正久、キリスト教思想家、牧師の柏木義円などごく少数者を数えることです。これらのキリスト者の中で、内村は明治期のキリスト教史の中でも突出した事件とされる教育勅語の奉拝をめぐる「不敬事件」（一八九一年）と日露戦争（一九〇四―〇五年）前後に「非戦論」を提唱したことで特筆されます。たとえば、内村の非戦論をめぐり丸山眞男は、当初から非戦論者でなかった内村に転換をうながすものに歴史認識、日本による日清戦争への参戦がかえって中国分割をもたらしたとする認識があったとします。そして、日本の「帝国主義の経験から学び取った主張であったということは、彼の理論に当時の自称リアリストをはるかにこえた歴史的現実への洞察を付与する結果となった」と丸山は結論します。注目されるのは、丸山がこの「歴史的現実への洞察」を内村における「対決タイプ」の批判的精神の鍵とみなしていることです。また、丸山のこの内村評に呼応してか、武田が内村をめぐる論集を『峻烈なる洞察と寛容』（一九九五年）と題したことも注目されましょう。[19]

丸山や武田が内村に代表される「対決タイプ」の急進性を「歴史的現実への洞察」と結

びつけることに対して、むしろそれを反西欧の「攘夷的心情」と結びつける立場もありましょう。一例を挙げれば、日本近代史学者、大学人の大濱徹也は、明治期の主要教会指導者が多く旧武士出身で、戊辰戦争で「負け組」であったことに注目し、「勝ち組」が進める明治国家構築への「対決」を「維新革命を補充し、完成させるための精神革命をになうものとして、キリスト教がある」という確信と結びつけます。このような「攘夷的感情」から、内村の対決的姿勢も「欧米キリスト教は実は堕落しているのであって、今こそ真のキリスト教を日本がつくり上げねばならない」という「日本的キリスト教」の脈絡で理解されるとします。[20]「歴史的現実への洞察」にしろ「攘夷的心情」にしろ、対決姿勢で知られる革新的キリスト教が「日本とキリスト教」という大きな脈絡に位置づけられていたことは注目されます。

第三は、第二次世界大戦の一環として展開された太平洋戦争期（一九四一－四五年）のキリスト教に関するものです。日本では公式には「大東亜戦争」と呼ばれ、日本がアジアに進出した西欧植民勢力のイギリスやオランダ、また、新たにハワイとフィリピンを併合した米国と抗争し、太平洋沿岸国、東南アジア全域、さらにインド洋沿岸国まで拡張された戦争となります。日本および参戦国と被侵略国における人的被害は甚大で、この戦争が広島と長崎への原爆投下をもって終局を見たこともこの戦争の悲劇性を強く印象づけることになります。日本では、戦後この戦争が「自衛戦争」か「侵略戦争」かをめぐり論争されることになりますが、勝者による「極東裁判」と「被侵略国」においては広く侵略戦争とみなされました。

「大東亜共栄圏」という宗教的な神国思想と欧米列強からの「アジアの解放のための聖戦」というスローガンのもとに、日本のキリスト教が戦時体制に積極的協力したことは歴史的に否定できないことです。戦時下日本におけるキリスト教のイメージをここでは描くことはしませんが、それについての戦後の一つの証言には触れることにします。それは、一九六七年日本基督教団総会議長の名で公表された文書、「第二次大戦下における日本基督教団の責任についての告白」です。戦前に国家の意向によりプロテスタント主要教派の合同教会として結集した日本基督教団は、それを信仰的に受け止め、戦後も機構上の一貫性を守った教会です。この告白の採択をめぐっては教団内に論争があったといわれますが、戦前と戦後のキリスト教間の連帯意識に立って、戦後の教団が戦前の教団の戦争責任を公に告白したことにその歴史的意義はありましょう。

さて、告白文は戦前「教団の名において犯したあやまち」を、「主のあわれみと隣人のゆるし」を願って告白するとします。また、「歴史の主なる神」を第一に意識しつつ、この「あやまち」を「国を愛する故にこそ、キリスト者の良心的判断によって、祖国の歩みに対し正しい判断をなすべき」であったにもかかわらず、「戦争を是認し、支持し、その勝利のために祈り努めること」と表現します。さらに、告白はその視野を世界との連帯へと広げ、「この罪を懺悔し、主にゆるしを願うとともに、世界の、ことにアジア諸国、そこにある教会と兄弟姉妹、またわが国の同胞にこころからのゆるしを請う」としています。[21]

(3) 戦後のキリスト教――課題と評価

戦後日本を「ひとこと」で表現することがほぼ不可能であると同様に、戦後のキリスト教あるいはそのイメージを捉えることは簡単な作業ではありません。そこで、ここではキリスト教の歩みにおいて直面したいくつかの重大局面においてキリスト教が何を主要な課題とし、それとどのように取り組んだかを垣間見ることにします。第一の重大局面は日本の敗戦と占領を契機とする大変革をめぐるもの、第二は「靖国神社法案」の国会提出（一九六四年）に端を発する日本の宗教、とりわけ戦前の国家神道をめぐる動き、第三は地下鉄サリン事件（一九九五年）から東日本大震災（二〇一一年）を経て今日に至る、日本における宗教のあり方が問われ直されている局面です。

第一の重大局面は、キリスト教が敗戦を契機として戦前の宗教的統制から解放され、占領軍の宗教政策の肩入れもあり、一時ブームを迎えて教勢拡大などの自己形成に向かった戦後二十年ほどの時期をめぐる問題です。宗教社会学者、中野毅は占領期における「アメリカの対日宗教政策」には国家神道の廃絶を目指す主要部分のほかに宗教一般に向けた部分があり、そこでの政策の基本にキリスト教中心の思考があったと指摘します。たとえば、時の米国大統領ルーズベルトが描く戦後の世界が「キリスト教的理想に基づく四つの自由〔言論および信教の自由、欠乏およびテロリズムからの自由〕が実現された世界」であり、「キリスト教的理想と完全に相容れない三要素〔軍事力、侵略的哲学とそれによる国民の鼓舞、独裁的政治形態〕とその統合体制こそが決定的に破壊される」世界であるとします。さらに、マッカーサーが個人的にキリスト教を「日本人の精神的空白を埋める唯一の宗教」とみなしたこともあり、中野は宗教政策が日本のキリスト教化を意図していたと結論します[22]。

中野の主張は歴史学的に十分実証されているかはわかりませんが、もしこれが事実であったとすれば、戦後の再出発時におけるキリスト教に大きな問題を提起することになります。すなわち、キリスト教が敗戦を契機とする大変革が意味するところを十分把握した上で再出発したかが一つであり、キリスト教の歴史的背景にあるとされる民主主義的諸原理をただ享受するだけでなく、厳正に理解して守ることを自らの課題として取り組んだかがもう一つの問題となります。
　これらの問題を直接視野に入れたものではありませんが、一九六二年の時点で日本の思想世界に向けて提言した一証言に注目したいと思います。丸山眞男の『日本の思想』は思想界における「日本民族の抱擁性」を問題にします。丸山はそれを「あらゆる哲学・宗教・学問を――相互に原理的矛盾するものまで――『無限抱擁』してこれを精神的経歴のなかに『平和共存』させる思想的『寛容』の伝統」あるいは「精神的雑居性」と呼びます。丸山はさらに踏み込んで、「雑居的寛容の『伝統』のゆえのはげしい不寛容」（傍点、筆者）が逆に生じる、とします。この論点のしめくくりとして丸山は次の一文を置きます。

「西欧やアメリカの知的世界で、今日でも民主主義の基本とか、民主主義の基礎づけとかほとんど何百年以来のテーマが繰りかえし『問わ』れ、真正面から論議されている状況は、戦後数年で『民主主義』が『もう分かっているよ』という雰囲気であしらわれる日本と、驚くべき対照をなしている。」[23]

　ここで丸山が指摘する「抱擁性」問題は、いわゆる思想・信仰上の立場変更、「転向」問題と深く関連すると思われますが、これが戦前には日本中心のキリスト教理解を強調し、天皇制軍国主義に積極的に協力し、戦後には民主主義に一転して、しかも「転向」指導者を多く出したとされるキリスト教の再出発にも当てはまるのではないかが危惧されるところです。

第二の重大局面としては、自由民主党が靖国神社の国家護持を目指して「靖国神社法案」を国会に提出した一九六四年あたりから、日本社会全体を震撼させた関西・淡路大震災とオウム真理教による地下鉄サリン事件が発生した一九九五年あたりまでの時期、戦後日本のあり方、アイデンティティが本格的に問われた時期と考えられます。「靖国神社法案」は五度の国会提出の後、国民および宗教界からの広い反対もあり、一九七四年に廃案となります。宗教界からは仏教系、キリスト教系に加えて神社神道系からの反対があったことが特筆されます。法案に代表される復古的、反動的動きの背景には、この時期に顕著となる宗教団体の政治進出があったと考えられます。宗教社会学者、塚田穂高の『宗教と政治の転轍点』によれば、宗教法人・神社本庁と神道政治連盟、生長の家、日本会議など と政党との結びつき、創価学会と公明党との連携、オウム真理教、幸福の科学などの新宗教運動の動きがあったとされます。この背景から戦前の「宗教ナショナリズム」(国家神道を含む)の復興、戦後の民主主義、とりわけ政教分離原則に対する政教一致の提唱、天皇制をめぐる戦前戦後の「継続性」の強調などが政治的、宗教的課題として浮上したとされます。[24]

同様に、一時的ブームも過ぎたキリスト教も戦後日本における自己の位置やアイデンティティが問われる局面にあったと思われます。近代日本におけるキリスト教のアイデンティティを問う試みは多くあったと思われますが、その中の二つの流れに簡単に触れることにします。第一は戦前と戦後のキリスト教を正しく理解し、そこから反省や展望をともなってキリスト教のあるべき姿を明らかにする流れで、第二は日本におけるキリスト教をキリスト教全史や現代の世界のキリスト教との関連でその位置やアイデンティティを見定める流れです。まず、第一の流れの中には先に触れた日本基督教団の戦責告白とそれに続いた教会や宗教団体からの戦争責任をめぐる声明や告白があります。また、研究者によるユニークな試みも見られますが、その一例は武田清子による内村鑑三、植村正久、明治期のキリスト教人間観、「土着と背教」の主題と背教者の系譜、婦人解放問題、戦中・戦後の天皇観などの研究があります。[25] 武田は日本思想史とキリスト教神学を両軸として、主に戦前のキリスト教のアイデンティティを問うことにより、戦後におけるその在り方を問い続けた研究者といえましょう。さらに、ユニークな研究例としては政治学者、宮田光雄の神学・思想史研究『権威と服従——近代日本におけるローマ書十三章』があります。明治期から第二次大戦までの代表的キリスト者が、それぞれの歴史的状況下でローマ書一三章テキストを解釈したかという政教論の系譜をたどった研究で、とりわけ戦前の天皇制国家の「権威」とそれへの服従・抵抗理念を焦点としています。その終章「反省と展望」を宮田は、先に触れた戦責告白や「靖国神社法案」などにも言及しつつ、将来を展望する次の文章で締めくくっています。

「戦後日本においてヤスクニ闘争として積み重ねられてきた《終わりなき自由のための闘い》から、日本独自の《信教の自由のための神学》＝《人権闘争の神学》の可能性も期待できるのではなかろうか。その際、二つの憲法体制にまたがって、重ねられてきたローマ書十三章の神学的＝実践的解釈から汲みとることのできる――正負両面からの――多くの遺産があるはずであろう。」[26]

もう一つの流れ、キリスト教全史と現代世界のキリスト教との脈絡における日本のキリスト教の位置づけをめぐっては、第一の流れよりはるかに多い試みと研究があります。戦前と戦後の比較において、顕著な相違の一つがキリスト教に関する知識・情報・研究の増大です。キリスト教研究に限っても、海外からの研究書の翻訳、日本におけるキリスト者の研究およびそれよりもはるかに多いキリスト教には無関係の研究者による諸分野での研究によりキリスト教全般に関する知識は氾濫しているといっても過言ではありません。とりわけ、時流の神学思想に至っては、主にドイツ語圏のバルト、ブルンナー、ティリッヒ、ブルトマン、キュンク、パネンベルグ、英語圏のR・ニーバー、H・R・ニーバーなどの神学思想がいちはやく翻訳導入されて日本におけるキリスト教理解の深化に貢献したといわれます。その反面、これら新知識が戦後のキリスト教のアイデンティティ確立にどれほど貢献したかの問いには、明確な答えが見えていないようにも思えます。一九七六年の段階で、本書第一論考（四六頁）で触れた教会史学者、石原謙が表明した「いつになったら本当にキリスト教を理解することができるようになるか疑わしいので、……いささか危惧を感ずる」という所感は今日「過去の心配ごと」となったのでしょうか。あるいは、神学者の古屋安雄が一九九五年の著作『日本伝道論』で、日本伝道の観点から現状を「閉塞状況」とみなし、その一因を「手足はアメリカ、頭はドイツ、心は日本」の分裂状態とし、次のように言ったことに耳をかたむけるべきなのでしょうか。

「手足はアメリカ型の教会である。政教分離による自由教会、教派型の教会であって、制度組織は民主的である。ところが頭はドイツ型の教会で、つまり国教会という教会税で支えられている教会のそれである。献金もなく伝道もしない教会、しかも高度の神学をもった教会である。しかるに心は日本的な心情主義で一杯の教会である。したがって『和魂洋才』のように二つどころか、三つに分裂した教会が、日本の教会にほかならない。」[27]

第三の重大局面は、一応一九九五年の地下鉄サリン事件から二〇一一年の東日本大震災を経て今日に至る、ほぼ平成期と重なる時期、そこでキリスト教に新しい方向性が求められていると思われることと関連します。サリン事件も大震災も「平和で安全な経済大国」のイメージを世界に誇ってきた日本を根底から揺るがすことになりました。信教の自由を享受してきた宗教集団が社会に挑戦したサリン事件は日本における宗教のあり方を問い直す契機となり、宗教が自由に自己目的を追求するよりは、社会に役立つべきとの「公共性」、「公益性」が宗教に求められることになります。また、すでに進行中の民主主義の「空洞化」現象ともあいまって、民主主義原理の見直し、地域・国家社会への貢献が強調されることになります。この論考執筆時点での人的被害、死者・行方不明者一万八千四三二を数える最大の災害となった東日本大震災は世界最先端の経済と科学技術を誇る日本の、世界における存在理由、使命を問い直す機会となったと言われます。国・地方・民間が総力を挙げて救援と復興に当たる中で、諸宗教の積極的な活動も注目されましたが、なによりもその日本における使命が問われているとの印象は強烈です。

このような状況下での諸宗教の対応が問われますが、中でも注目されるのが神道における新しい展開です。言語を問わず、神道史研究書の中でも「最新、かつもっとも総括的」と高く評価される英文書に、ヘレン・ハーデカーの『神道――その歴史』（*SHINTO: A History*, 二〇一七年）があります。「ハーバード大学ライシャワー研究所教授、日本宗教・社会専攻」の肩書を持つ著者は、「平成神道」と題された章の冒頭で、神社宮司、大学教授の薗田稔の年頭所信（一九九六年）で神道の新方向を打ち出したとします。薗田所信は神社本庁・神道政治連盟がこれまで課題としてきた国家神道の完全復活とは一線を画し、また、従来の日本の村社会に基礎づけられた神道の古いイメージからの脱却を目指しているかと思われます。新方向として薗田は、「救済宗教」ではないものの、日本の近代社会に役立つ「世俗内宗教」、「文化的宗教」となること、村落社会ではなくなった日本において「都市宗教」となること、祭祀中心であるよりは宗教としての神道を前面に出すことを提唱しています。ただし注目されるのは、薗田が新方向を憲法や宗教法人法が前提とする「個人の信仰」にではなく、日本の伝統的文化・社会に組み込まれている「象徴体系」に基礎づけるべきとすることです。このような基礎づけは、薗田がすでに『神道――日本の民族宗教』（一九八八年）で示した「民族宗教」としての使命と考えられます。[28]

このような神道における「民族宗教」志向に照らして、この時期に退潮現象が見られるキリスト教においては、どのように国家社会を理解し、そこにおける自己の使命をどのように捉え、果たそうとしているかが問われます。もとより、キリスト教は個人の信仰を行使できる都市知識層の宗教とみなされてきたこと、旧態然として信徒数では一％の壁を破れないでいることなどから、戦前のキリスト者がしばしば唱えた「日本民族のためのキリスト教意識」を今日プログラム化する意識や行動があるとは思えません。

ちなみに、第四論考（一〇四－一〇五頁）が取り上げた内村の二つの「J」、あるいは「イエスと日本とを較べてみて私はいづれをより多く愛するか私には解らない。……私の信仰は、この二個の中心を持つ楕円である」とした「楕円の信仰」があります。この信仰は内村という強烈な個性と洞察を持つ信仰者において可能であったとしても、今日のキリスト者にとって可能な選択肢なのでしょうか。また、内村の弟子の藤井武が辞世の詩で「亡びよ、この汚れた処女の国、この意気地なき青年の国！　この真理を愛することを知らぬ　獣と虫けらの国よ、亡びよ！　『こんな国に何の未練もなく往ったと言ってくれ』と遺言した私の恩師〔内村のこと〕の心情に私は熱涙をもって無条件に同感する」と引用した、内村がその死を前にして遺したとされることばは、日本民族に向けた彼の悲痛な訴えであったことも銘記されましょう。[29]さらに、この内村の日本への思いを、「神の限りない恩寵と栄光の下にその天職を果たすべき日本と、腐敗と虚飾と偽善に満ちた日本と、この二つの「日本」に同時に離れがたく属しているという内面的意識が、まさに内村の忠誠観のディアレクティークを形成している」（傍点、筆者）と解釈したのは丸山眞男です。[30]

丸山が言うような弁証法的緊張を今日の日本の精神的状況下でキリスト者はどのように捉えることができるのでしょうか。もちろん、キリスト教が過去百五十年間に培ってきた教育、医療、福祉、慈善などの諸分野での活動継続と拡大をもって民族への使命感を証ししていくという正攻法のアプローチの意義を忘れることはできません。そして、東日本大震災のような全国規模の影響を及ぼす災害の場合には、先の第五論考がキリスト者の課題とした、「歴史の暴力性」を目の当たりにした国民との「共感」や「痛みの共有」から奉仕に立つことがキリスト教の使命であることに変わりはありません。最近目にした大震災後の民間救援・復興活動をめぐる文書の中に、被災地の教会において牧会と救援センター活動（いわて教会ネットワーク／ホープみやぎ）に当たる二人の牧師のレポートにある、「三陸で隣人となるために」ということばに感銘を受けました。[31]三陸の人々を隣人として見るだけではなく、教会とキリスト者が地域の人々の「隣人となる」という視点にです。キリスト教が隣人愛の宗教として日本に受け入れられているのであれば、「隣人を愛する」に加えて「隣人になる」ことの実践には希望があるといえないでしょうか。

2　キリスト者の歴史認識

ローマ帝国の帝都にある教会に宛てた書簡で使徒パウロは「あなたがたは、今がどのような時であるか知っています」（ローマ一三・一一）と記しました。歴史を支配する神の前にあることを意識して、キリスト者はその時代を知っているというのです。しかも、このことばは「人はみな、上に立つ権威に従うべきです」（同一節）で始まるキリスト教為政者論の脈絡で記されています。日本の近代において二つの異なった国家体制を生きたキリスト教ないしはキリスト者はその時代をそれぞれどのように認識してきたのでしょうか。また、その認識はキリスト者が信じ、実践するキリスト教、日本にあるキリスト教のあり方に反映されます。さらに、聖書はキリスト教のあり方が歴史を支配する神の前で最終的に判定されるとすることから、「歴史的現実への洞察」に基づくキリスト者の歴史認識は大きな意味を持つことになります。

この観点から、以下にキリスト者の歴史認識にとって重要な要因となると思われる三点、二つの国家体制に見る特異性と共通パターン、日本の歴史を動かすもの、日本の「受容」とキリスト教の「派遣」に注目することにします。

⑴ 二つの国家体制に見る特異性と同一パターン

第一節冒頭で、近代日本が二つの「外圧」に対応して異なった国家体制を採ったとしました。一つは、明治初期の欧米列強からの近代化要求に対応する天皇絶対君主制、もう一つは敗戦と占領政策に対応する民主政体の枠内での象徴天皇制の共存です。近代日本の前半期と後半期の国家体制に共通項があるとすれば、それはいずれにおいても神道にその基盤を持つ天皇制ということになります。もちろん、前半期の天皇制は明治政権が作り出した国家神道と表裏一体関係にありましたが、後半期の天皇制は「神道指令」により国家神道から切り離されたとみなされています。しかし、ドイツ・チュービンゲン大学の文化人類学・日本学者、クラウス・アントーニは日本での発題で象徴天皇制に触れ、「一九四六年一月一日に昭和天皇が神格を公式に放棄したにもかかわらず、天皇制は相変わらずその全精神的かつ宗教的な権威を神道の宗教的・政治的観念世界から引き出している」としています[32]。

さて、国家体制と天皇制との関わりをめぐっては、過去の日本の歴史体験には一つの特異性が認められると言われます。たとえば、敗戦前後の天皇制の変革期をめぐり、ルース・ベネディクトは日本人の変わり身の早さに驚き、「事態が変化すれば、日本人は態度を一変し、新しい進路に向かって歩みだす」、あるいは「西欧人には、日本人が精神的苦痛をともなうことなく、一つの行動から他の行動へ転換しうるということが、なかなか信じられない」としました。しかし、この転換はたんなる一方方向の転換で終わるのではなく、そこに日本的で、特異な転換のパターンがあるとしたのは政治思想史家丸山眞男です。『古事記』や『日本書紀』の神話時代以降、日本人の思考や政治形態には特異な転換があるとし、それを「矛盾した二つの要素の統一――つまり外来文化の圧倒的な影響と、もう一つは……いわゆる『日本的なもの』の執拗な残存――この矛盾の統一」と理解します。また、丸山は外からの「変化に対する変わり身の早さ自体が『伝統』化している」とも言っています。[33] 天皇制が国家体制として確立された八世紀の大和朝廷にすでにこの特異性が認められます。アントーニによれば、当時国家のかたちを中国の儒教的国家論から援用して国家体制を築いた大和朝廷は、体制の核心に当たる「天皇」観については中国の皇帝「天子」観を採用しませんでした。儒教的国家論においては、国を安泰に治めうるのは「真に徳のある支配者だけ」であり、民には国の安泰にとって害となる「支配者を打倒する権利」があり、それを行う「倫理的義務」を負っていたとします。

しかし、大和朝廷においては、「皇帝を廃位し得る潜在的な可能性こそが、日本が中国の例に倣おうとしなかった点」であることになります。代わりに、大和朝廷は天皇を太陽神の直接の子孫・支配者だとする記紀の神話を用いて、天皇の権威を正当化し、中国のような王朝交代も天皇の支配権放棄もありえないとします。そして、アントーニは「国家自体が形式上中国化すればするほど、朝廷においては特殊日本的な支配者像が作られていった」と結論します。[34]

このように外からの影響に対応して「日本的なもの」を執拗に残すという特異性は、先に概観した明治維新後の天皇制国家形成期にも、また敗戦後の民主制国家の始動期にも認められ、その上そこに古代朝廷以来継承されてきた同一パターンも認められることになります。明治期の天皇制においては、「日本的なもの」は当時の「外圧」であった欧米列強、西欧文明の背後にあるキリスト教の絶対神に対応する、「万世一系」かつ「不可侵」の「現人神」としての天皇であり、また、国家の「機軸」としては西欧社会におけるキリスト教に対応する、天皇制とは表裏一体の国家神道となります。戦後の占領政策においては、天皇をめぐる廃止論と存続論が対立する中で、民主国家体制における象徴天皇制というあいまいなかたちが採られますが、そこでの「日本的なもの」は象徴天皇、皇室祭祀（皇室神道）、天皇と神道との幅広い結びつきなどとなります。

有名な、『風土』の著者として知られる哲学者・日本思想史家の和辻哲郎は、戦後いち早く「日本国憲法」の独自な解釈に基づき、象徴天皇と日本の伝統を貫く尊王思想との結びつきを強調したとされます。日本倫理思想史研究者八木公生によれば、一九四八年の『日本国の統合』において和辻は「国の最高権力を持つのは国民の全体意志であって、個々の個人の意志ではない。そうしてその全体意志は、個別的な意志を単に集積したものではなく、それの総体性としての統一において、個別的意志と異なる次序《じじょ》に属する」とします。この前提から和辻は、眼には見えない「国民の生きた全体性」を眼に見える形に理解することが問題の核心であるとし、「わが国にあってはそれを天皇制において表現してきた。（中略）天皇を日本国及び日本国民統合の象徴とする憲法は、（中略）天皇を国民の全体意志の表現者と認めることに決定した」と結論したとされます。[35]

このような和辻の立論は過去の「日本的なもの」との連繋は強調できても、国民の総意を選挙などにより問うことの意義を根本的に失わせ、天皇制が一人歩きする危険をはらむものといえましょう。和辻の議論が憲法学者の肯定するところとなるとは思いませんが、和辻の議論が近年の天皇制見直し論者によって持ち出されていること自体がキリスト者の歴史認識にとっての挑戦といえます。この点と関連して、先に取り上げた宮田の『権威と服従』がその終章（反省と展望）で警鐘として引用する、オランダの宣教学者クレーマーのことばに注目します。

「天皇の機軸的な地位に関して、日本人の心が多少とも変わったと考えるのは、あまりにナイーヴにすぎるだろう。天皇は、依然として、いっさいの批判から除外された神聖不可侵の元首である。[36]」

日本のこのような権力構造の特異性を認識するキリスト者は、なにを思考して行動するというのでありましょうか。

(2) 日本の歴史を動かすもの

この主題をめぐっては、和辻哲郎の『風土』など多くの説が提起されてきましたが、ここでは丸山眞男のいわゆる「古層論」を参考例とすることにします。じつは、本書第六論考（一五四－一五五頁）では丸山の有名な論稿「歴史意識の『古層』」に触れ、古代創世神話に見る神（神々）と自然との関係を「つくる」、「うむ」、「なる」の三類型に丸山が分類したとしました。たしかに、丸山論稿はユダヤ・キリスト教に見る「つくる」と日本の神話に見る「なる」とを「対極」とはするのですが、論稿が目指すところは日本における思考や行動のパターン、それによって文化が形成され、政治が動かされるものを明らかにすることにありました。論稿は記紀の神話叙述に認められる「発想様式を、かりに歴史意識の『古層』と呼び」とし、「その後長く日本の歴史叙述なり、歴史的出来事へのアプローチの仕方なりの基底に、ひそかに、もしくは声高にひびきつづけてきた、執拗な持続低音（basso obstinato）を聴きわける」ことを眼目とするとします。本論において、丸山は「なる」という歴史意識を主に記紀や江戸時代の本居宣長などの考証から分析し、「なる」の「基礎範疇」である「なる」、「つぐ」、「いきほひ」を「つぎつぎになりゆくいきほひ」と呼び、それが「日本の歴史意識の古層をなし、しかもその後の歴史の展開を通じて執拗な持続低音《バッソ・オーステイナート》としてひびきつづけて来た思惟様式」と規定します。この歴史意識が「いま」や「現世」を肯定することから、それを「『いま』を中心とする歴史的オプティミズム」とも呼んでいます。さらに丸山は、「いま」に対して「永遠」を想定し、「現世」を罪悪視する仏教やキリスト教との出会いにおいて古層論が果たす役割を分析しています。[37]

丸山の古層論は専門外の読者には容易に理解できるものではありませんが、丸山にはそれから十二年後に発表された、講演に基づく「原型・古層・執拗低音――日本思想史方法論についての私のあゆみ――」と題する論稿があり、そこで古層論がわかりやすく説明されています。たとえば、古層論は古代の律令制国家の確立、明治維新後の近代国家確立にも共通して関わり、そこに「変わっていない」日本的なものがあったことの説明となり、また、仏教、儒教、キリスト教が「外圧」と意識された場合では、一方で古層である「原型」によって外来思想が「変容」されるプロセス、他方で日本的なものを守るための「外圧」への対応、「変わり身の早さ」の説明となります。丸山の説明の中でも興味深い一点はキリシタンに関するもので、「転向」ということばがキリシタンが「転ぶ」ことに由来するとした丸山が、短期に四、五十万の信者を獲得したキリシタン宗の痕跡が「これほど見事に絶滅された国は東アジアにはありません」とコメントし、その現象を「集団転向現象」と呼んだことです[38]。すでに、『日本の思想』において丸山は転向現象一般を、新しいものの「過去との十全な対決なし」の摂取と「忘却」された過去の「思い出」としての噴出、「伝統への思想的復帰」との対立の中で捉え、その「噴出例」として明治維新後の廃仏棄釈などや個人レベルでの「西欧化した思想家の日本主義への転向」を挙げていました[39]。関連して興味深いもう一点は、日本史学の遠山敦が丸山の「執拗持続低音」を「主旋律である外来思想と混ざり合って響く、執拗に繰り返される低音音型」と言い換えて、丸山の次の文章を引用することです。

「原型はそれ自身としては決して教義《ドクトリン》にはなりません。教義として体系化しようとすると外来世界観の助けをかりねばならない。しかしその〔原型の〕断片的な発想はおどろくべく執拗な持続力を持っていて、外から入って来る体系的な思想を変容させ、いわゆる『日本化』される契機になる。[40]」

ここに、本書が取り組んできた「日本的なもの」や「日本人性」のしたたかさの一つの説明があるといえないでしょうか。また丸山の古層論は、本書の第一論考（五〇－五一頁）が触れた加藤周一の定型的な外来思想・宗教の「日本化」理解にも反映されることになります。

(3) 日本の「受容」とキリスト教の「派遣」

本書はこれまで「日本とキリスト教」と「キリスト教と日本」あるいは「日本人キリスト者」と「キリスト者日本人」という二系列の理念を対照してきましたが、同様の対照に日本の「受容」とキリスト教の「派遣」があります。また、対照された理念の前者が日本においても、また日本におけるキリスト教においても主流、正統であり、後者は亜流にすぎないことを見てきました。丸山の古層論は主流派の代表的な立場です。古代から現代までの「連続」は古層に求められ、外からの「不連続」である儒教、仏教、キリスト教が「主旋律」をかなでていた時代であっても、連続する「執拗低音」は常に響いていたとします。そこには、「キリスト教と日本」という視点の余地はありません。もちろん、日本政治思想史学者としての丸山は日本思想史学の正統派であり、しかも宮田の『権威と服従』によると「日本的キリスト教」を「日本産のキリスト教」という意味合いで常用した内村門下の南原繁に丸山が師事したことから、当然といえば当然です。[41]

しかし、同じ日本思想史畑でも武田の初期代表作で、先にも引用した『人間観の相剋』の「まえがき」にはもう一つの観点、「派遣」のテーマが認められるように思われます。「まえがき」の冒頭で、まず武田は近代日本における人間観は「近代日本の思想史において、……日本の精神的伝統とキリスト教がどういうかかわりあいを持って来たかという問題」として正統的な見解を意識します。しかしその直後に、武田は自らのテーマを「プロテスタンティズムが導入されて百年になるこの近代日本の思想の歩みの中で、キリスト教が日本の思想に挑んだ最も中心的課題は、人間観乃至人間理解の問題」と規定します。さらに、このテーマを「日本の精神的伝統に対するキリスト教の福音の浸透」、「日本のキリスト教化」と結びつけた上で、「キリスト教と日本の文化、あるいは、日本の思想との関係を人間観の問題を中心にあとづける」として、正統的アプローチとは異なる方法論を示唆しているかと思います。なお、武田は本論において福沢諭吉、小崎弘道、植村正久、森有礼、柏木義円などを項目として挙げますが、内村には言及はあるものの項目はありません。[42]

キリスト教人間観をめぐる武田の方法論上のコントラストは、広義に解釈すれば本書が示唆してきた「日本とキリスト教」と「キリスト教と日本」とのコントラスト、また、日本の「受容」とキリスト教の「派遣」とのコントラストとも結びつくかと思われます。「受容」と「派遣」のコントラストで例証すれば、一方は、日本を主体としキリスト教を客体とするため、日本がいかにキリスト教を受容するかを問い、日本にとってのキリスト教の日本化、脈絡化、有益性、貢献が判定されます。他方は、キリスト教を主体、日本を客体とするため、キリスト教がいかに日本に派遣されてその使命を遂行するかを問い、日本への浸透や影響、日本のキリスト教化が判定されます。同様に、第四論考（九八－一〇二頁）が触れた、日本におけるキリスト者像をめぐる「日本人キリスト者」と「キリスト者日本人」のコントラストも説明されます。戦前のキリスト教においては、圧倒的に「日本とキリスト教」、日本の「受容」の観点が基調、主流であったことは先に指摘しましたが、植村や柏木などの福音主義においては日本の「受容」を基調としつつも、キリスト教の「派遣」や「キリスト教と日本」の観点も意識されていたかと思います。内村の聖書主義の場合は特異事例で、基調である「受容」との緊張関係において「派遣」を捉え、日本のキリスト教のあり方を問うた立場といえましょう。たとえば二つの「J」をめぐり、丸山が内村の「忠誠心」を「イエス」と「日本」との弁証法的関係と捉えたこと、また、内村の『代表的日本人』をめぐり武田が「特定の個別的民族文化・思想を、人類的、普遍的思想につなごうとする繋ぎ方、その方法論」と評したこともこの立場を指し示すといえましょう。ただし、「受容」と「派遣」のバランスを保つことにおいて内村が徹底していたかに関しては、宗教改革者カルヴァンの「抵抗権」観を評価した内村に対する丸山の次の批判も留意される必要がありましょう。

「種々の面でカルヴィニズムに近い内村でも、こうした考え方〔カルヴァンの抵抗権〕からは——表現の『過激さ』ということではなしに、思想構造の上で——遠くへだたっている。内村や柏木のあれほど一貫した『忠君愛国』的な忠誠にたいする批判さえも、ついに明確な抵抗権という基盤の上に築かれることがなかった。[43]」

なお、日本の「受容」という理念との関係で忘れてはならないことは、この理念が戦前のキリスト教における、いわゆる転向・棄教者の事例と深くかかわっていることです。ちなみに、「転向」問題を検証した武田の『背教者の系譜』（一九七三年）はその副題を適切に「日本人とキリスト教」としていることもうなずけます。さらに、昭和初期の今泉源吉の「日本的キリスト教」にいたっては、この理念をはるかに超えて神道との混淆（シンクレティズム）が志向されています。

戦後のキリスト教においても、日本の「受容」は基調であり続けたと思われます。しかし、十分検証したわけではありませんが、思想と信教の自由が保証された新時代において、キリスト教が「派遣」のテーマと新たに取り組んできたことも十分想定されます。日本における教会形成において、キリスト教神学の諸分野、とりわけ宣教学において、世界教会とのエキュメニカルな交流において、世界宣教の働きへの参加において、戦争と平和問題との取り組みにおいて、社会問題や災害救援に向けた活動において、「派遣」はキリスト教の今日的あり方にとって避けては通れないテーマです。とりわけ、キリスト教が「派遣」理念にこだわることの必要性は、日本の「受容」理念をもって戦前なり戦後のキリスト教をその全体として、あるいは生命的なリアリティーにおいて、十分把握することができるのか、という素朴な疑問、またそれでよいのかという道義上の問いかけに基づくからです。とはいえ、日本の「受容」理念が戦後の日本社会、とりわけキリスト教に影を落としていることは見逃せません。以下に、戦後のキリスト教に間接、直接にインパクトをおよぼした二つの現象に注目することにします。

第一は、戦後日本の歩みにとっての最初の重大事、昭和天皇がその神格を否定した、いわゆる「人間宣言」（一九四六年一月一日）とその後の民主制における象徴天皇への移行を受け入れたことをめぐる問題です。天皇によるこの「移行」を政治的「転向」と捉えたのは丸山の『日本の思想』です。丸山は、まず天皇の側近理論家たちによるスムーズな移行への準備として、明治憲法に認められる「日本の国体は本来、民主主義」であるとする理論武装があったことを指摘します。そして、天皇の「転向」が日本におよぼした影響を丸山は「個人の思想的転向形態は、敗戦による国家の『転向』において最大のスケールで現れた」と表現します。[44]天皇の国家的スケールでの「転向」という発想は、丸山の古層論にも、また本論考が問う日本の「受容」理念にも整合すると思われます。ただし、丸山は天皇の「転向」を日本的思考パターンあるいは彼が言う「無責任の体系」として当然と片付けるのではなく、それがもたらす結果や道義上の責任をするどく指摘しています。ちなみに、丸山はすでに「戦争責任論の盲点」（一九五六年）において「天皇のウヤムヤな居据りこそ戦後の『道義頽廃』の第一号であり、やがて日本帝国の神々の恥知らずな復活の先触れをなしたことをわれわれはもっと真剣に考えてみる必要がある」としました。[45]また、後の論稿集『戦中と戦後の間』（一九七六年）では、日本を戦争に導いた「日本官僚制」が自らを非政治的とする粉飾、からくりを「秘密」と捉えて「無責任の体系」と批判し、「この秘密を集約的に表現しているのが官僚制の最頂点としての天皇にほかならない」としました。[46]この丸山の指摘に呼応するのが、いわゆる「戦後論」で注目された加藤典洋の『敗戦後論』（一九九七年）です。敗戦後論を提起するきっかけの一つに天皇の「転向」があったとする加藤は、日本と同じく敗戦を体験したドイツ人作家が日本人とドイツ人の対応を比較して、「アメリカの占領政策の余波を受け、天皇が免責されることにより、日本がそこで誰もが道義を問われにくい、特異な国になった」と指摘したとします。[47] 丸山や加藤が言う「無責任の体系」あるいは道義不問の状況の影響を戦後のキリスト教は受けていない、とだれが言いきることができるでしょうか。

第二の現象は、日本の「受容」理念が広く戦後の日本社会、とりわけキリスト教に歴史に対する悲観主義をもたらす否定的影響への危惧です。キリスト教との関連で、この「受容」理念をかなり極端に推し進め、歴史悲観主義を唱えて評判となった作品に評論家の山本七平がユダヤ人名イザヤ・ベンダサンのペンネームで書いた『日本人とユダヤ人』（一九七〇年）と遠藤周作の『沈黙』があります。キリスト教をユダヤ教の一派とみなす山本は、「ユダヤ人キリスト者という日本語をギリシヤ語になおし、今度そのギリシヤ語を日本語になおすと『ユダヤ教徒キリスト派』となる」とし、「日本のキリスト教徒がよく使う『日本人キリスト者』という言葉は……一度ギリシヤ語になおしてまた日本語に移せば、同じように、『日本教徒キリスト派』となる」と結論します。さらに、山本は戦前・戦中のキリスト教迫害を例証して、棄教・転向を拒否した「キリスト教徒は一人もいない」とみなし、〝日本にはキリスト教徒はおらず、いるのは日本教徒キリスト派のみ〟という彼の命題の裏付けとすることです。[48]

しかし、山本の修辞上のトリックは「日本教とはなにか」を規定することなしに「日本教徒」あるいは「日本教徒キリスト派」ということばを用いることです。「日本教」が「日本民族」を指すのであれば、キリスト教でもしばしば使われる「日本のキリスト教」、「日本人キリスト者」で十分なはずです。もし、「日本教」が民族的帰属以上のものを指すのであれば、それを明確に規定することが必要でしょうが、この書にはそれが見当たりません。さらに、山本が得意とする「ユダヤ人はすべてユダヤ教徒」であるという類推から「日本教徒」を導き出すのであれば、幕府将軍や天皇などの疑似絶対者はあっても超越神の絶対者がなく、その啓示である律法も預言者も持たない日本との類推そのものが問題となりましょう。山本の作品よりはるかに否定的影響を及ぼしたのは遠藤の小説『沈黙』であろうかと思います。とりわけ、その「日本泥沼論」はキリスト教という「苗」が泥沼日本に植えられれば、苗の根を腐らせ、枯らしてしまうという、キリスト教の変容を問う「日本化」理念をはるかに超えて、転向・棄教を当然としかねない理論といえます。ここでは「日本泥沼論」を論じることをしませんが、東洋・日本学研究者でキリシタン研究に精通した福音主義牧師、小畑進の「遠藤周作著　小説『沈黙』論」（一九八八年）を推薦するにとどめます。とりわけ、「日本泥沼論」に関しては、キリスト教の「派遣」理念に立つ牧師の心情が吐露されている次の一文を引用することにします。

「日本をもって福音を変質する傾向において特別扱いすることの安易さ、……。私に言わせれば、日本を含めて世界が泥沼なのです。それを、〝日本〟は泥沼であると特別に言うのは、『ヨーロッパやアメリカは清流で好いが、我々はこの泥沼の中に懊悩する』と、壮大な大見得をきってみせる芝居気に通じていなければ幸いです。そして、実は日本泥沼論は、その見かけ状の悲壮さに似ず、その本性は意外な怠惰と独善と居直りに通じているのではないかと恐れるのです。」[49]

3　キリスト者の自己認識

「十字架と桜　Ⅱ」の最後のテーマは、本書が副題とした「キリスト教と日本の接点に生きる」キリスト者の自己認識・アイデンティティを、主に戦後日本に焦点を合わせて問うものです。この時期のキリスト者像には多くの面がありましょうが、ここでは自己認識という観点から以下の三点、戦後日本の脈絡におけるキリスト者、キリスト者日本人、ディアスポラのキリスト者日本人を垣間見ることにします。

(1) 戦後日本の脈絡におけるキリスト者

本論考はすでに敗戦・占領を契機とする日本の国家体制の変革に触れましたが、ここでは国民、日本人、キリスト者のレベルにおける戦後日本の脈絡に注目します。

書き出しとして、本論考は先に古層論で注目した丸山眞男が戦時中に書いた、未完原稿で戦後出版された論稿「国民主義の「前期的」形成」（執筆・一九四四年）から始めます。丸山は戦中としては大胆と思われる「国民とは国民たろうとするものです」を大前提とし、「ナショナリズム」を通例の「国家主義」ではなく国民主体の「国民主義」と訳出して「国民主義こそは近代国家が近代国家として存立してゆくため不可欠の精神的推進力である」とします。ここで注目される点は、丸山が明治期の国家体制における国民主義を未完の「前期的」形成とみなし、しかもその国民主義が戦前に国家主義に堕落したと判断したことです。さらに注目されるのは、国民が主体となって政治参加し、国家のあり方を計る「政治的国民主義は自然的自生的存在ではない」として記された次の一文です。

「国民は一定の歴史的発展段階に於てなんらか外的刺激を契機として、従前の環境的依存よりの、多かれ少なかれ自覚的な転換によって自己を政治的国民にまで高める。通常この転換を決意せしめる外的刺激となるのが外国勢力でありいはゆる外患なのである。」[50]

明らかに、丸山は末尾の「通常」云々で外国列強の圧力を契機とする明治国家体制を指していると思われますが、その前の主文、とくに「自覚的な転換によって自己を政治的国民にまで高める」において、敗戦・占領を体験していない筆者が何を意識したかは定かではありません。しかし、戦後出版の段階では主文で表明された国民主義の理想には戦後の民主主義体制への期待を含みとしていたことは想像されます。「政治的国民にまで高める」というような理想は丸山のみならず、戦後の占領政策および日本人指導者が共有したものと思われますが、それが国民、とりわけキリスト教により受け止められ、理解され、実行されたかは戦後日本の大きな課題として残されたと考えられます。

「日本国憲法」（一九四六年）と「教育基本法」（一九四七年）の公布およびサンフランシスコ講和条約（一九五一年）を経て独立を回復した日本において、大多数の国民が新しい民主体制、平和、自由を歓迎し、彼らが享受する諸権利を「犠牲・代価」（戦前・戦中の圧迫、戦争による人的、物的被害、原爆被爆の悲劇など）を払って受けたものと捉えたとされます。民主主義諸権利とキリスト教精神との表裏一体理解もあり、キリスト者は多く民主体制を歓迎し、また「犠牲・代価」理解を国民と共有したと思われます。ただし、先に指摘したように、キリスト者が民主主義の原理と諸権利を明確に意識し、究明したか、あるいは「自己を政治的国民にまで高める」努力をしたかは不確かではないでしょうか。

こうして、日本が経済的復興期を迎え、キリスト教がブームの中にある時期に「靖国神社法案」国会提出があり、日本は戦後体制のもう一つの側面、民主体制と共存する象徴天皇制の現実に直面することになります。いわゆるヤスクニ的体制は勢力をつけて今日に至っていることは周知のところです。さらに、地下鉄サリン事件を契機として、国家による宗教の統制や国家・社会への宗教の「公共性」の要求が強められます。また、引き続いた大震災を契機として、日本における宗教の役割、「公益性」が問われることになります。二一世紀を迎えた今日、日本社会におけるキリスト者の明確なイメージはますます見えにくいものとなり、そのアイデンティティは不確かになっているように思われます。

戦後日本におけるキリスト者のイメージやアイデンティティをめぐる大胆な分析の一つに、先にも引用した古屋の『日本伝道論』があります。プロテスタントの主要教会（日本基督教団など）を主な対象とする分析ですが、単なるノウハウの伝道論ではなく、近代日本の歴史とキリスト教史、それを取り巻く国際（とりわけアジア）宗教情勢を視野にした宣教理念の書です。ここでは、「日本社会に対する教会の宣教」と題された論点のみに言及します。まず、古屋は戦後のキリスト教が直面する問題の遠因が明治初期にさかのぼるものであるとします。すなわち、近代初期におけるキリスト教が「外国の宗教」であること、また国際主義に立つことをはばからずに大胆に社会に働きかけ、信徒数と教育分野で躍進したにもかかわらず、「明治二十年代に入ってから、教会本来のエキュメニズム（世界主義）を捨てて、ナショナリズムに取りこまれた」ことを遠因とします。この点との関連で興味深いものに古屋の内村評があります。先に見たように、日本思想史学者の丸山や武田が内村の二つの「J」や「普遍と特殊」を弁証法的な関係で捉えるのに対し、神学者古屋が「絶対的なもの（イエス）」と「相対的なもの（日本）」を同列に置く矛盾として消極的に評価することです。さらに、戦後のキリスト教に関しての古屋の分析はより厳しく、「政教分離」と「信教の自由」が保証され、「教会の宣教を阻害するものは何もなくなった」にもかかわらず、一時的ブームの後には教会の宣教は振るわなくなった」とし、代わりに新宗教（創価学会など）と共産党の躍進があったとします。また、その理由には日本の教会が「明治、特に大正時代以来知識階級・中産階級の限界を越えること」ができなかったこと、「日本社会に正面からチャレンジし、広くアピールするような価値観を教会が打ち出しえなかったこと」とします。キリスト者の自己認識に関してとくに印象的なのは、問題の所在をめぐる古屋の次の結論です。

「日本社会の知らない、あるいはもっていない、エキュメニカルな教会とキリスト者だけが知っている、そうしてもっている価値観を、日本の教会とキリスト者が本当に知っているのか、もっているのか、という根本問題に帰着するように思われる。」[51]

(2) キリスト者日本人

古屋の『日本伝道論』が提起した問い、「キリスト者が本当に知っているのか」は現代のキリスト者の自己認識にとって大きな挑戦となります。戦前とは比較にならないほどの自由の享受と日本とキリスト教についての膨大な知識を得ることができるキリスト者が、自己のよって立つキリスト教信仰とそれを信じる自己を本当に知っているのか、は核心的で実存的な問いです。通常、この問いはキリスト者の「自我」の確立あるいは「人間論」の問題として扱われます。戦前の代表的キリスト者における自我の形成をたどった武田の『人間観の相剋』はその研究のきっかけを、「この複雑な、正体の見きわめ難い日本の精神的土壌（それは、日本のキリスト者の外にあると共に、内にも深く根をすえている）とキリスト教との関係について」、また、「キリスト教は果たしてこうした土壌の心臓部にまで入り込んで対決して来たのであろうか」の疑問であったとします。この観点から、武田はキリスト者の自我の確立には二つの基本的要素、すなわち、日本の宗教的世界に向けた対決（神々および天との対決）と倫理・精神世界における自我の確立（人格的主体としての人間）があるとします。[52] 武田が言う「基本的要素」は、キリスト者が人間である限り、戦前戦後を問わず当てはまるものでしょう。聖書の光に照らし出されて自己を見つめ、自己を取りまく神々の世界との対決を経て、絶対神とキリストを信じ、罪を告白し、「新しい人」として生活することは普遍的なキリスト者の姿だからです。しかし、これらの「基本的要素」との関連でここで問題となるのは、武田がキリスト者として自覚している者の「内にも深く根をすえている」「日本の精神的土壌」と呼んだものとの対決です。本書の第四論考（一〇二―一〇五頁）が「内なる日本人性」と呼んだものとの対決です。

第四論考は「内なる日本人性」あるいはしたたかな日本人性を佐伯彰一、遠藤周作、内村鑑三の三例をもって説明しました。佐伯の場合は、キリスト者における「内なる日本人性」としてではなく知識人、神官の家系に生まれ、アメリカ文学を専攻する経歴からキリスト教にも造詣が深く、日本とキリスト教との関係に関心を持つ文学者として例証したものです。メルヴィルの『白鯨』との関連で、「超越神の一神教に対し覚えた反撥と違和感が、おのずとぼくを内なる神道への開眼と自覚に導いていった」という事例は、丸山の古層論が「日本的なもの」が突然に「噴出」するとした個人レベルでの日本的なものへの「復帰」ないしは「転向」に相当するのかもしれません。カトリック宗門作家で日本とキリスト教との「距離」を問題としてきた遠藤の場合、『沈黙』が描写する日本泥沼論は、武田が『背教者の系譜』で取り上げた「転向」や「背教」の事例とパラレルとなるように思います。内村の場合は、彼が評価する「日本」（日本的なもの）と「イエス」（キリスト教的なもの）を極限的に押し進めて、両者を弁証法的な緊張において保つことから、「内なる日本人性」との対決という見方は当てはまらないかもしれません。また、いずれの方面から彼への批判がある場合でも、「反面教師」としての彼の存在は軽いものではないといえましょう。

第四論考が提起した課題、「佐伯を説得し、遠藤を論駁し、内村を乗り越える」に明確な答えがあるわけではありませんが、課題が指し示す方向はいまでも変わりません。それは、自然な「日本人キリスト者」というあり方から、意図的な意識改革によって「キリスト者日本人」というあり方になるためには「内なる日本人性」との対決が不可欠であることです。

さらに第四論考（一〇七－一一五頁）は、キリスト者が自らの内に向けて「内なる日本人性」と対決することに加えて、自己の外に向けて「時代の証人」となることも「キリスト者日本人」の形成にとって必要としました。「時代の証人」の一例として、「日本は世界で一、二を争う平和で、自由で、豊かな国」という大国意識の動きをキリスト者が鋭い洞察をもって見極めることを挙げました。この大国意識の陰で、平和憲法は危機に直面し、議会制民主主義は形骸化され、バブル崩壊により経済のひずみが露呈されました。世紀末の混乱や価値観の多様化が進めば進むほど、内部から、権力や権威を志向する日本的で、暗い力の台頭が気がかりとなります。戦前の閉鎖性が日本を「神国」とし、「『大東亜共栄圏』を目指した大国意識を生み出したことを忘れてはなりません」としました。

もう一つの例は、「時代の証人」としてのキリスト者にとって最も「奥深い問題」とした天皇をめぐる近年の動きです。第四論考は、「明治憲法草案の起草者であった伊藤博文は、ヨーロッパの近代国家では国民の心をつかんで国をまとめてゆく『機軸』のような働きを宗教（キリスト教）が担っている事実に注目しましたが、日本にはこの務めを担いうる宗教がないため、皇室のみが機軸となりうる」としたとし、この天皇機軸論が戦後の象徴天皇制の現代にも生きていることを危惧しました。

第四論考の直後に書かれた拙著『日本人キリスト者からキリスト者日本人へ』（いのちのことば社、一九九七年）は、東京都知事の経歴を持つ異色の作家、猪瀬直樹の『ミカドの肖像』（新潮文庫、一九九二年）が「西洋人と日本人の宗教と王権についての考え方を比較するのに最もふさわしい素材」と折り紙をつけた映画「炎のランナー」に触れたことを紹介しました。猪瀬は、主人公の大英帝国陸上チームのスコットランド人、エリック・リデルが一九二四年のパリ・オリンピック百メートル走予選が日曜日に行われることを知って出場を拒否し、帝国のためと皇太子まで引き合いに出しての説得にも節を曲げなかったエピソードに触れます。そして、猪瀬はこの映画を「神権と地上の王権とは別のものであること」と「自立した宗教的良心にはたとえ国王の権威をもってさえも介入できないという事実」の二点で日本人にとって教訓的としました。『ミカドの肖像』を引用した理由は、「自立した宗教的良心」の確立こそ「キリスト者日本人」の形成と深く関わると考えたからです。[53]

(3) ディアスポラのキリスト者日本人

「ディアスポラ」は通常ユダヤ史やヨーロッパ古代・中世史に見られる「離散」を意味することばです。ユダヤ史においては、旧約時代のバビロン捕囚の結果パレスチナ以外の地への「離散」あるいは「離散のユダヤ人共同体」があり、新約聖書時代では紀元七〇年のエルサレム神殿破壊からバル・コクバの乱（一三二―一三五年）によるユダヤ人の祖国喪失を契機とするユダヤ人のローマ帝国などへの離散が続きました。使徒パウロの書簡には、ローマ、サラミス、イコニオン、ピリピ、テサロニケ、コリント、エペソなどにはユダヤ人の離散共同体があり、そこでまずキリストの福音が伝えられたとされます。じつは、紀元一世紀後半から二世紀前半のキリスト教資料に登場する指導者のほとんどが、新約聖書に登場するパウロ、バルナバ、アポロのように、離散のユダヤ人か他宗教からの改宗者で、パレスチナ出身のユダヤ人はいないといわれます。そして、これらの指導者が中心となってキリスト教は離散共同体として地中海世界に向けた世界宗教の歩みを踏み出すことになります。

離散のユダヤ人共同体を支えた原動力には強い確信と願望の二つがあったと考えられます。一つは、追放や迫害などにより意に反して離散したとしても、「離散の地」は神が彼らを遣わした「派遣の地」であるとの確信です。もう一つは、彼らにとっては神の約束の地、パレスチナおよび聖都エルサレムが彼らの出自であり、そこに帰還することの願望です。しかし、離散のキリスト者共同体（教会）はユダヤ人共同体と同じく「派遣の地」の確信は継承したと思いますが、地上のパレスチナ・エルサレムへの帰還の願望は継承せず、決定的相違がそこに見られたことです。すでに、パウロはキリストにおいて始動した「終わりの時」には、「上にあるエルサレムは自由の女であり、私たちの母です」（ガラテヤ四・二六）として、地上のエルサレムを誇りとするユダヤ人の立場への反論をしています。すなわち、パウロはエルサレムをキリスト論的、終末論的に天上の神・キリストの国と解釈したことになります。離散のキリスト者共同体には地上の出自も帰還先もなく、あるのは神の国から派遣されて、地上の離散の地に生を受け、その生涯の完了の後には神の国に帰るというヴィジョンです。この意味において、「地上では旅人であり、寄留者である」（ヘブル一一・一三）のです。

ここで、紀元一、二世紀の地中海世界におけるディアスポラ・キリスト者共同体（教会）と「ディアスポラのキリスト者日本人」との類推を特別視するつもりはありません。なぜなら、世界宗教としてのキリスト教にとっては、どこの国にあるキリスト者共同体であったも、共通して神から派遣され、信仰を実践することが共通使命であるからです。しかし、あえてこの類推を参考にする理由があるとすれば、それは当時のキリスト者であれ現代日本のキリスト者であれ、彼らが直面する世界が宗教や思想の「るつぼ状態」であることでしょうか。当時のローマ世界には宗教に限っても、一方では古代ローマの伝統である皇帝を神格とする政治宗教ともいえる皇帝崇拝があり、多神教のローマやギリシャの神々に加えて、被征服地からの密儀宗教などの流入により宗教的「るつぼ状態」がありました。現代日本の宗教世界においても、疑似宗教的な天皇制、伝統的な神道や仏教に加えて、戦後一躍台頭した新宗教、宗教多元主義と宗教ブームに便乗した諸宗教・カルト現象が見られる「るつぼ状態」があるとはいえないでしょうか。そこで、この類推を一つの参考として、現代のキリスト者の自己認識・アイデンティティの形成という脈絡で以下に、キリスト日本人のアイデンティティ、宣教師?、抵抗者の三点を考えることにします。

第一のキリスト者日本人のアイデンティティに関しては、まず、聖書がキリスト者のディアスポラ的生き方を消極的、悲観的ではなく、積極的、楽観的に描いていること、一言でいえば「しぶとい生き方」とすることが注目されます。

「私たちは人をだます者のように見えても、真実であり、人に知られていないようでも、よく知られており、死にかけているようでも、見よ、生きており、懲らしめられているようでも、殺されておらず、悲しんでいるようでも、いつも喜んでおり、貧しいようでも、多くの人を富ませ、何も持っていないようでも、すべてのものを持っています。」

（Ⅱコリント六・八―一〇）

先に、古屋の『日本伝道論』が現代日本のキリスト教あるいはキリスト者像を「アイデンティティの喪失」、「閉塞状況」とみなしたことを見ました。また、第四論考（一〇二―

『迷える一匹』（一〇五頁）は、イエスの「百匹の羊」の説話との関連で、キリスト者像を「メンタリティー」と表現しました。一%の呪縛に甘んじ、大国意識による平和ボケに浸って、「しぶとい生き方」を忘れていることはないでしょうか。

第三論考（七一−七四頁）は英国の作家ジョージ・オーウェルの『一九八四』（一九四九年）をもって歴史に対する悲観主義を例証しました。オーウェルが描く一九八四年の世界は全体主義的国家群の支配下に置かれ、人々は恒常的な戦争、国家による監視、プロパガンダの犠牲者とされ、そこでは「戦争」は「平和」、「無知」は「力」、「憎しみ」は「愛」、二＋二＝五、「白」は「黒」と教えられるとされます。そして、このような悲観主義が歴史に生きることとの意義を失わせ、「過去に対する反省、現在に対する責任感、未来に対する期待感」の薄らぎをもたらすとしています。日本を含めた近代国家にオーウェルが描く世界があるとは思えません。しかし、戦前ではデマゴーグをもってドイツに台頭したヒトラーが六百万のユダヤ人犠牲者とされるホロコーストを起こし、日本がその「神国」思想に基づく「大東亜共栄圏」の虚構をもってアジアに侵略し、一説ではアジアの周辺諸国で二千万の犠牲者を出したことは忘れられません。さらに現代においても、民主主義を標榜する米国の指導者が「真実」に対して「代わりの真実」（alternative facts）があると唱えて、それこそ「ウソ八百」を並べ立てていることを見過ごすことはできません。キリスト者日本人の確立のためには、とりわけ日本の現在と将来に対する、「歴史的現実への洞察」に基づく「見張り人」の務めが重要な要素ではないでしょうか。

第二の宣教師に関しては、すでにディアスポラ的生き方が「派遣」理念に基づくことを見ましたが、それと表裏一体の関係にあるのが、派遣された者が派遣の地でその使命である宣教をする、すなわち宣教師です。しかし、先に疑問符をつけて「宣教師?」としたのは、日本におけるキリスト者にとって、「日本人キリスト者」から「キリスト者日本人」への意識変革よりもはるかに困難なことが自らを「宣教師」と認識することである、との配慮から「問いかけ」のかたちとしたものです。日本は宣教師を受ける国、キリスト者は宣教師を海外に送り出すことはあっても、宣教師ではない、これが一般的なキリスト者の実感ではないでしょうか。また、現実には海外から派遣されている宣教師のイメージと日本のキリスト者の自己イメージがあまりにもかけ離れていることもありましょう。海外からの宣教師は日本人の顔色をうかがうことなしに大胆に語り、日本人のキリスト者は同胞の反応を気遣って語る、というイメージに相違ないでしょうか。本書の中でも最短の第七論考(一九一―一九四頁)は、著者が「目からウロコ」の体験をして自らを含めたキリスト者すべてが宣教師であるとの自覚をした証しです。

さて、「諸民族への使徒」として召命を受けたパウロを実際の諸民族宣教に駆り立てたものはなんであったのでしょうか。彼がディアスポラで生まれ、育ったことでしょうか。大きな世界の中にある、小さなディアスポラのキリスト者は大きな世界に向けて宣教の義務があるというのでしょうか。それも一要因としてあるかもしれませんが、答えは意外なところにあると思います。それは、「私は、ギリシア人にも未開の人にも、知識のある人にも知識のない人にも、負い目のある者です」（ローマ一・一四）、すなわち返済すべき負債を負っているという負債意識です。この負債意識はどこから来るのでしょうか。彼が過去にキリスト教を迫害し、復活のキリストとの出会いによりキリスト者とされた恩義、そのキリストが諸国民のためにも贖罪の死を遂げたからでしょうか。パウロの真意を十分理解できるとは思いませんが、彼が「キリスト」、「派遣」、「ディアスポラ」、「世界宣教」という概念を負債意識と強く結びつけていることは確かと思われます。神から派遣されて日本を「離散の地」とするキリスト者には同胞日本人への宣教の負債をどのように意識したらよいのでしょうか。

さて、戦前のキリスト者の中では、内村ほど自分が神から日本へ派遣されたことと、自分が日本人に伝道の責務があることを強く意識したキリスト者も稀であるとされます。しかし、その内村は海外からの宣教師に対しては強い拒絶の姿勢を持っていたことも知られています。武田の内村評『峻烈なる洞察と寛容』は内村と宣教師ミス・パミリーとの不幸な論争を分析しています。宣教師の「日本人への無礼」に対して内村が示したプライドを分析して、武田はそれを「近代日本の形成期にあって精神的、物質的植民地化を防ぎ独立国家を堅持させた内発的精神」、「一個の独立的キリスト者を誕生せしめた」ものと肯定的に評価します。[54] しかし、内村の心情には日本人としては共鳴できるとしても、内村にしろ外国の宣教師にしろ、同じ神によって日本に派遣され、神により同じ宣教の責務を負わされているという観点からすれば、内村にはある越えられない限界があったともいうべきではないでしょうか。

最後第三の「抵抗者」は、「宣教師」と同様に日本人が通常描くキリスト者像にふさわしくないと思われがちです。これは日本人がキリスト教を愛、寛容を説き、教育熱心な宗教として受け入れてきたこと、また、抵抗ということばがもつ否定的、暴力的ニュアンスによると思われます。第四論考（一一五—一一八頁）は終末の時代に生きるキリスト者にとって、「一般に抵抗とか抵抗権という場合の政治権力への抵抗は、社会正義や信教の自由のようにキリスト者にとって重要な権利が侵される場合、キリスト者の良心に基づき、最後に検討すべき課題として登場するもの」としました。また、今日では抵抗は広義に理解されて、武力抵抗のような能動的抵抗のみでなく、無抵抗主義や受難・殉教のような受動的行動も抵抗の理念に含まれているとみなされます。もっとも、戦後日本の建前である民主政治においては、特別な維新や革命を待つまでもなく、選挙などにより政治体制も政権も合法的に変えうるシステムを内包しているわけですから、意外と抵抗は実質的に身近なものといえましょう。さて、今日ディアスポラのキリスト者日本人が抵抗を問題とする場合、「抵抗者」としてのキリスト者の姿を、社会正義をめぐる広い領域、信仰的決断が問われる個人レベルの領域、聖書がキリスト者の霊的戦いにとって不可欠とする「神の武具」についての三点から以下に捉えることにします。

第一の社会正義をめぐる領域では、戦中ドイツにおける告白教会闘争などによるナチス政権への抵抗、戦前日本における内村鑑三の非戦論提唱、戦後の教会的ヤスクニ闘争などが例証されましょう。オランダの神学者、ヘンドリクス・ベルコフは戦前ドイツでの神学研修の際、ヒトラーの台頭とナチズムという魔力的な力の結集を目のあたりにしました。それまで新約聖書のエペソ人への手紙（一・二一）やコロサイ人への手紙（一・一三）のキリストの霊的支配に対抗する「すべての支配、権威、権力、主権」、「暗闇の力」が古代の神話であると理解していたベルコフは、それらが二〇世紀の世界を支配する歴史的な「諸権力」であることを発見し、戦後『キリストと諸権力』（原書・一九五三年、邦訳・一九六九年）を出版します。今日の聖書学者の間では、「諸権力」を戦争、人種差別、経済的搾取、自然破壊、女性や弱者への人権侵害、人種・部族間の虐殺などと広く関連づけて解釈する傾向が見られます。これら社会正義と関連する領域において、キリスト者日本人の活動や証しが引き続き求められていましょう。

第二の個人的決断が求められる領域は、キリスト者日本人が日本において恒常的に直面するもので、そこでは聖書の規範が最終決断の基礎となります。ローマ帝国への納税義務をめぐり、イエスが「カエサルのものはカエサルに、神のものは神に返しなさい」（マルコ一二・一七）と言い、エルサレムでの福音宣教を市の政治権力が禁じたことに対して、使徒たちが「人に従うより、神に従うべきです」（使徒五・二九）と証言したことなどを範例として、キリスト者には実存的な決断と行動が求められることになります。

本論考はこれまで、日本におけるキリスト者の自我の確立、受難や殉教、転向や背教、キリスト者の歴史認識や自己認識、「日本人キリスト者」から「キリスト者日本人」への意識変革、「内なる日本人性」との対決などの主題との関連でキリスト者の信仰的決断について触れてきました。ちょうど、テサロニケ伝道において市民がパウロ一行を「世界中を騒がせてきた者たちが、ここにも来ています」（使徒一七・六）と言ったように、日本における キリスト者が「抵抗者」として証しし、行動する場合には、テサロニケ人の叫びは「キリスト教は日本に合わない」、「外国の思想」、「不寛容の宗教」としてこだますることになります。日本の過去において、キリシタンが、また、戦前のキリスト者がしばしば問われた「キリストか、カエサルか」という極限的な信仰の決段が迫られる状況が再び来ることはない、とはだれも言うことができません。そして、その決断は終末のキリストの審判において最終的に判定を受けることになります。

この個人的信仰決断との関連で最後に問われるものが「神の武具」の教えをめぐる領域です。エペソ人への手紙六章は「私たちの格闘は血肉に対するもの」（一二節）ではないとした上で、「神の武具」を具体的に次のように表現します。

「腰には真理の帯を締め、胸には正義の胸当てを着け、足には平和の福音の備えをはきなさい。これらのすべての上に、信仰の盾を取りなさい。……救いのかぶとをかぶり、御霊の剣、すなわち神のことばを取りなさい。あらゆる祈りと願いによって、どんなときにも御霊によって祈りなさい。」（一四—一八節）

ここで、武装用の帯、胸当て、足備え、盾、かぶと、剣の武具がいずれも攻撃用であるよりは、防御用の装具であり、言語の上では「剣」も当時ローマの兵士が腰にしたような短剣です。ここで、この教えをめぐる二つの点が特別に注目されます。第一点は、通常では「武具」とみなされない「祈り」がリストに加えられていることです。聖書に「いつも喜んでいなさい。絶えず祈りなさい。すべてのことにおいて感謝しなさい」（Iテサロニケ五・一六—一八）とあるように、喜び、感謝と並んで「絶えず祈る」ことがキリスト者の姿とされています。「主の祈り」を日ごとに祈り、公の集会、祈禱会、個室ですべてのことを祈ることを習慣としているキリスト者像こそディアスポラのキリスト者日本人の最もふさわしい姿とはいえないでしょうか。じつは、日本の仏教界において大きな力を持つ浄土宗（親鸞教）の伝統には、信仰者の祈りのすべてを虚偽とし、「南無阿弥陀仏」の念仏のみで足りるとする無祈禱論があると言われます。そこから、キリスト教に対しては「祈らなければ聞いてくれない神がなにになるか」との批判となると言われます。先にも引照した小畑にはキリスト教の祈禱論と親鸞教の無祈禱論とを対比、考証した論文があります。その中の、親鸞教における祈りの対象に関する次の一文を紹介します。

「親鸞教学は、……〈南無阿弥陀佛〉と六字の名号の念佛のみを口ずさめよ、と命ずるのですが、実はここに最後まで残して来た論点が浮かび上がって来るのです。そこには、事ごとに、祈りかけ、祈らざるをえないほどの親愛なる人格的な神が欠如している、少なくとも、その神佛には、人格性が稀薄であると言えるのではないか、……。[55]」

キリスト者日本人は父なる神、人となった神の子キリスト、聖霊なる神という三位一体の人格神にむけてすべてのことを祈ります。そして、その祈りの中には、

「わがやまとの／国をまもり／あらぶる／風をしずめ／代々やすけく／おさめたまえ／わが神」

（讃美歌四一五番）

という祈りも含まれています。

もう一つの点は、先にキリスト者が「神の武具」として帯びる「御霊の剣、すなわち神のことば」の「剣」は護身用の短剣としましたが、このキリスト者・教会を護り、見守るキリストは同じ神のことばでも攻撃用の大剣を帯びていることです。ヨハネの黙示録（一―三章）にはローマ帝国内の教会を象徴する「七つの教会」とそれらの教会を護り、尋

ね、また語りかける「栄光のキリスト」の黙示的イメージがあります。そこでは、キリストの「口から鋭い両刃の剣が出ていて」と描かれますが、その「剣」はローマの兵士が肩にかついで使う攻撃用の大剣です。この神のことばという大剣をもって語る栄光のキリストに護られて日本に歩むキリスト者日本人こそ、終末的で、ディアスポラ的なあり方といえないでしょうか。

むすびに代えて

「十字架」と「桜」の二つのシンボルは、「十字架と桜」としてキリスト教と日本とを象徴するものとして対照される場合、第十論考はこの対照が圧倒的に不均衡であるとの印象を与えることになったと思います。

近代日本に導入・再導入された、たかだか一世紀半の歴史をもつキリスト教と、古代から「日本的なもの」が執拗かつ綿々と生き続ける日本とを対照することの意義が問われ、また、このような対照をキリスト教の特異なこだわりにすぎないとする批判の声も聞こえてきます。しかしその反面、キリスト教にとって不利といえるこの不均衡を意識した上で、あえて「十字架と桜」の主題と取り組むことは、日本におけるキリスト教の使命をより明確に自覚することにつながるとの期待もあります。

本論考の最後で触れたディアスポラ的あり方、絶対者の神から離散の地、日本に派遣されたキリスト教のイメージには悲観主義はありません。派遣の使命に忠実であるかは問われるとしても、派遣の事実とキリスト教の使命には悲観はありえないからです。

第七論考（一九一頁）の「推薦のことば」は、長年日本で活躍した在日宣教師たちの証しへの感想を、彼らの証しには「日本宣教というキリストの大事業の一端を担ったまでとする謙遜さが印象深い」と表現しました。彼らの証しこそ、「あなたがたがわたしを選んだのではなく、わたしがあなたがたを選び、あなたがたを任命しました。それは、あなたがたが行って実を結び、その実が残るようになるため」（ヨハネ一五・一六）とする彼らの主イエス・キリストへの証言といえましょう。ここに、日本におけるキリスト教とキリスト者日本人の使命もあるとはいえないでしょうか。


（二〇一八年九月）

注

1　内村鑑三『代表的日本人』鈴木俊郎訳、岩波文庫、一九九二年、一二頁。新渡戸稲造『武士道』矢内原忠雄訳、岩波文庫、一九七五年、一三〇－一三二、一四九頁参照。

2 鈴木俊郎編『内村鑑三所感集』岩波文庫、一九七三年、一一六頁。

3 武田清子『天皇観の相剋――一九四五年前後』岩波書店、一九九三年、三四四頁。

4 丸山眞男『丸山眞男集』岩波書店、一九九五－一九九七年、第八巻「開国」四五－八六頁。第十一巻、一七九－一八〇頁参照。

5 福田恒存『日本を思ふ』文春文庫、一九九五年、六六－七八頁。

6 小畑進『小畑進著作集』いのちのことば社、二〇一〇－二〇一四年、第八巻「神道・儒教・宗教論」二二六－四九頁。

7 Emiko Ohnuki-Tierney, *Kamikaze, Cherry Blossoms, and Nationalism: The Militarization of Aesthetics in Japanese History*, Chicago, 2002, 4-5, 12-13, 69-77. 本論考における大貫著作からの引照はすべてこの英語版による。

8 武田『天皇観の相剋』三三七－三四六頁。

9 Ohnuki-Tierney, *Kamikaze*, 29-33. なお、日本近代文学研究家・小川和佑の『桜の文学史』(朝日文庫、一九九六年)や『桜の日本人』(新潮選書、一九九三年)は「桜文化」という表現を提唱する。

10 Ohnuki-Tierney, *k*, 53-54, 85-121. 丸山論文は「超国家主義の理論と心理」(『世界』岩波書店、一九四六年五月号、一－一五頁)。

11 竹山道雄『人間について・私の見解と反省』新潮社、一九六六年、七四頁。引用は『小畑進著作集』第八巻、三六〇－三六一頁による。竹山は戦前、戦後に第一高等学校と東京大学教養学部教授を歴任した知識人。

12　村上重良『天皇制国家と宗教』日評選書、一九八六年、一―五、一六四―一七五、二三五―二五〇頁。
13　山折哲雄『さまよえる日本宗教』中公叢書、二〇〇四年、九、一六、二二、二五、二九、三八、四一、五八―五九頁。
14　島薗進『問われる歴史と主体』岩波書店、二〇〇三年、五、三六、四六―四七頁。
15　島薗進『国家神道と日本人』岩波新書、二〇一〇年、一八四―一八九頁。
16　丸山眞男『丸山眞男講義録』東京大学出版会、一九九八―二〇一七年、第四冊、六七―六八頁。
17　Edwin O. Reischauer, "Introduction," S. D. B. Picken ed., *Christianity and Japan: Meeting, Conflict, Hope*, Tokyo / New York, 1983, 6-8.
18　武田清子『人間観の相剋――近代日本の思想とキリスト教』弘文堂、一九六七年、五―二四頁。なお、三タイプ分類は「天皇制とキリスト者の意識」(三二二―三七五頁)に詳述されています。
19　『丸山眞男集』第五巻、一二〇―一二一頁。武田清子『峻烈なる洞察と寛容――内村鑑三をめぐって』教文館、一九九五年、三―三七参照。
20　大濱徹也「近代日本のキリスト教」、国学院大学日本文化研究所編『近代化と宗教ブーム』同朋舎、一九九〇年、一三二―一三三、一六三―一六四頁。大濱が指摘するように、第四論考が触れた山路愛山の『基督教評論』にある表現「精神的革命は時代の陰より出づ」が「勝ち組」と「負け組」との対比の脈絡で登場し、「時代の陰」が「負け組」と同一視されていることは注目されます。

21 カギカッコ内の「第二次大戦下における日本基督教団の責任についての告白」からの引用文はすべて同教団公式サイトからです。

22 中野毅「アメリカの対日宗教政策の形成」井門富士夫編『占領と日本宗教』未来社、一九九三年、三四―三六、六三―六五頁。

23 丸山眞男『日本の思想』岩波新書、一九六一年、一四―一六頁。

24 塚田穂高『宗教と政治の転轍点――保守合同と祭政一致の宗教社会学』花伝社、二〇一五年、三七三―三八一頁参照。

25 武田清子『峻烈なる洞察と寛容――内村鑑三をめぐって』、『植村正久――その思想史的考察』(教文館、二〇〇一年)、『人間観の相剋――近代日本の思想とキリスト教』、『土着と背教――伝統的エトスとプロテスタント』(新教出版社、一九六七年)、『背教者の系譜――日本人とキリスト教』(岩波新書、一九七三年)、『婦人解放の道標――日本思想史にみるその系譜』(ドメス出版、一九八五年)、『天皇観の相剋――一九四五年前後』など。

26 宮田光雄『権威と服従――近代日本におけるローマ書十三章』新教出版社、二〇〇三年、特に二八〇―二九二頁参照。

27 古屋安雄『日本伝道論』教文館、一九九五年、三六―三八頁参照。

28 Helen Hardacre, *SHINTO: a history*, New York, 2017, 529-30. 薗田稔『神道――日本の民族宗教』弘文堂、一九八八年参照。

29 高橋三郎「日本のゆくえ」、鈴木俊郎編『内村鑑三以後四十年』岩波書店、一九七一年、三九―四〇頁。内村の言葉は藤井武の「辞世の詩」に引用されています。

30 これは丸山眞男(『丸山眞男集　第八巻』「忠誠と反逆」二三三頁)の解釈です。

31　東京基督教大学国際宣教センター編、大塚史郎・大友幸証『教会は何を求められたのか――宮城・岩手での取り組み』いのちのことば社、二〇一四年。
32　クラウス・アントーニ「神道と国体――政治的イデオロギーの連続性を中心に」『神道・日本文化研究国際シンポジウム（第三回）神道の連続と非連続』シンポジウム報告書、國學院大學、二〇〇五年、八八頁。
33　ルース・ベネディクト『（完訳）菊と刀――日本文化の型』長谷川松治訳、社会思想社、一九六七年、一九八、二二六頁。『丸山眞男集　第十一巻』「原型・古層・執拗低音――日本思想史方法論についての私の歩み――」一三八、一五四頁。
34　アントーニ「神道と国体」八四頁。
35　和辻の『日本国の統合』（一九四八年）からの引用は、八木公正『天皇と日本の近代　下・「教育勅語」の思想』講談社現代新書、二〇〇一年、三一二－三一四頁を用いました。
36　宮田『権威と服従』二八三頁。
37　『丸山眞男集　第十巻』三一七、四五、五八－五九頁。
38　『丸山眞男集　第十一巻』一二四－一二五、一四六－一四八、一三三－一三五頁。
39　丸山『日本の思想』一二一－一三頁。
40　遠山敦『丸山眞男――理念の信』講談社、二〇一〇年、一〇六－一〇七頁。丸山からの引用文は『丸山眞男集　第十二巻』一四九頁から。
41　宮田『権威と服従』一三五頁。
42　武田『人間観の相剋』五頁。
43　『丸山眞男集　第八巻』「忠誠と反逆」二三三、二四〇頁。武田『峻烈なる洞察と寛容』七頁。

44　丸山『日本の思想』三五頁。
45　『丸山眞男集　第六巻』「戦争責任論の盲点」一六三頁。
46　カギカッコ内の引用文は、平野敬和（『丸山眞男没後十年――民主主義の〈神話〉を超えて』河出書房、二〇〇六年、七四頁）が丸山の『戦中から戦後の間――一九三六－一九五七』みすず書房、一九七六年、六〇〇－六〇一頁から引用したものです。
47　加藤典洋『敗戦後論』講談社、一九九七年、二二八頁。ドイツ人作家への言及はイアン・ブルマの『戦争の記憶――日本人とドイツ人』（ＴＢＳブリタニカ、一九九四年）。
48　イザヤ・ベンダサン『日本人とユダヤ人』山本書店、一九七〇年、八九、一〇九頁。
49　『小畑進著作集　第九巻』二五三－二八三頁、特に二七九頁。
50　丸山眞男『日本政治思想史研究』東京大学出版会、一九五二年、三二一－三二四頁、「あとがき」、三七三頁参照。「国民主義の『前期的』形成」は最終第三論稿で短いものですが、丸山の徴兵により執筆が中断されたままとなったとされます。
51　古屋『日本伝道論』九三―一〇九頁参照。
52　武田『人間観の相剋』四、六－一二頁。
53　丸山忠孝『日本人キリスト者からキリスト者日本人へ』いのちのことば社、一九九七年、一七－一八頁。
54　武田『峻烈なる洞察と寛容』九九－一〇五頁参照。
55　『小畑進著作集　第七巻』「無祈禱の宗教に対して」「祈禱と無祈禱」四四－五九、六〇－一三三頁参照。引用文は一二四頁から。

＊　＊

〔解説文〕

第十論考は本書の出版に向けて新たに書かれた、唯一の論考です。「十字架」と「桜」がそれぞれ象徴するキリスト教と日本とのコントラストに注目した第一論考を受けて、本論考はそのコントラストの根底にあるものの究明を目指して始められた試みです。しかし、主に近代日本を視野に入れる本論考において、この試みは近代日本の思想史、宗教史、キリスト教史など、論者が門外漢である諸分野に踏み込むことを意味しました。資料の蒐集・分析と執筆の段階で多くの試行錯誤を繰り返しましたが、ここに仕上がったものは「究明」にはほど遠い、ほんの「さわり」にすぎません。とはいえ、このコントラスト、あるいはキリスト教と日本との対峙・対決の根底に横たわるものが、得体の知れない、大きな力と勢いをもつ、特異に「日本的なもの」であることを垣間見、キリスト者の論者として驚きと挑戦の気持ちを新たに覚えたことは事実です。

　本論考が引照した資料は、論考の主題と関係する専門分野にある数限りない研修資料の中でも、入手可能なほんのわずかな数にすぎません。とりわけ、本論考では日本思想史学者の丸山眞男と武田清子からの引照が目立つことになりました。難解な丸山の場合には、同姓のよしみではなく、その的確な問題把握と提起が、他の研究者にまさって論者の問題意識にとり参考となったことによります。武田の場合は、その日本思想史とキリスト教学とのバランスのとれた立論に基づく歴史理解が、同じく参考となりました。なお資料蒐集段階において、全米でも屈指と言われるワシントン大学東アジア図書館の協力があったことに、ここに謝意を込めて言及します。

© Kimi Maruyama

丸山忠孝（まるやま・ただたか）

1939年生まれ。

東京学芸大学、東京基督神学校、米国カベナント神学校、ウェストミンスター神学校、イェール大学神学部、プリンストン神学校、スイス・ジュネーヴ大学宗教改革研究所などで学ぶ。東京基督神学校校長、東京基督教大学学長などを歴任。

著書　*The Ecclesiology of Theodore Beza*（Geneva: Librairie Droz）、『キリスト教会2000年 —— 世紀別に見る教会史』、『日本人キリスト者からキリスト者日本人へ』、共著『敬虔に威厳をもって』（以上、いのちのことば社）、『カルヴァンの宗教改革教会論 —— 教理史研究』（教文館）ほか。訳書に、テオドール・ド・ベザ「為政者の臣下に対する権利」、『宗教改革著作集10　カルヴァンとその周辺』（教文館）所収。

米国ワシントン州シアトル在住。

十字架と桜
——キリスト教と日本の接点に生きる

2019年3月10日　発行

著　者　丸山忠孝
装　丁　桂川　潤
印刷製本　日本ハイコム株式会社
発　行　いのちのことば社
〒164-0001　東京都中野区中野2-1-5
電話　03-5341-6923（編集）
03-5341-6920（営業）
FAX03-5341-6921
e-mail:support@wlpm.or.jp
http://www.wlpm.or.jp/

ISBN978-4-264-04022-4